一九五〇年代
日本對中國外交政策

徐浤馨 著

淡江大學出版中心

自　序

　　本書是以我在 2007 年 5 月向母校北海道大學大學院法學研究科提出的博士論文〈戰後日本の中国政策の模索と日華関係の研究：1950 年代を中心に〉改寫而成。

　　在北海道大學留學期間，拜入川島真教授門下，學習外交史、東亞國際關係研究等專業課程，更重要的是學習如何作學問。記得留學第一年的暑假前，川島教授給了我一個暑假作業：「利用這兩個月，先在學校圖書館查找跟你想研究相關課題的資料，建立個人的研究資料庫」。對我而言，這是前所未有的經驗學習，一方面必須克服日文的電腦打字，另一方面必須梳理出資料別及年分，如此一發不可收拾的沉浸在資料的世界裡，那份對於準備探索學問的震撼與感動的餘溫至今仍在，因為這可說是我從研究生到碩博士生時代學術養成的起點。

　　我的專攻以戰後日本外交作為主要研究範圍，對於一九五〇年代日本對中國政策甚感好奇。當時日本歷經戰敗被盟軍占領，日本國內正在重建並復原，且必須面臨全球冷戰架構下美蘇兩大陣營壁壘對峙的國際環境，不得不面對幾乎同時發生因中國國共內戰導致分裂成「兩個中國」的東亞變局，以及舊金山對日講和條約簽訂後形成的舊金山體制，此時台灣亦進行脫殖民地化的政治秩序重組。然因，深受全球冷戰及國共內戰結果的影響，日台關係從原來殖民母國與殖民地之帝國體系秩序下的「內國」關係，轉變成「準外國」關係；復因國共內戰結果所致，中華民國（國民黨）政府退守臺灣，政權移轉到臺北，致使出現戰後至今一連串懸而未決的國際問題。舉凡「台灣主權地位問題」、「兩個中國」等等，不僅是二戰之後所遺留未解的政治難題，甚至引發日美中臺四方錯綜複雜的地緣政治衝突，東亞地區的安全保障問題亦成為周邊國家的重要議題。

　　當時日本的執政者，如吉田茂、鳩山一郎及岸信介三位首相，如何各自採取外交策略，以應對國際環境的變化，期待完成各自內閣時期對「中」政策的外交願景。吉田內閣時期為打開對「中」外交政策而摸索試行「政經分離」的方式，繼任的鳩山及岸兩位首相內閣時期是否也必然「蕭規曹隨」？再者必須直指問題核心，「政經分離」的定義為何？定義上的文意若出現認知上的差異，則會產生差以毫釐失之千里的嚴重誤解。對於這些疑問與課題，驅使筆者在學術層次上的好奇心，亟欲解開這層如同「謎」樣的戰後日本外交「史」。而筆者的研究焦點：「政經分離」，正是打開戰後日本對「中」外交之「謎」的關鍵密碼。

　　本書有幸能夠付梓，需要感恩許多貴人的協助與幫忙。筆者在川島教授研究班學習期間，以實證的研究途徑為基礎，透過研讀學術論文、專業著作及資料，發現問題並提出問題意識，且利用研讀外務省外交史料，進行史料分析的爬梳與建立研究架構，以穩固自己基礎知識的建構，並持續擴大研究視野，豐富自己對於戰後日本外交的研究基礎，逐步建構撰寫博士論文的學術能力。雖然畢業十年之後才有機會將博士論文改寫專書，筆者必須自承學力或稍有未逮之處，然而對於川島教授的寬容與學恩之情，銘感永誌。

　　再者，筆者在留學期間，受到當時教授國際政治的中村研一先生的勉勵，讓我對國際政治產生更多元的思考與更柔軟的見解；選修兩年松浦正孝教授的日本外交史，強化我對日本外交基礎知識的建立；鈴木賢教授在我剛到北海道的第一年給予生活上諸多協助與鼓勵，讓我在學習上燃起挑戰的動力；山口二郎教授在日本政治的課程上，給予諸多的關心與建議。遠藤乾教授作為我博士論文口試的主查，給予許多教示，特別囑咐學無止境，務必精進學問，最後以北海道大學初代教頭克拉克（William Smith Clark）博士的名言：「Boys, be ambitious」訓勉筆者。

　　筆者於 2007 年 6 月獲得博士學位後回臺，受到許多老師的協助與關懷。中央研究院近史所的黃自進教授、中央研究院台史所黃富三教授、政大國關中心蔡增家教授、前 AIT 處長司徒文博士等，無論是學術研究、或邀請筆者參與各項研究計畫等，皆給予筆者相當多的協助與鼓勵。此外，我要特別感謝國立臺灣師大東亞系王恩美副教授，應允擔任計畫主持人協助筆者在 2015 年 8 月獲得教育部人文及社會科學第一梯次博士論文改寫專書計畫的補助，讓筆者得以博士後研究員的身分駐點師大東亞系，無後顧之憂專心改寫博士論文。2016 年 8 月感謝淡江大學日本政經研究所任耀庭教授（時任所長）、胡慶山教授、蔡錫勳副教授（現任所長）、小山直則副教授，與國際研究學院王高成院長（現任副校長）和戴萬欽前副校長及張家宜前校長不吝拔擢牽成筆者，讓我有機會服務淡江貢獻所學，筆者謹以此書在淡江大學出版中心出版，敬表謝忱之意。再者，感謝淡江大學出版中心吳秋霞總編輯及張瑜倫小姐，協助本書校稿與精心編輯，其敬業精神筆者深受感動。筆者想要感謝曾經幫助過我的學界先進，然限於篇幅無法一一道謝，藉本書付梓之際，同表感謝之意。

　　最後，衷心感謝我的父母、家內和可愛的カユ、カシン及妹妹和妹婿們，感謝你們的包容與協助，讓我有幸得以學者作為一生志業，所有我的榮耀都歸於你們，感恩。

　　本書內容或有許多觀點思慮欠周，或是遣詞用字辭不達意，或文字表達錯誤之處，仍歸咎於筆者的才疏學淺，期待學界先進不吝提出批評與指正。

徐浤馨（年生）謹識
2019 年 1 月於歲末寒冬春寒陡峭的淡水校園

目 次

緒　論

第一節　問題意識

　　戰後日本和中華民國的關係，如同一部以近現代外交史發展為劇情，闡述東亞國際關係的時代劇。由於國民黨政權在國共內戰中失利，時任黨總裁蔣介石乃於 1949 年 12 月從中國大陸退守臺灣，至今中華民國也以國家的型態波瀾壯闊地存在超過一個甲子。而戰後 60 多年來的日華關係，若從兩國的政治外交關係層面來看，以 1972 年日華斷絕外交關係為分段點，分為有邦交與無邦交兩個時期。日華雙方在有邦交時期（1952–1972），日本政府將退守台灣的中華民國政府[1]（以下簡稱國府或國民黨政府）承認為中國的正統政府，而在 1972 年 9 月之後，轉而承認中華人民共和國政府（以下簡稱中共政府或北京政府）為中國合法的政府，日華雙方在無邦交時期，則採取經貿和文化等非外交關係，以維持兩國實質上的雙邊交流。

　　在政治外交層面上，國民黨主政時期的中華民國政府和中華人民共和國（共產黨）政府都各自主張自己才是擁有「合法且正統」的中國代表權。[2] 但是，美蘇冷戰等的國際情勢變化和國共內戰的雙重影響下，

---

[1]　關於戰後「中華民國政府」的名稱說明如下：中國國民黨及蔣介石在大陸執政時期，1928 年以後稱為「南京國民政府」，抗日戰爭時期則稱之為「重慶國民政府」。戰後初期，中國國民黨和蔣介石還都南京，經過憲政改革及行憲之後，雖於 1948 年將「國民政府」改為「中華民國政府」，但實際上仍是國民黨政府，簡稱「國府」。參閱張玉法，《中華民國史稿》，修訂版（臺北：聯經出版事業公司，2001 年），頁 472。但是，這個時期由於國共內戰的影響，1949 年 10 年以後，中國的「中央」政府分裂為中華人民共和國（共產黨）政府和退守臺澎金馬地區的中華民國（國民黨）政府。換言之，中國已然呈現「分裂國家」，在世界上實際出現兩個中國。是以，為避免使用上混淆，本書指涉中華民國政府者，簡稱「國民黨政府」或「國府」，若指涉中華人民共和國者，則簡稱「中共政府」或「共產黨政府」，以上關於名稱用語的討論，可參閱松田康博，《台湾における一党独裁体制の成立》（東京：慶応義塾大学出版会，2006 年），頁 19–20。

[2]　從西元 2000 年台灣第一次政黨輪替之後迄今，無論是民進黨或國民黨執政，對於自己才是擁有「合法且正統」的中國代表權的說法，已不再的強調，甚至各黨分別提出新的兩岸關係的論述，對於

1950 年代初期以後，中國事實上已分裂成「兩個中國」，而這在戰後東亞國際關係史當中，形成冷戰和內戰交錯且複雜的歷史結構。若從戰後東亞國際關係史的視角來看，美國為防止中國共產主義勢力擴張，在東亞採取圍堵政策（Containment Policy），特別是在西太平洋建構第一島鏈防衛線，同時構想讓日本及退守臺灣的中華民國（國民黨）政府，成為自由主義陣營的一員。

另外，日本在 1951 年 9 月締結舊金山和約之後，便逐漸脫離盟軍最高總司令部（GHQ）的占領控制而恢復獨立，並且回歸國際社會。這個舊金山和約的簽訂，被稱為是一種「片面媾和」，締約的國家基本上是以自由主義陣營的國家為主，當然這是深受冷戰影響所致。然而值得注意的是，這個條約的簽訂，不只欠缺被視為全體另一部分的社會主義國家，當時的中華民國及南韓等，部分被視為自由主義陣營的分裂國家，也並沒有參與舊金山和平條約的簽訂；日本並非社會主義國家，然而被要求進行改善與周邊國家的關係，同時所有這個條約的締約國原則上都被要求放棄對日賠償，但還是保留了讓日本和各該戰勝當事國有進行兩國間交涉的餘地，特別是為了解決賠償等相關問題，盡可能樹立與東南亞各國的外交關係。

就戰後日本對「中」外交而言，將已退守臺灣且為自由主義陣營一員的中華民國（國民黨）政府，視為代表全中國的政府，而給予外交上的承認乃至簽訂日華和平條約，另一方面又不能無視控制支配廣大的中國大陸的中共政權之事實上的存在，這已然陷入到現實面上的兩難境地，而且在優先對美協調外交和對「中」外交政策的取捨之間，如何建構互不矛盾衝突，更是困擾著日本的外交決策圈。從國際政治的層面來看，日本努力於對「中」關係正常化的同時，對美關係的並進調整也是

該項說法已早已產生質變。

在現實上必須正視的外交課題。[3]

　　關於戰後日「中」關係有很多的先行研究，是以日本和中共政府間的關係為中心，同時嘗試據以闡明「兩個中國」的政治性解釋。然而，就國際政治現實而言，當時日本政府不只要面對中共，同時必須面對做為中國問題的一環，並扮演重要角色的中華民國（國民黨）政府，及互相之間所產生日華或日中關係種種外交上的課題，但從研究的角度卻未必給予重視。甚至，戰後日華關係研究常常被當作日中關係研究面向上的附屬位置。

　　晚近的研究，關於 1950 年代日本對中國政策的摸索之議論受到學界的關注，特別是以「政經分離」為討論中心的研究書刊或論文也已經相繼發表問世。日本東京大學畢業的在日中國學者陳肇斌教授的研究認為，當時吉田首相為實現「兩個中國」的戰略目的，而利用所謂「政經分離」的方法，甚至他強調日本政府以「兩個中國」政策，希望能同時實現「確保」臺灣和「打開」日中關係的政治期待。[4] 對於陳教授的論點，同樣是留日中國學者畢業於日本京都大學的王偉彬教授則持不同的見解，他主張認為，即使吉田首相希望同時維持和臺灣與中國之間的兩兩交流，如果同時採取承認中國或是承認臺灣獨立的「兩個中國」政策的話，其實不用採取「政經分離」的方法也是可以操作運用的。[5]

---

[3]　本書使用所謂日本對「中」政策的用語有兩重意思。由於 1949 年 10 月以後中國分裂成中華民國（國民黨）政府和中華人民共和國（共產黨）政府兩個政權的分裂國家狀態，因此本書的行文用語若指涉包含全體中國或兩個中國政府的場合，則中字加注引號，如日本對「中」政策或日本對「中」外交，泛指日本在面對中國問題時的整體觀，此其一。另一層意思是，避免語彙本身在使用上有所混淆，若是日本面對中共 / 北京政府場合則以日中表示，若是面對國府 / 中華民國政府的場合，則以日華表示，以示區別。

[4]　陳肇斌，《戰後日本の中国政策：一九五〇年代東アジア国際政治の文脈》（東京：東京大学出版会，2000 年），頁 2–3。

[5]　王偉彬，《中国と日本の外交政策：1950 年代を中心にみた国交正常化へのプロセス》（京都：ミネルヴァ書房，2004 年），頁 38。

　　兩人的觀點都各自對於「政經分離」表達了兩種不同面向的立場、主張與見解。而「政經分離」是否就是為實現「兩個中國」的論爭,被戰後冷戰體制規範所拘束的日本政府,在對外關係上,特別是在對「中」問題上,已然明顯出現外交上的困境與兩難的局勢。

　　另一方面,戰後的臺灣,正值脫離日本殖民統治之際,臺灣和日本的關係透過東亞國際秩序重組的過程,從「內國(做為帝國體制的領地)關係」轉換到「準外國(帝國體制的崩解、GHQ 頒布一般命令第一號)關係」。在日臺關係重新建構的過程當中,日臺間本來的經濟貿易往來雖然一時停止,[6]但是在 50 年代初期,中華民國(國民黨)政府退守到臺灣之際,透過 GHQ 的媒介,日臺之間得以通商貿易的形式再度恢復交流,而日臺間恢復交流一事,凸顯出戰後日臺關係的雙重構造發展,亦即戰敗國日本和戰勝國中華民國之間建立新的政治外交關係,以及宗主國日本和殖民地臺灣之間脫殖民地化的過程。以往,關於日華關係的研究實績不少,但論及日臺關係的研究卻是不多。本書則試圖將日臺關係放到美國亞洲政策架構一環的國際視野上,重新捕捉在冷戰架構下,戰後日臺關係在新的東亞國際關係當中,其所扮演的雙重結構角色與戰略性的地位。

　　再者,戰後日本,被美國拉攏而進入冷戰體制,當時在國力虛弱尚未恢復的情勢之下,必須追求國家最大利益。因此,不得不在政治層面以外,另闢經濟層面為主的外交途徑。是以,處在變動時期的日本外交,可說是從戰前主要考慮政治與軍事層面的外交方針,轉換到建構戰後以「經濟先行」然後「政治承認」之所謂「先經後政」為主軸構想的外交

---

[6]　由於 1945 年 8 月 15 日日本戰敗投降,從終戰到 1946 年臺日間的貿易往來幾乎中止。袁穎生,《光復前後的臺灣經濟》(臺北:聯經出版社,1998 年),頁 133。然而依據日本方面的資料,昭和 21(1946)年 8 月 1 日臺灣產的鹽(4274 噸/ 158 萬 1380 日圓)、昭和 21(1946)年 9 月 26 日臺灣產的鹽(1541 噸/ 57 萬 170 日圓)、(4922 噸/ 182 萬 1140 日圓)、(1551 噸/ 57 萬 3870 日圓)相繼出現從臺灣出口至日本,請參閱高石末吉,《覚書終戰財政始末,第 12 卷》(東京:大蔵財務協会,1971 年),頁 96–97。

形態。

　　因此，筆者關注到以經濟關係先行，然後再漸進轉換到政治外交關係鋪陳的過程，同時也顯現出戰後的日華・日臺在政治上深具雙重結構的外交性格。在這研究領域上，已有許多的國際關係史和外交史相關的研究成果，這些研究基本上大都依據美國或是日本外交文書，或是日後以日中關係為研究主流，而 1950 年代的日華（或稱日中）外交關係的研究面向，更一時成為這個研究領域的主旋律。例如，袁克勤、陳肇斌等所謂留日中國學者，更在日後成為此一研究領域的優秀學者。他們能從這個研究領域，找到新的研究方向與途徑，決不會是一蹴可成。特別是有關「兩個中國」課題的研究狀況，不僅從日本，也有從中國的立場來看日本外交「觀」，而為這一研究領域的學術討論更加客觀與多元，本書從臺灣的立場，將該研究課題客體化、相對化，以力求針對此一課題討論的學術客觀性。

　　再者，袁克勤、陳肇斌或王偉彬等在日中國學者，在努力成為研究者的時代，當時相關各國外交文書的公開狀況大不相同。因此，為力求學術客觀性，本書盡可能不過度強調臺灣的立場，但為避免太過淡化，也會適度地讓外交史料「自己說話」。本書主要以日本當時最新公開的外交文書，輔以美國與臺灣方面已公開的外交史料強化本書的論證依據，則可以和以往從在日中國學者的立場所反映的外交「史觀」之間進行對話，也給予東亞國際關係一個新的「歷史詮釋」對話的契機。

　　本書在討論 1950 年代日華、日臺關係當中所提示的論點是，若衡諸 1950 年代初期，日本在東亞冷戰的國際環境當中，尤其是面對戰後在政治上分裂的國家或政府時，特別是以「先經後政」的外交策略作為展開與亞洲各國關係的戰略設計。而此種以「先經後政」的外交策略，在本書中會提到其與「政經分離」論的說法與「兩個中國」的觀點大異其趣。當時中國分裂的兩個政權都不受邀出席參加舊金山講和會議，即

為顯例。此外，舊金山和約第 23 條也明訂，日本可以與其他未出席簽訂條約的戰勝國交涉兩國間的賠償問題。戰後日本外交最大的目標之一，就是日本政府本欲利用此項賠償交涉問題，與周邊各國展開新型態的雙邊外交關係，然因冷戰結構下國際情勢的變化，等因素橫亙其中，導致增加其展開政治外交交涉的難度。因此若能先從一般性的經濟等實質關係進行交流，繼之在此基礎上，進行政治外交層次之雙邊外交關係建立的模式，如實地反映在日華或是日臺關係上。1950 年 9 月，日臺通商協定（臺灣方面稱臺日貿易協定）的簽訂，便是先行制度化日臺雙邊的經濟關係，若再將 1952 年 4 月 28 日（舊金山和約生效日）簽訂的中日和約所建構的政治外交關係來看，日華・日臺關係透過經濟關係的制度化到樹立政治外交關係的過程，已經提供這項開創性外交模式雛形的可能性。但是，前述的日華・日臺之間的微妙關係，可從宗主國・殖民地的日臺關係和戰敗國・戰勝國的日華關係這種二重層次發現，這與日本和其他國家重新建立外交關係的過程是從未見過的特殊現象。換言之，日本同時與曾是殖民地的臺灣、又與戰勝國的中華民國，在「微妙重疊的時空」所建立的一種具有特殊二重性格／現象的外交模式。

　　基於上述此種觀點，本書的研究目的，進行以「經濟先行」然後「政治承認」的外交模式的架構，亦即「先經後政」的外交戰略，探討 1950 年代日本政府摸索對中國政策的過程，及與其連動的日華關係以及「政經分離」和「兩個中國」的兩個命題之間是否有必然的因果關係？此項新的研究途徑是希望透過較為客觀性的學術討論，得以究明釐清這種外交模式的本質。

　　換言之，無論是日本和中華民國（臺灣）的關係，或是日本和中華人民共和國（大陸）的關係，先行制度化經濟關係，繼之建立政治外交關係的這一研究途徑，可說是研究此種並行而且同時存在的兩國間關係提供相當重要的對照性。目前的相關研究，大都是從「兩個中國」的觀點上出發，將日本與中華民國之間的關係置於「政治」的層次上，將日

本與中華人民共和國之間的關係置於「經濟」的層次上，這似乎已將上述兩種層次賦予在「政經分離」的位置上。然而，此間所凸顯的是，中國承認問題所顯現出兩國間奇妙的關係（亦即日華與日中的關係構圖）。特別是，因韓戰爆發，美國決定維持臺灣海峽安全，所牽扯出中華民國承認問題，直接導致中國代表權問題浮出檯面，這個部分也是筆者不得不關注的焦點之一。在冷戰架構下，即使美國承認中華人民共和國的可能性不高，然而，當時是否無法將臺灣問題與中國代表權問題，在重要且實際的國際環境中，以先驗性的同等對待來考慮呢？這也是筆者所要關懷的另一項重要課題。

　　以上，由於「政經分離」的概念已經被捲入「兩個中國」的爭點，且強烈受到學界對於「兩個中國」論和臺灣問題在國際政治觀點上的爭議之影響，因此筆者認為有必要重新認識解讀日「中」和日臺之間的關係。針對這個課題，本書將以「經濟先行」繼之「政治承認」（旁點筆者），亦即「先經後政」這一研究視角，重新考察戰後日本對中國政策的摸索以及日華關係的形成與發展。然而，這個研究視角乍看之下好像類似「政經分離」的概念，但是若將日本與中國大陸的關係視為「經」，而把日本和中華民國的關係視為「政」的話，如同前述則和以往所謂的「政經分離」論大有不同之處。當時，全球處在東西方冷戰結構的國際環境之下，時任日本首相的吉田茂，在主導中國政策上，似乎大有與美國的中國政策保持距離，而推出獨特的對「中」政策，很刻意的壓抑與國府和北京雙方之間的「政治關係」，卻又同時致力於與雙方之間的「經濟關係」，這在舊金山和約締結後及恢復主權獨立前的日本的對外關係而言，扮演了非常重要的外交戰略思考與獨特外交布局的角色。

　　易言之，利用通商貿易與各國維持「經濟關係」，繼之建立外交上的「政治關係」之戰略目的才是戰後日本外交模式的型態。事實上，在1950年1月起GHQ開始鬆緩日本的貿易管理體制，且可以貿易協定或是金融協定等的形式與各國締約，但因日本尚未恢復獨立國格，因此在

同年9月6日GHQ代為與中華民國政府締結日臺通商協定，日本則以觀察員的身分與會。關於日臺通商協定在本書第一章有詳細說明。

1952年4月，舊金山和約生效之後，日本恢復獨立國格回歸國際社會，漸次與各國展開正式外交關係，其中也包含在臺灣的中華民國政府。日本政府雖然選擇在臺灣的中華民國政府作為中國的代表，但在嚴峻的冷戰體制結構下，結果卻演變成事實上出現兩個中國。然，當時採取壓抑與國府和北京雙方的「政治關係」，致力於與雙方各自發展「經濟關係」，卻也是一種在國際情勢的壓迫下的明智選擇。另一方面，在面對同時期的「分裂國家」中國以及朝鮮半島，採取此種「經濟先行」繼之「政治承認」之所謂「先經後政」的外交模式，可說是一種新型態的外交戰略建構。本書認為這項舉措正是戰後日本採取對「中」外交模式的新戰略，比較以往的研究，更能夠給予準確地說明不是嗎？

因此，本書將延續上述的學術關懷，就當時所謂的冷戰下的國際情勢之發展以及美國亞洲政策的背景下，戰後日華關係是如何被建構的呢？再者，日本恢復獨立後，伴隨內閣的更迭，1950年代的日華關係之內在思想演變，應該如何理解才能準確的解讀呢？等等各式問題都有重新檢討的必要性。本書將依據上述的問題意識，針對50年代圍繞日本對「中」政策的摸索過程，考察日華關係的形成與發展，為明確化本書所賦予的研究位置，相關聯的先行研究動向以及問題點的指摘，在下一節詳細討論與說明。

第二節　戰後日「中」關係史的先行研究

近年，已經發表多篇關於戰後日「中」關係研究的重要論文，在此先將其主要研究成果的論點概略說明如下。

就通史類的代表專門著作，如古川萬太郎《日中戰後關係史》（原

書房，1981，1988改訂）。此書是一本概略性指摘戰後日中關係及其各項問題，內容上大致是以時間序列鋪陳，以日本戰敗到1970年代為中心，描繪日中之間所發生的各種事情。主要是站在批判的立場，批判規定戰後日中關係大框架的舊金山和約、日華和約，以及日本恢復獨立後，歷代內閣所採取的敵視中共政策。另外，臺灣出身的林金莖（前駐日代表）的研究[7]，則是著重在戰後日華關係的相關研究之著作。林的研究成果大都取材於他自身對日實務的經驗，活用豐富的資料素材，加上林本身所擁有的歷史觀和國際法的專業知識，考察從戰後到1970年代末期日本對「中」外交變動的要因，並且詳實記述分析戰後日華關係轉換的政治過程的實際狀況。然而，這兩本著作是一種「平面性」的且通史性的敘述，幾乎都沒使用一手史料。

在1990年代，關於日「中」的研究實績逐漸增加，以下舉幾本代表性著作進行文獻探討。1990年代時期關於這個研究領域的優秀研究者，如田中明彥教授所著《日中関係1945–1990》（東京大学出版会，1991）及添谷芳秀《日本外交と中國1945–1972》（慶応通信，1995）兩本。田中以貿易的視角作為戰後日中關係的焦點，依當時國際環境以及內政等要因來鎖定分析各個時期的問題點，同時考察戰後經過45年之久的日中關係的推移變化。添谷教授的戰後日本外交研究的著作，則是從日本戰敗到1972年日中關係正常化為止，以日本的對中外交作為考察對象。特別是關注到在國際秩序和日本之間的「接點」，而且分析對美「協調」、「自主」、「獨立」等的路線交錯，形成日本外交的構圖。添谷教授主要是利用英美方面的文獻資料，以複合性的角度觀察，從實質性的日中貿易關係的建構到兩國關係正常化的過程。然而，田中的研究雖然試圖從貿易關係的研究視角，來說明戰後日本和中共政府關係的

7　林金莖，《梅と桜—戰後の日華関係》（東京：サンケイ出版，1984年）；林金莖，《戰後の日華関係と国際法》（東京：有斐閣，1987年）。林金莖先生從中華民國駐日大使館時代擔任外交官以來，歷經日華斷交，之後又擔任亞東關係協會駐日代表（相當於駐日大使），對日外交將近三十年的實務經歷，可說是對日問題的專家。

發展，而日華關係只不過是從「側面的視野」被帶入戰後日「中」關係史，所以該專書只提到日華和約締結為止。

另一方面，在臺灣關於日華關係的研究成果，何思慎《擺盪在兩岸之間：戰後日本對華政策 1945–1997》（臺北：東大圖書出版，1999）。何教授從「內部環境」、「外部環境」、「內部和外部的聯繫」互相之間的作用下，檢討戰後日本如何形成對中國政策，並試圖以此研究掌握日本戰後對華政策演變的途徑及特色。在該專書上雖有提及「政經分離」是日本對「中」政策特色之一，但是關於最重要的「政經分離」的定義和內容少有說明且完整性不夠。筆者認為該書出版之際，日本外務省外交檔案尚未完整開放所致。

再者，在研究戰後日「中」關係之中有幾本不可或缺的資料集，紛述如下：日本外務省亞洲局中國課監修・霞山会編《日中関係基本資料集：1949 年 –1997 年》（財団法人霞山会，1998），中華民國重要史料初編編輯委員會編秦孝儀主編《中華民國重要史料初編—對日抗戰時期第七編戰後中國（四）》（中國國民黨中央委員會黨史委員會，民70 年），中華民國外交問題研究會編纂《中日外交史料叢編（八）金山和約與中日和約的關係》（中華民國外交問題研究會，民 55 年），同前編《中日外交史料叢編（九）中華民國對日和約》（中華民國外交問題研究會，民 55 年）等等詳細而且貴重的資料。

戰後日「中」關係的研究領域也有幾篇非常重要的論文。吉田內閣時期以簽訂舊金山和約，同時使日本恢復獨立為目標，一方面有關中國代表權問題，也就是到底是承認國府還是中共，關於吉田站在日本對「中」外交歧路之決斷的議論也被指摘。石井明所發表的「台湾か北京か一選択に苦慮する日本」（渡辺昭夫《戦後日本の対外政策》有斐閣，1985），這篇論文是考察圍繞這個時期的中國代表權之爭，在吉田盱衡冷戰的國際情勢及英美間對中國問題態度不一致所產生的矛盾的背景

下，如何展開有利於日本的中國政策。石井教授另在「中国と対日講和：中華民国政府の立場を中心に」（渡辺昭夫、宮里政玄編者《サンフランシスコ講和》，東京大学出版会，1986）這篇論文所要檢證的是，對日媾和真正轉變是從中華民國政府移轉到臺灣之後，其政權雖得到美國的支持，卻不能參加舊金山和平會議，因此考察從 1950 年秋天起歷時將近一年半的日華關係的變化，同時個別與日本簽訂兩國間條約的政治過程。

　　2000 年以後觸及戰後日「中」關係的先行研究的對象有「吉田書簡」、「政經分離」相關於「兩個中國」課題為中心的研究實績甚或已經出版。吉田選擇與中華民國（國民黨）政府發展外交關係正常化的政治決斷的過程，「吉田書簡」的出現是相當值得注目的研究焦點。但是，對於近年相關的研究成果出現關於「吉田書簡」的意義產生兩種截然不同的主張與見解。其一是細谷千博的研究，[8]他主張吉田的決定是屈服於時任美國國務院顧問杜勒斯的壓力之論點。但是在日中國學者袁克勤教授卻對於這個論點提出疑問，袁教授強調「吉田書簡」的出現並非是吉田受到美方的壓力而妥協的產物，反而不過是吉田採取「利用外壓外交」的藉口而已，而這兩種論點都被另一位在日中國學者陳肇斌收錄到他的著作《戰後日本の中国政策：一九五〇年代東アジア国際政治の文脈》一書當中。[9]

　　對於上述兩位學者相異的觀點，陳肇斌教授在處裡從吉田內閣時期到岸信介內閣這一時期的日中關係時，運用英美方面的外交檔案的紀錄來分析，而且也討論同時期的日中關係之研究著作中指陳，該兩篇論文皆以站在吉田的「一個中國」的立場來論述。對此，陳肇斌教授則提出吉田及日本政府站在「兩個中國」立場的這一研究假說上。換言之，陳

8　細谷千博，《サンフランシスコ講和への道》（東京：中央公論社，1984 年）。

9　陳肇斌，《戰後日本の中国政策：一九五〇年代東アジア国際政治の文脈》，頁 1–2。

強調吉田的「兩個中國」政策是期望能同時實現「臺灣的確保」和「打開日中關係」，甚且陳主張吉田為實現「兩個中國」的戰略目標，乃利用「政經分離」的方法，試圖擴大日中貿易之戰後日本的中國政策的原型。

　　然而，對於陳的主張，另一位在日中國學者王偉彬教授在其著作《中國和日本的外交政策—從 1950 年代為中心看國交正常化的過程》，[10] 根據日本方面的外交紀錄文書分析認為，「雖然針對「兩個中國」是否要個別承認中國和臺灣，也包含了讓臺灣獨立的意思，但是當時對吉田來說沒有承認中國的國際環境。將來，為樹立和中國的外交關係，先依照「政經分離」作為前提作業，一邊維持與臺灣的關係，一邊保留和中國的經濟關係，這對日本而言是大有益處應該沒錯吧」，同時王也主張「從國際法的角度來看，若要承認中國或是承認臺灣獨立的『兩個中國』政策，即使不利用「政經分離」的方法也是可行」的見解。也就是說，王的主張對於陳文有關「政經分離」的目的的前半段可說是持贊成的態度，但是對於後半段「使大陸和臺灣分離的狀態固定化」的論點，反而認為「沒有充分的根據」而提出批判。那麼，在日本對「中」政策上所出現的「政經分離」到底擁有甚麼樣的性格和目的？在戰後日「中」關係上扮演了甚麼樣的角色呢？不得不提出這些疑問點。

　　此外，也有分析以臺灣為主體整合對外關係的臺灣對外關係史，和前後時代的關聯性以及對外關係的性格也是有必要進行討論。例如在日臺灣學者戴天昭博士所著《台湾戦後国際政治史》[11] 的討論，是一部兼具通史視野的研究叢書。另一位研究視野圍繞在戰後臺灣以之作為考察東亞國際關係的日本學者清水麗。她的博士論文「戰後日中臺關係及其政治力學－圍繞臺灣的國際關係」[12] 當中考察以中國代表權問題作為基

---

[10]　王偉彬，《中国と日本の外交政策：1950 年代を中心にみた国交正常化へのプロセス》，頁 38。

[11]　戴天昭，《台湾戦後国際政治史》（東京：行人社，2001 年）。

[12]　清水麗，「戦後日中台関係とその政治力学―台湾をめぐる国際関係」（博士論文，筑波大学大

礎，圍繞「兩個中國」論爭的日中臺關係的政治力學，而且掌握到從日華邦交到日華斷絕外交關係前後的日華關係變動的要因，描繪戰後日華關係史的一個面向。雖然清水的博論有使用到一手史料，但在 50 年代初期的日華關係當中，並沒有觸及日臺通商協定以及 50 年代後半期的中日合作策進委員會的設置等課題的研究。

　　本書基本上根據上述的先行研究及文獻回顧分析考察得出諸多問題點，開啟戰後日華關係研究的重要線索，從外交史的研究途徑，運用外交檔案及原史料等一手史料，對於戰後東亞國際關係提示新的研究視點，特別是為深入理解日華關係等問題，試圖解明從戰後以來日本對中政策的發展與變化。

第三節　本書章節構成及研究方法與史料説明

　　本書由「序章」開頭，說明本書的研究課題和構想要旨、先行研究、文獻回顧等。接續以五個章節構成，簡略說明如下。

　　第一章：戰後日華關係的起點：日臺通商協定。本章主要圍繞日臺通商協定間探討前述的課題，以戰後日華關係作為起點的位置，探討關於日臺通商協定締結的過程及其影響，GHQ 占領下的貿易管理體制的鬆綁，伴隨著 50 年代初期東亞國際情勢的變化，美國對臺政策的調整及日華和約締結之前日臺貿易等課題的考察。藉由這些課題的考察分析，試圖解明日臺通商協定締結的國際背景和內在要因以及通商協定的締結過程。

　　第二章：作為重建戰後日華關係的法律規範之基礎：日華和約。在本章，考察作為戰後日華關係重建之基礎原點的日華和約締結的過程，

学院国際政治経済学研究科，2001 年）。

以及在日本面臨日華和約締結之際的吉田首相自兼外相時代，以日本方面的資料為主，考察制定中國政策之現狀及對「中」外交之相關的研究內容，同時檢討有關日本外交解決中國問題的構想與變遷。

第三章：吉田內閣時期的對「中」外交：從「等距離外交」到「政經分離」。戰後日本對「中」外交的動向，一般認為追隨美國外交政策的轉換而調整，特別是吉田內閣時期，基本上遵從以美國為中心的外交路線作為戰後日本的外交基礎。但對於中國問題，卻思考如何保有日本獨自性的中國政策。當時吉田利用英美之間的矛盾，想提出獨自對「中」的外交構想，卻因「吉田書簡」的出現，不得不放棄吉田心中原來想建構的「對中等距離」外交之構想。日華和約締結之後，由於日中民間交流而使得「政經分離」的構想在日本對「中」外交政策上逐漸浮上檯面。因此，在本章有必要再次檢證分析從「等距離外交」到「政經分離」之所謂日本對「中」外交構想的轉變過程。再者，「政經分離」在吉田內閣時期，如同「謎」樣般的對「中」外交之構想，或者是說這個構想並非日本所特有的外交構想等等的許多疑問也有必要重新檢視其原來真實面貌的必要性。

第四章：鳩山內閣時期的「自主外交」路線的建構和日華關係。鳩山內閣時期將外交路線從戰後初期吉田的對美「協調外交」政策轉換到「自主外交」，對「中」外交政策基本上也隨之改變。換言之，作為獨立的國家與美國保持一定的距離，同時摸索日本「自主外交」的路線。在本章討論鳩山對共產圈國家的接近、「兩個中國」論的發言，以及對於該項發言日華雙方之間的折衝等複合式的衝突及其影響，同時也要考察分析鳩山內閣時期所展開的「自主外交」對於日華關係的影響。

第五章：岸信介內閣時期的對華外交。以岸內閣時期日華關係的內在變化作為分析討論的對象。由於岸的反共態度，因而積極促使1957年6月訪問臺灣的元首外交的形成。那麼何以岸信介擔任總理大臣之後，

僅三個月就以日本首相的身分訪問臺灣？在第四次日中民間貿易協定的貿易備忘錄的交涉內容中，出現設置「通商代表部」和給予外交特權等政治層次問題的討論，當時兩岸仍處於「漢賊不兩立」的高度政治對立氣氛下，勢必波及日華兩國的信賴關係，而導致雙方外交的不信任感提高。如此可看出岸自陷於對「中」外交的兩難困境，這個困境最後歸結到 1958 年 5 月發生的長崎國旗事件才暫時結束，那麼岸首相在面臨這個高度政治問題之際，採取何種外交對策因應呢？這也是本章所要探討的課題。

　　以上根據章節內容的介紹和先行研究的成果，本書的研究視角將以「經濟先行」繼之「政治承認」作為戰後日本外交的一種「典範」，特別是在 1950 年代，日本對「中」外交方針的轉換過程，可說是在東亞區域的國際關係的變化和歷史展開的脈絡當中，將「經濟面向」賦予戰後日本外交中心思想的位置。而與此中心思想的連動變化，超越了傳統大國外交和日中關係史的脈絡，必須將觀察視野從東亞國際關係此一新的途徑，來考察戰後日華關係展開的真正樣態與面貌。特別是 50 年代初期日臺通商協定的簽訂、日華和約的締結過程，從吉田內閣到岸內閣的對「中」外交方針轉換和日華關係變動等等日本外交的轉變，皆與當時東亞冷戰的國際情勢變化有莫大的關係，因此本書為深入究明瞭解日本外交轉變的過程，將以日本方面已公開的外交檔案做為考察的一手史料，從「經濟先行」繼之「政治承認」的研究視角，來分析當時日本政治外交政策制定的狀態，並試圖從日本外交檔案當中，抽絲剝繭 50 年代各個內閣更迭時期日華關係的建構，希望能更準確掌握其真實面貌。

　　本書採用歷史（學）的研究方法，主要是以日本方面已經公開的外交紀錄文書作為考察論證的依據。關於史料則是運用目前由日本外務省外交史料館所藏的戰後外交紀錄（microfilm）當中有關的中華民國關係文書，還有目前典藏於臺北的國史館或是中研院近史所檔案館的外交部檔案等一手史料來進行綿密的史料批判與考察，盡可能的依據一手史料

進行實證性的研究。此外，為求客觀性，本書蒐集使用當時的新聞記事、傳記、相關人物的回憶錄、政府出版物和文獻資料等適宜的二手史料，考察分析在東亞國際關係中，戰後日華關係的形成與發展的經緯作為本書的研究基礎，並檢證當時日本的對「中」政策構想制定過程，試圖就日華關係的討論、特徵、背景等內部和外部面向的分析來探討其政策要因的關聯性。

第一章
戰後日華關係的起點：
日臺通商協定

　　1950 年 6 月隨著韓戰的爆發，東亞各國被迫捲入美蘇陣營兩極化的冷戰體制。美國欲堅固西太平洋的反共防衛線，而將日本拉攏至自由民主陣營，同時不得不再次重新考慮臺灣在西太平洋反共防衛線上的戰略地位。當時，面臨嚴峻的冷戰態勢以及迫於亞洲共產主義勢力抬頭的美國，一方面採取對中國共產勢力的「封鎖政策」，另一方面積極推動重建戰後一時中止的日臺貿易關係。其結果是由盟總（GHQ）促成與當時剛遷臺的中華民國政府於 1950 年 9 月 6 日在東京簽訂日臺通商協訂。[13]由於此通商協定的締結正好是韓戰爆發後的兩個多月，因此二者之間是否有連動關係？再者，此協定在美國的東亞政策及西太平洋防衛線上所賦予的戰略位置為何？本書將循前述的問題意識，試圖檢析當時在東亞國際關係變動的過程中，美國的亞洲政策的轉變、盟總為何採取緩和性的日本對外貿易管理體制及日臺間貿易交流的概況。

　　關於日臺通商協定這一研究課題，至今在日本仍未有論文篇章加以專題討論，[14]雖然近年在臺灣已有兩本相關研究著作相繼問世，[15]但是大

---

[13] 日臺通商協定是在 1950 年 9 月 6 日日方以觀察員的身分與會，締結雙方則是由盟總（GHQ）與中華民國政府在東京簽訂，盟總將此協定名為「日臺通商協定」，而中華民國方面稱則為「臺日貿易協定」。由於本書大都使用日文的一手史料與資料，因此為避免詞彙混亂，在本中文稿中仍沿用日本外務省的外交紀錄文書所定「日臺通商協定」之名行文。

[14] 川島真、清水麗、松田康博、楊永明共著，《日台関係史 1945–2008》（東京：東京大学出版会，2009 年 3 月）。此書之第二章（川島教授執筆）有特別提到日臺通商協定一事，雖然只以小篇幅的形式描述，由於有加諸新的史料與新的觀點，因此仍具參考價值。

[15] 陳思宇，《臺灣區生產事業管理委員會與經濟發展策略 1949–1953：以公營事業為中心的探討》（臺北：國立政治大學歷史學系，2002 年），廖鴻綺，《貿易與政治：台日間的貿易外交 1950–1961》（臺北：稻鄉出版社，2005 年）。

部分使用臺灣方面的資料，然而與此研究課題相關之日本方面的一手史料與資料卻幾乎未曾使用，因此本書以上述之先行研究為基礎，大量使用日本方面的原始史料，再加上美國對外關係史料（FRUS）以及回憶錄等相關資料，針對上述日臺通商協定締結的背景課題進行分析檢討。

第一節　日臺通商協定形成的諸要因

一、盟總（GHQ）對日貿易管理體制的調整

波茨坦宣言第 11 條已規定將日本的對外貿易置於民主式的和平國家建設的基礎上。[16] 此舉顯然當時盟國已決定改造日本，使戰後日本徹底揚棄軍國主義，將建立民主政體的新國家面貌展現於世。眾所周知，戰後日本雖名為盟總占領，舉凡一切政務、外交、經濟、社會、國防乃至民生事務皆由盟總決定，但實際上是由主要占領權國美國單方面出謀劃策決定之，亦即盟總的占領政策會隨著美國對日政策的變化而轉變。此由盟總制定戰後初期日本對外貿易的管理統制方針是根據「降伏後對日的美國初期政策」一事，[17] 即可窺知一二。是故，在盟軍占領下日本的對外貿易之統制權委由盟總全權處理，一切對外貿易則受盟總最高司令官（SCAP）的監督與承認。

然而，占領初期的對日方針並非規定此後全部的占領政策，而是對應國際情勢的變化而改變。戰後未幾，國際走向美蘇兩極化對立（自由主義陣營與共產主義陣營）的情勢愈趨明顯；在東亞，特別是在中國大陸的中國共產主義勢力不斷擴張，已然危及東亞周邊諸國的戰後重建與國家安全。在此世界局勢逐漸動盪不安的氣氛下，美國意識到不重新建

---

[16] 外務省特別資料部編，《日本占領及び管理重要文書 第四卷 経済篇II》（東京：東洋経済新報社，昭和 25(1950) 年），頁 10。

[17] 同上註，頁 91–108。

構日本在東亞的戰略性地位，不足以應付未來的局勢變化。換言之，即使為抑制軍國主義的復活，繼續維持以「非軍事化」、「民主化」為主的戰後初期的對日政策，仍然必須構築一道以「非共產化」、「經濟復興」之所謂自由主義世界的防波堤，而導致「反共」意識轉趨強烈。因此，戰後初期的對日貿易管理體制亦開始出現鬆動，如「民間貿易限制緩和」等的政策轉換，[18] 即為顯例。

　　伴隨美國對日政策的轉變，1947 年 8 月 15 日盟總開始採取緩和占領下對日貿易管理體制中的民間貿易限制之措施。那麼，何以盟總在此時間點上採取鬆緩日本對外貿易管理體制呢？根據 GHQ 文書紀錄《History of the nonmilitary activities of the occupation of Japan, 1945–1951 v. 52》顯示，有如下之敘述：

　　將日本貿易轉移到民間途徑之最初措施是在 1947 年夏天開始施行。政府間貿易因受到諸多限制，致使 1946 年貿易收支惡化是為主要原因之一。為了擴大無法由政府途徑作事實上販售之商品通路，在 1947 年夏允許外國人民間貿易業者入境日本。雖然應該盡快解除日本對外通商的諸多限制是美國的政策，但是對日本而言，在實現民間企業或是貿易業者的貿易重開方面，糧食、居住、輸送以及其它商業設備不足的問題卻橫阻於前。即使如此，盟總最高司令官（SCAP）仍在 1947 年 8 月 15 日針對 400 人民間業者公開發表可以開始對外國貿易。[19]

---

[18] 關於美國對日占領政策的轉換，或是戰後日美關係與東亞等的相關著作，請參考五百旗頭真，《米国の日本占領政策：戰後日本の設計図》（東京：中央公論社，1985 年），頁 2；五十嵐武士，《戰後日米関係の形成》（東京：講談社，1995 年）；五十嵐武士，《日米関係と東アジア：歴史的文脈と未来の構想》（東京：東京大学出版会，1999 年）等。

[19] 關於從占領期管理體制到民間途徑貿易、貿易振興策等，請參閱，《History of the nonmilitary activities of the occupation of Japan, 1945–1951 = 日本占領 GHQ 正史；v. 52》（東京：日本図書センター，1990 年），頁 85。此處所使用的日文版譯文請參照竹前栄治・中村隆英監修、石堂哲也・西川博史訳，《GHQ 日本占領史 第 52 巻 外国貿易》（東京：日本図書センター，1997 年），頁 85。另外，重要的相關文獻亦可參考外務省特別資料課編，《日本占領及び管理重要文書 第一巻

　　易言之，持續將日本對外貿易轉移到民間，使日本貿易回復「正常化」，且強化美國對日經濟復興援助，特別是盟總於 1947 年 8 月允許民間貿易業者開始對外國貿易，以謀求國內經濟的扶植與經濟體制的重建等具體化措施，顯示美國及盟總開始鬆緩對日經貿政策以求取東亞局勢的穩定。

　　此時，日本亦因盟總採取緩和民間貿易限制、重開對外貿易等的貿易管理體制之措施，試圖擴大對外貿易和重建國內經濟。然而，就日本重開對外貿易而言，將有一大障礙橫阻，亦即屬於準美元通貨地區、貿易清算（或稱為貿易結算）依靠美元的日本，在與非美元通貨地區進行貿易之際，發生該區有美元嚴重不足的問題，致使擴大貿易交流更加困難。[20] 這對戰後貿易管理體制下做為「事實上美元通貨區」的日本而言，將成為重要的課題之一。

　　在此變動的國際環境中，戰後初期物物交換（英：barter，日：バーター）貿易 [21] 之形式對重開日本對外貿易而言，扮演重要的角色。在物物交換貿易（或稱易貨貿易）制度下，清算並非以主要貨幣為之，而是以貿易業者間或是政府間的協定來抵銷清算。這也是當時日本在資金與美元皆不足的情況下，所採用的交易原則。[22]

　　基本篇》（東京：東洋経済新報社，昭和 24(1949) 年），頁 5，28–30。

[20] 経済企画庁戦後経済史編纂室編著，《戦後経済史 5　貿易・国際収支編》（東京：原書房，1992 年復刻版），頁 24–25。有關從 1947 年下半年美元嚴重不足之問題請參考小島清，「ドル不足の問題点―国際収支の『根本的不均衡』をめぐる論争」，《世界経済》，1949 年 9 月号，頁 1–19 以及「英国・ドル不足の問題」，《世界経済》，1949 年 10 月号，頁 34–38。

[21] barter ＝物物交換，亦稱易貨貿易。兩國間進行交易，在清算之際，各自沒有充分的外匯資金的場合，互相協定所有交易額以物物交換的方式來進行貿易。松井清編，《日本貿易読本》（東京：東洋経済新報社，1955 年），頁 155。

[22] 米国関税委員会編，経団連事務局訳，《戦後における日本貿易の発展（経団連パンフレット第 44 号）》（東京：経済団体連合会，1958 年），頁 27。

　　日本在此上述的交易原則下，遵循政府間貿易的通例，於 1948 年 7 月 8 日開始以專戶記帳（Open Account，日文稱為清算勘定）[23] 的方式進行交易。[24] 這種貿易方式是緩和限制民間貿易之後的一種萌芽型態，同年 11 月 14 日以「民間貿易暫定支付協定」作為和英鎊通貨地區所締結的一種金融協定。[25] 由於與各國陸續締結此類形態的協定貿易，而增加從國外的進口，同時也擴大從本國的出口，此種貿易方式亦被稱為「輸入先行主義」。[26]

　　因此，在交易面上並不需要實際的外匯，而採用一種所謂專戶記帳（Open Accound）的清算方式進行結算。[27] 所謂專戶記帳如前所述，是不以現金結算，只單單將買賣借貸明記於雙方的帳目，然後相互抵銷的易貨方式。專戶記帳方式是對於有必要解決因美元不足而減縮貿易的日本而言，在當時是最為合適的貿易型態，因而成為解決美元不足之協定貿易的核心。

---

[23]　中文稱為專戶記帳（日文稱為オープン・アカウント、或稱清算勘定。此方式即是所謂匯兌清算協定，也就是一種基於支付協定的結算方式，買賣雙方之中央銀行間則僅止於買賣手續之借貸紀錄，在一定期限內將買賣手續之借貸尾款用美元清算的一種方式。但是，通常在一定的額度內也相互承認透支的部分，買賣手續若變動太大，亦可以不進行差額的清算。松井清，《日本貿易読本》（東京：東洋経済新報社，1961 年），頁 268。

[24]　1948 年 7 月 8 日在與法國締結通商協定之際，亦以美元計價的專戶記帳方式來處裡。外務省通産省管理貿易研究会編，《戰後日本の貿易・金融協定》（東京：実業之日本社，1949 年），頁 8。

[25]　關於日本於 1947 年 11 月 14 日與英鎊通貨地區簽定金融協定一事，請參閱高石末吉，《覚書終戰財政始末　第 12 巻》（東京：大蔵財務協会，1971 年），頁 436。有關在 1947 年、1948 年日本和英鎊通貨地區的貿易情況，可參考朝日新聞社刊編，《通商産業省　通商白書》（朝日新聞社刊，昭和 24(1949) 年 9 月 20 日），頁 42–44。

[26]　荻原徹監修，鹿島平和研究所編，《日本外交史 30　講和後の外交 II 経済（上）》（東京：鹿島研究所出版会，1972 年），頁 39。關於「輸入先行主義」或是「満腹輸出」等的貿易協定，請參考財団法人輸出繊維統計協会刊，《通商産業省　第二次通商白書》（東京：財団法人輸出繊維統計協会，昭和 25(1950) 年 5 月 29 日発表），頁 92。

[27]　財団法人輸出繊維統計協会刊，《通商産業省　第二次通商白書》，頁 94。

　　從 1949 年下半年，日本和專戶記帳諸國之間，以所謂「彈性限額」[28]（Swing）約定的方式開始努力振興進出口貿易。[29] 日本也與中華民國（臺灣）、韓國等諸國的支付協定，採用「彈性限額」的結算方式。在此協定之下，設置有關船舶、關稅等的最惠國待遇的適用規定，更進一步邁向貿易正常化。[30] 換言之，諸國與日本採用專戶記帳制度結算的金融協定，也會同時約定「彈性限額」的問題。

　　由上述來看，此時期日本的對外貿易，是由盟總取代戰後恢復主權獨立之前的日本，全權處理與海外諸國之間締結協定貿易事宜。表 1–1 是以當時（1948 年 3 月至 1950 年 9 月）由盟總代為締結有關日本與諸外國之間貿易協定的狀況，依據清算的通貨可分為三大結算地區。[31]

---

[28]　所謂「彈性限額（Swing）」（日文稱スウィング）是指在兩國間支付協定上，協定國相互給予信用額度。請參閱高石末吉，《覚書終戦財政始末　第 12 巻》，頁 439–440。

[29]　経済安定本部貿易政策課編，《海外市場の現況と日本貿易》（東京：東洋経済新報社，1951 年版），30–31 頁。

[30]　荻原徹監修，鹿島平和研究所編，《日本外交史 30　講和後の外交 II 経済（上）》（東京：鹿島研究所出版会，1972 年），頁 41。關於「彈性限額」的清算方式，日本至昭和 26（1951）年 8 月 15 日以前已與西德、法國、韓國、臺灣等 14 個國家之間有所協定。其中臺灣的「彈性限額」設定為 400 萬美元。高石末吉，《覚書終戦財政始末　第 12 巻》，頁 440。

[31]　從結算通貨地區別來看，關於日本對外貿易的市場別構成之說明，請參考経済安定本部貿易政策課編，《海外市場の現況と日本貿易》，頁 20–34。

表 1–1　1948 年 3 月至 1950 年 9 月日本與諸國的通商協定、金融協定（亦稱為支付協定）

結算通貨別	國名	協定性質	締結年份
美元通貨現金結算區	瑞典	通商協定	1948/11/3
	墨西哥	金融協定	1949/4/12
	韓国	金融協定	1949/4/23
	智利		1949/5/6
	烏拉圭		1949/5/19
	祕魯		1949/6/15
	哥倫比亞		1949/6/21
	委內瑞拉		1949/6/27
	比利時		1949/7/9
	琉球		1949/12/24
英鎊通貨現金結算區	英國本國 各殖民地（香港除外） 澳大利亞 紐西蘭 南非 印度	民間貿易暫定支付協定	1947/11/14
		貿易協定	1948/11/9
	錫蘭	加入英鎊通貨結算區的貿易協定	1949/3/2
	巴基斯坦	英鎊通貨現金結算協定	1950/3/31
美元通貨專戶記帳結算區	法國	通商協定	1948/7/8
	泰國	金融協定	1948/12/4
	荷蘭	金融協定	1948/12/30
	印尼	金融協定	1948/12/30
	巴西		1949/6/2
	阿根廷		1949/6/8
	芬蘭		1949/6/21
	西德		1949/10/4
	臺灣	通商協定	1950/9/6

資料來源：整理自日本學者高石末吉，《覚書終戰財政始末 第 12 卷》，（東京：大藏財務協会：1971 年），頁 437–438，443。

二、圍繞 1950 年前後東亞的國際情勢：美國擬定東亞 秩序的構想

第二次世界大戰結束後，歐洲展開美蘇冷戰體制，50 年代初期這股冷戰風潮亦開始波及東亞。二戰結束當時，日本雖在名義上被盟軍占領，但是實際上是在美國的支配統治之下。占領初期，舉凡日本的國家組織重組還是社會改革等，幾乎完全依照美國占領政策的規定，其占領政策的基本原則是非軍事化、確立和平經濟、以及政治民主化等的統治方針。[32]

另外，遭到停止外交權的日本與諸外國之間的關係，因受到限制而難以擺脫美國的東亞政策。[33] 換言之，日本名義上是由盟軍占領，但是實際上有關日本的外交權利仍然掌握在美國手中。就這點來看，不管日臺間的貿易活動是重開或是繼續，美國可說是具有決定性的影響力。

但是，為了因應歐洲冷戰新的情勢變化，美國的對日政策亦開始產生變化。1947 年 3 月美國總統杜魯門（Harry S. Truman）宣布以反蘇反共為訴求、強化軍事等政策，為「美國的安全起見」，開啟維護「世界的自由諸國民」之杜魯門路線（Truman Doctrine），在世界性的軍事基地網路中，採取包圍蘇聯以及共產主義陣營之「封鎖圍堵政策」（containment policy）。[34]

據此，美國從各方面的作為顯示其政策目標的轉向，如從早期對日媾和的方針轉向以反蘇、反共軍事戰略為目標的同時，並將原來推進日本的非軍事化和政治性、經濟性的民主化，切換到讓日本經濟能夠自立，

---

[32] 鈴木九万監修，鹿島平和研究所編，《日本外交史 26　終戦から講和かで》（東京：鹿島研究所出版会，1973 年），頁 371–372。

[33] マーク・カプリオ、杉田米行編著，《アメリカの対日占領政策とその影響—日本の政治・社会の転換》（東京：明石書店，2004 年），頁 268。

[34] 大江志乃夫，《日本の歴史　第 31 巻　戦後改革》（東京：小学館，1976 年），頁 241。

使日本在東亞作為反共的堡壘等。[35] 易言之，在政治上推動日本國內安定及親美化；在經濟上為使東亞地區的經濟復興，美國積極經援日本；另外在軍事上美國希望締結保障日本安全的兩國間條約。[36]

美國對日政策轉換的目標，主要是因為深受歐洲冷戰的影響，所以盡可能地將日本拉進自由主義陣營，而不使之進入蘇聯勢力圈。也就是說，以日本親美化和拉進自由主義陣營為目標，而將日本置於「封鎖圍堵」政策之戰略性盟友的位置，才是美國在轉換對日政策上的重要目標。

另外在中國，國民黨政府因在國共內戰失利而敗色漸濃之際，美國受其牽連而與中國共產黨對決的氣氛漸至高漲。1948 年下半年，中國華北以及華中地區已納入共產黨勢力之下，面對中國情勢的持續惡化，美國政府的首腦高層已漸認知到這項訊息。當時美國方面雖然期待能夠形成國共兩黨以外的第三勢力，但現實上在中國，具有政治實效性的「自由主義」之第三勢力是不存在的。[37]

如此，曾經打算以強化中國作為戰後東亞秩序形成之中心，預料在戰後美蘇對立時期待能得到中國支持的美國，因為國共內戰的嚴重激化，一方面已預見中國的共產化，另一方面不得不重新修正戰後東亞國際秩序的戰略構想。

當時考慮以歐洲為中心之冷戰戰略的美國，對介入中國事務自是有限。在 1948 年的階段，美國國務院的主要構想是美國之「國力的界線」。[38] 為此，美國務院政策企劃室（PPS）於 1948 年 9 月 7 日做成一份文件（PPS39），[39] 向國家安全保障會議（NSC）提案。之後，國家安

---

[35] 同上註，頁 216–219。

[36] 五十嵐武士，《戰後日米関係の形成》（東京：講談社，1995 年），頁 41–42。

[37] 坂本義和・R.E. ウォード編，《日本占領の研究》（東京：東京大学出版会，1987 年），頁 24。

[38] 加藤洋子，《アメリカ世界戦略とココム：1945–1992 年》（東京：有信堂高文社，1992 年），頁 95。

[39] PPS39, Sep. 7, 1948, pp. 412–446., FRUS, 1948, VIII, The Far East：China, pp. 146–155.

全保障會議在 1948 年 10 月 13 日作成一份題為「美國的中國政策」之文件（NSC34），[40] 其中特別提到：國民政府的崩壞是只是遲早的問題，因此必須軟性的考慮之後的政權承認問題；為防止中蘇共成為堅實盟友，乃提及南斯拉夫領導人狄托之名，表示對於「中國狄托化」[41] 的期待；另外也提出警告，為防止中國成為蘇聯共產勢力圈的急先鋒，應該要避免對中國進行軍事行動。

換言之，從上述文件概可看出，當時美國所考慮的，應該是儘可能的避免對中國內戰問題進行軍事干預，只要中國共產主義者不表明與蘇聯堅實團結，中國即使共產化應該也不至於對美國在西太平洋的利益與安全保障有立即上的威脅。

再者，在政治性及軍事性的考慮範疇之外，美國政府內部也開始構思以經濟性的方式介入中國。美國務院於 48 年 11 月末，討論在中國對於共產主義勢力的貿易統治問題。翌年 2 月，國家安全保障會議再度提出 NSC41 文件，其中明確規定在 49 年階段美國政府的對中貿易方針。此 NSC41 文件顯示，確信中國共產黨和克里姆林宮之間存在嫌隙，把中國從蘇聯勢力分離作為戰略性的目標，最有效果的武器就是以經濟性的手段使中國「狄托化」，美國應該要從亞洲經濟的觀點重視對中貿易。[42] 美國對中貿易的另一個目標是，對中貿易對日本經濟的重建而言

---

[40] NSC34 "United States Policy Toward China" (October 13, 1948), in Thomas H. Etzold and John Lewis Gaddis, eds., Containment ：Documents on American Policy and Strategy, 1945–1950 (New York：Columbia University Press, 1978), pp. 240–247.

[41] 1948 年），時任南斯拉夫總統的狄托（Tito），反對當時共產主義諸國皆以蘇聯為中心的國際主義，逕自打出以本國自主外交為主的政治立場，此一立場亦被稱為「狄托主義」。易言之，當時進入美蘇冷戰的二極体系，即使同屬共產主義陣營，南斯拉夫總統狄托卻極力擺脫蘇聯的控制，欲與蘇聯保持「外交距離」。狄托的此一立場，深受英美自由主義等國的歡迎，紛紛轉而希望中共「狄托化」，達成中蘇共間分裂的戰略「期待」。請參閱汪浩著，《冷戰中的兩面派：英國的臺灣政策 1949-1958》（臺北，有鹿文化，2014 年），頁 66–75。

[42] NSC41"Not by the Executive Secretary of the National Security Council （Souers）, on United States Policy Regarding Trade With China" (February. 28, 1949), FRUS, 1949, IX, The Far East：China, pp. 826–834. 關於 NSC41 這份文件亦可參考日本學者的解讀觀點：安原洋子，「アメリカの対共産圏禁輸政策

是一種重要的措施，美國的立場是為了日本經濟的自力化，中日貿易不但是必要的且不應嚴加限制。[43] 但是，NSC41 文件在 49 年 9 月，雖由美國總統提出再檢討的要求，[44] 但結果是國務院採取拒絕再檢討的態度，迨韓戰爆發後，才正式宣佈放棄 NSC41 的戰略構想。[45]

此外，49 年 4 月中共軍隊進行長江渡江作戰以來，華南地區漸次陷落於共產黨勢力的情況越是明顯。隨著國民黨政府敗色漸濃之際，美國務院於同年 8 月發表「對華關係白皮書」，停止對中的經濟援助。[46] 亦即，時局至此美國完全改變親國民黨政府的想法，可說是明確採取中立態度。換言之，美國透過「對華關係白皮書」的發表，等於是間接甚或直接承認在此之前的中國政策是失敗的，[47] 同時也應該被視為事實上放棄國民黨政權的行動展現。

美國「對華關係白皮書」發表約一個半月後的 10 月 1 日，中國共產黨在北京建政，中華民國的國民黨政府則退移到臺灣，面對中國分裂成兩個政府之嚴重事態的美國，不得不再次重新摸索新的東亞政策。為此，國家安全保障會議（NSC）經過一連串的草案調整，同年 12 月提出 NSC48/1 和 NSC48/2 這兩份重要文件。[48] 這兩份文件在修正美國亞洲

と中国貿易の禁止 1945–50」，《国際政治》第 70 号，頁 31–46。

[43] " Ⅲ. Interest of the United States in Chinese Communist efforts to revive trade with Japan", ibid., pp. 973–1001. 請參考酒田正敏，「講和と国内政治—日中貿易問題との関連を中心に」，《サンフランシスコ講和》（東京：東京大学出版会，1986 年），頁 87–112。

[44] "Memorandum by the Secretary of State of a Conversation with President Truman",September. 16, 1949, ibid., p. 878. 請參考安原洋子，「アメリカの対共産圏禁輸政策と中国貿易の禁止 1945–50」，頁 40。

[45] "Memorandum by the Ambassador at Large (Jessup) to the Executive Secretary of the National Security Council (Lay)", November.22,1950, FRUS, 1950, VI, pp. 663–664. 請參考酒田正敏前掲論文，頁 101。

[46] 關於美國的對華關係白皮書的內容，請參閱アメリカ国務省（朝日新聞社訳）《中国白書》（東京：朝日新聞社，1949 年 10 月）。

[47] 田中明彦，《日中関係 1945-1990》（東京：東京大学出版会，1991 年），頁 30。

[48] NSC48 是 1949 年 6 月由詹森國防部長起草提案，經過 48/1（12 月 23 日）的成案討論，在 48/2（12 月 30 日）文件則由美國總統承認。請參閱添谷芳秀，《日本外交と中国 1945–1972》，頁 42。

政策的同時，開始調整對於軍事介入臺灣的問題、封鎖共產主義、以及促使「中國狄托化」等多項政策，其間所考量的是以美國國家利益的安全線作為東亞反共防衛線的一環。

而題為「關於亞洲之美國的地位」NSC48/1 的新方針，是基於「目前對蘇聯的基本戰略構想，致力在「西方」採戰略性攻勢，在「東方」採戰略性守勢」的判斷，維持包含日本、琉球、菲律賓在內的「戰略性防衛第一線」是一項重要的工作。[49] 其中，有關中國的部份，以儘可能使中國共產黨政權與蘇聯之間產生嚴重的摩擦為目標，也就是仍然期待中國的「狄托化」。[50] 另一方面，有關臺灣的部份，則認為阻止中國共產政權統治臺灣是不可能的，而且也考慮到對臺軍事占領並不符合美國的國家利益。[51]

在作成 NSC48/1 文件的一週後，NSC48/2 也在 12 月 30 日完成結論並獲得美國杜魯門總統的認可。此份文件提及：在國民黨政府崩壞的情勢之下，美國也必須明確打出將積極援助亞洲非共產國家的方針，特別是中國的近鄰諸國，且論及以亞洲為範圍的整體性戰略；另外，也表明關於臺灣問題，美國政府不會將軍事性活動正當化，也不會介入經濟性援助以外的事務。此外，再度闡明要阻止臺灣被中國共產黨統治是不可能的。[52]

換言之，如上述由國家安全保障會議所作成的兩份文件中，可看出三點重要訊息：其一，即使中國本土全境置於中國共產黨的統治之下，

---

[49]　NSC48/1 "The Position of the United States with Respect to Asia"(December 23, 1948), in Thomas H. Etzold and John Lewis Gaddis, eds., Containment: Documents on American Policy and Strategy, 1945–1950 (New York：Columbia University Press, 1978), p. 264.

[50]　Ibid., pp. 256–257.

[51]　Ibid., pp. 257–258.

[52]　NSC48/2 "The Position of the United States with Respect to Asia" (December 30, 1948), in Thomas H. Etzold and John Lewis Gaddis, eds., Containment: Documents on American Policy and Strategy, 1945–1950 (New York：Columbia University Press, 1978), pp. 274–275.

美國仍然對所謂的「中國狄托化」的戰略構想有所期待；其二，排除一切對於軍事介入臺灣的選擇性，在某種程度上已然出現「放棄臺灣」的暗示性意味濃厚；其三，美國考慮不包含臺灣，而以日本、琉球、菲律賓等西太平洋沿岸地區的島鏈作為圍堵共產主義的防衛最前線，亦即將之視為「戰略性防衛第一線」的意圖甚為明顯。

三、圍繞 1950 年前後東亞的國際情勢：美國對臺政策的迴旋

此時，美國務院的態度如同上註述所發表的兩份文件，為使將來「中蘇分離」而採取避免中國共產黨反美化的戰略意圖可說是相當明顯。在 49 年 10 月以後，面對中國分裂成兩個政府的嚴重事態，迫使杜魯門政府不得不再次重新檢討其外交政策。其中針對臺灣問題的部份，結果杜魯門政府採用前述的 NSC48/1 與 NSC48/2 兩份文件所做成結論共識，並且於 1950 年 1 月 5 日發表一份「關於臺灣問題的聲明」，其中值得提出的要旨是：合眾國在目前並沒有打算從臺灣得到權利、或者是在臺灣建設軍事基地的意思，也沒有企圖軍事介入臺灣或是提供國府軍事援助，但將會提案繼續對臺的經濟援助計畫。[53]

對於杜魯門的聲明當中，有一句「在目前」的這個語彙讓人產生深度的不解和疑惑，時任國務院長官的艾奇遜（Dean G. Acheson）為了消除此項疑惑，同日午後發表「關於臺灣的地位之聲明」，作為補足杜魯門總統有關臺灣問題的聲明。艾奇遜補充說明：該語彙只是總統在該宣言中，所陳述的基本政策，不論如何都不是要加以修正乃至有任何的限制，也不是要弱化該項宣言；在遠東美軍若遭受攻擊時，美國不論在任何地點任何時刻，都將完全地自由行動。[54] 從艾奇遜長官的談話，可以

---

[53] 日本国際問題研究所中国部会編，《新中国資料集成 第 3 卷》（東京：日本国際問題研究所，1969 年），頁 36–37。

[54] 同上註，頁 38–41。

了解到美國雖然沒有對臺軍事介入的意圖，但是若在東亞地區發生軍事性的衝突，為了自身的安全起見也會保留軍事干涉之戰略性的設想。

　　杜魯門聲明很明顯地是在介定對中政策與對臺政策。其聲明確表示，在否定美國軍事介入中國內戰的同時，也將持續對在臺灣的中華民國政府進行經濟援助。這樣的聲明其實並非是表明美國對華政策的轉換，而只是表示有限度的介入臺灣事務。換言之，杜魯門聲明也可說是「不干涉臺灣政策」。

　　在艾奇遜長官發表談話之後的一個星期，再度沿著杜魯門的「不干涉臺灣政策」路線，作為國務長官對亞洲戰略構想的一環，他在國際記者俱樂部（National Press Club）進行一場題為「中國的危機－美國政策之檢討」的演說。[55] 在這場演說當中，艾奇遜將有關在東亞的軍事安全保障所討論的防衛線（defensive perimeter），和通過亞洲沿岸的島嶼相連接。也就是說，這規定了從阿留申群島、經日本、琉球諸島、再連結到菲律賓的大陸沿海各島嶼地區，且將之稱為「不後退防衛線」（亦被稱為艾奇遜防線），表明美國會直接干涉其防衛事務。[56] 同時也言及「只要是關於太平洋其他地區的安全保障問題，很明顯地無法保障任何人對該地區發動的軍事攻擊」。[57] 易言之，在美國的戰略框架下，即使艾奇遜設定「不後退防衛線」的範圍，但是也明示無法對防線以外相連接的太平洋地區提供有效的安全保障，若是東亞沿海地區遭受軍事攻擊時，等於美國不負防衛上的任何義務。

　　對於美國打出一連串的東亞政策，不得不想起在此前半年，中共國

---

[55]　ディーン・アチソン（Dean G. Acheson）著、吉沢清次郎訳，《アチソン回顧録1》（東京：恒文社，1979年），頁428–432。

[56]　同上註；小此木政夫，「第五章　東アジアの冷戦」小此木政夫・赤木完爾共編，《冷戦期の国際政治》（東京：慶応通信，1987年），頁97–111。

[57]　ディーン・アチソン著、吉沢清次郎訳，《アチソン回顧録1》（東京：恒文社，1979年），頁430–431。

家領導人毛澤東主席發表的「向蘇一面倒」聲明。中國共產黨從 1948 年以後漸能掌握美蘇冷戰對峙所衍生出來國際政治的基本架構，毛澤東甚至在 49 年 7 月 1 日發表「向蘇一面倒」政策，主張在美蘇之間是沒有所謂中立的第三條道路。[58] 在此值得注意的是，如果這等於是「親蘇反美」政策的「預言」，那麼面臨這種嚴峻狀況的美國，在提出相關亞洲政策或是中國政策時，本書認為美國政府高層宛如「無視」於毛澤東的「預言」一般。

　　然而，就在艾奇遜發表演說的一個月後，亦即 2 月 14 日中蘇共締結「友好同盟相互援助條約」。這個條約主要是針對日本，以及防止與日本友好國家的聯合侵略行動為最大目的。[59] 中蘇共友好同盟條約的締結，對於美國的「不後退防衛線」而言，可說是帶來嚴重深刻的危機。美國政府雖然預測到，可能無法避免因中共政權「解放臺灣」行動而導致美中雙方的軍事衝突。但是就在艾奇遜發表「不後退防衛線」宣言之後，不僅美國的亞洲政策可能遭到共產陣營的誤解，甚至被指責此宣言正是誘發北韓發兵南侵韓國的不當之舉。[60]

　　1950 年 6 月 25 日北韓發動突襲侵略南韓，韓戰瞬間爆發。[61] 美國

---

[58] 田中明彥，《日中関係 1945-1990》（東京：東京大学出版会，1991 年），頁 29–30。「向蘇一邊倒」政策是毛澤東在紀念中國共產黨 28 周年紀念（1949 年 6 月 30 日）的講演會上一篇「論人民民主主義專政」的講稿。詳細內容請參閱中国共産党中央委員会毛沢東選集出版委員会編，北京人民出版社訳，《毛沢東選集 第 4 卷》（北京：北京外文出版社，1972 年），頁 539–560。從 1945 年到 1949 年），有關中國共產黨對冷戰的看法，請參考 Okabe Tatsumi, "The Cold War and China", in Yonosuke Nagai and Akira Iriye, eds., The Origins of the Cold War in Asia (New York : Colombia University Press, 1977)。

[59] 小此木政夫，「第五章　東アジアの冷戦」，小此木政夫・赤木完爾共編，《冷戦期の国際政治》（東京：慶応通信，1987 年），頁 105。

[60] 大蔵省財政史室編者，《昭和財政史—終戦から講和まで 第 3 巻》（東京：東洋経済新報社，1976 年），頁 447。

[61] 有關日本研究韓戰的幾本代表著作，可參考神谷不二，《朝鮮戦争》（東京：中央公論社，1962 年）、小此木政夫，《朝鮮戦争》（東京：中央公論社，1986 年）、和田春樹，《朝鮮戦争》（東京：岩波書店，1995 年）。

與中共的關係也一舉升高到緊張態勢，迫使美國介入韓戰，至此美國對於中國「狄托化」的政策也不得不改弦易轍。其政策轉換的結果，使美國開始推動對中共政權全面性的「封鎖圍堵」。韓戰爆發兩天後的27日，杜魯門宣布放棄「不干涉臺灣海峽政策」，為阻止中共渡海攻擊臺灣，乃派遣第七艦隊協防臺灣，同時拒絕國民黨政府「反攻大陸」的請求，這項舉措也被視為是「臺灣海峽中立化宣言」，此宣言內容提及：關於臺灣將來的地位之決定，應該等到回復太平洋的和平與安全、完成對日媾和、或是委由聯合國大會討論。[62] 這項行動也表明美國將戰後遺留的臺灣問題，由消極放棄的立場轉向「臺灣地位未定論」的政治態度。

如此看來，似乎原本美國政府準備放棄的臺灣重新獲得重視，一方面將臺灣納入西太平洋沿岸的「不後退防衛線」，另一方面也將臺灣置於圍堵封鎖中共的前進基地。藉此之機，對於自49年12月8日退移到臺灣的中華民國政府而言，韓戰爆發可說是意外地為其政權存續注入一劑強心針。事實上，美國的這項舉動，隨著派遣第七艦隊協防臺灣的同時，也意味著其「中國狄托化」的政策顯然是失敗的。

從上述美國政治立場的丕變，如美國第七艦隊協防臺灣、「臺灣海峽中立化宣言」以及「臺灣地位未定論」等，在一連串美國做出對臺有利的政策下，臺灣海峽因受政治性、軍事性的影響而阻隔，呈現分裂的現狀。即是到21世紀的現在，二戰後所遺留下來的問題仍然存在，因此其所引發的「臺灣問題」，到目前為止仍然殘存如臺灣自身在國際法上的地位問題，或是臺海何時成為和平之海等難解的世紀課題。

---

[62] The Department of State Bulletin, July3, 1950, p. 5; 若林正丈，《台湾―変容し躊躇するアイデンティティ》（東京：筑摩書房，2001年），頁88–89。

第二節　日臺通商協定的簽訂

一、軍事占領初期的日臺貿易關係

第二次世界大戰結束後，日本的農業與工業深受打擊，特別是砂糖的供應非常不足。當時占領日本的美國，其本國砂糖的生產量亦是不足，而無法供應日本。據此，盟總要求國府將臺灣的砂糖出口到日本。[63] 雙方幾經交涉乃於 1947 年 3 月，盟總與中華民國中央信託局簽訂契約，希望將臺灣 2 萬 5 千噸的砂糖出口到日本。[64] 在同年間的日臺貿易尚有其他貿易項目，如表 1–2。[65]

表 1–2　1947 年日臺貿易進出口項目

從日本出口到臺灣：		從臺灣出口到日本：	
貨物機關車	5 台	鹽	94,382 噸
自行車	1,400 台	砂糖	25,000 噸
纖維製品（製紙用毛氈）	64 枚		
纖維製品（電球）	200,000 個		
化學藥品（硫黃）	0.93 噸		
農產品（麻仁種子）	3,900 日圓		

資料來源：整理自昭和 23（1948）年 8 月，管理局總務課作成〈旧領土関係事情調査資料第二号、台湾経済概観─日台経済関係とその将来：最近の台日貿易〉，「中華民国経済関係雑件」（日本外務省保存記録，E'.3.1.1.1、リール番号：E'-0046）之史料。

---

[63] 瞿荊洲，「台灣之對日本貿易」，臺灣銀行經濟研究室編，《臺灣之對外貿易》（臺北：臺灣銀行經濟研究室，1969 年），頁 53。

[64] 同上註。盟總與戰後臺灣的貿易往來是由盟總就占領地區救濟政府資金 GARIOA（Government Appropriation for Relief in Occupied Area）支付，以利砂糖輸入的開展。日本貿易研究会編、通商産業省通商局監修，《戦後日本の貿易 20 年史─日本貿易の発展と変貌》（東京：財団法人通商産業調査会，1967 年），頁 302。

[65] 〈台湾経済概観〉，「中華民国経済関係雑件」（日本外務省保存記録，E'.3.1.1.1，リール番号：E'-0046）。

　　在此時點，經由盟總主動向臺灣提出購糖一事，透過如同「臨時性」的契約型態，使臺灣和日本之間從戰後初期一時中斷的經貿交流關係，再度重新取得聯繫，也順勢恢復以臺灣的砂糖支持日本砂糖消費之戰前日臺間的貿易型態。

　　通過上述砂糖貿易的恢復，日臺之間的貿易交流也漸次發展。為了擴大發展臺灣的對日貿易，國民黨政府在 1947 年 10 月 9 日決定在臺北市開設中央信託局臺灣分局。而中央信託局臺灣分局雖然經營原料的購買與易貨貿易等業務，然其主要業務仍屬對日貿易。[66] 翌年 1 月，臺灣糖業公司 [67] 也派遣貿易代表赴日。[68]

　　1948 年底，由於盟總（GHQ）批准日本對臺灣出口的許可，臺灣也向日本出口砂糖和農產品，以換取日本的工業產品及設備進口來臺。[69]雖然，盟總鬆綁出口規定，恢復戰後初期一時中斷的日臺貿易，但是日臺雙方都各有的尚待解決的問題，初期推動日臺貿易並非順利，其主要原因是重啟戰後日臺恢復通商的交涉兩方是中華民國政府與盟總，而非日本與臺灣本身。在 1952 年 4 月日本恢復獨立國格之前，是盟總占領時期，沒有主權也尚未恢復政府獨立地位，因此不具有與外國建立邦交的外交權或是經貿締約權；另一方面，當時臺灣本身的地位尚處在由中國戰區最高統帥蔣介石接受盟軍總司令麥克阿瑟所發布的一般命令第一號，派代理人軍事占領台灣的階段，因此也不具有與外國締結關稅或航運的權利。由此可以了解這項日臺貿易只不過是維持「臨時性」的貿易型態。[70]

---

[66]　瞿荊洲，「台灣之對日本貿易」，頁 52。

[67]　臺灣糖業公司成立於 1946 年。關於戰後臺灣糖業公司的成立過程、戰後初期國民政府的臺灣糖業經營及臺灣經濟發展等詳細內容，請參閱陳兆偉，《國家經營下的臺灣糖業 1945–1953》（臺北：稻鄉出版社，2003 年）。

[68]　瞿荊洲，「台灣之對日本貿易」，頁 52。

[69]　陳兆偉，《國家經營下的臺灣糖業 1945–1953》。

[70]　陳思宇，《臺灣區生產事業管理委員會與經濟發展策略 1949–1953》，頁 378。

在此階段，亞洲共產主義者正在擴大其勢力，甚至威脅到西太平洋沿岸諸島的政治、經濟等各方面的安全保障，因此一方面美國持續關注遠東局勢的發展之外，另一方面美國軍方也開始積極展開對臺戰略評估。從美國統合安全部（JCS）於同年 12 月向國家安全保障會議（NSC）提出一份關於臺灣戰略地位重要性的文件紀錄（NSC37）一事，即可看出端倪。其內容除肯定臺灣在亞洲的戰略性價值之外，亦認為「臺灣對於日本而言，應作為糧食中心的資源提供地」。[71] 這也被視為美國軍方除了有意讓臺灣作為美國在西太平洋戰略防衛線不可或缺的一環之外，且意圖加強作為重要戰略地緣位置的日臺間的聯繫。與此同時，盟總已同意日本對臺灣的出口許可，臺灣對日出口以砂糖、鹽等農產品為主，日本則以工業製品與設備等為貿易大宗。[72]

二、8 月 15 日的通商會談

當國民黨政府於國共內戰失利，終至退守臺灣之際，也同時宣告臺灣在戰後與上海等大陸沿海地區的經濟交流不得不中斷，臺灣的經濟再度脫離中國經濟圈，這對以海外貿易為核心的臺灣經濟而言，可說是帶來極大的不利。因此，再次積極地重新探求海外貿易的對象，以建立安定的貿易關係，恢復正常的經貿交流乃成為國民黨政府退守臺灣後的當務之急。而戰前臺灣與日本之間的經貿交流已有著密切深厚的關係，所以恢復對日貿易之路線，便成為中華民國政府內部主要考慮的方案。[73]

以此為契機，臺灣區生產事業管理委員會（簡稱生管會）副主任委員尹仲容先生，以經濟部顧問的名義於 1950 年 5 月 24 日赴日，一週後與盟總針對協定日臺通商事宜正式進行協商交涉。[74] 約 1 個月後，盟總

71　FRUS, "The Strategic Importance of Formosa", 1949, IX, pp. 261–262.

72　瞿荊洲，「台灣之對日本貿易」，頁 52–53。

73　陳思宇，《臺灣區生產事業管理委員會與經濟發展策略 1949–1953》，頁 378。

74　沈雲龍編，《尹仲容先生年譜初稿》（臺北：傳記文學出版社，1993 年），頁 111。

與中華民國雙方正為日臺通商事宜進行交涉之際，韓戰爆發。韓戰雖帶給日本「特需」經濟，[75] 但此項通商交涉與韓戰之間有何關聯性？將由以下兩方面說明。

其一，從政治方面來看，韓戰爆發，美國杜魯門總統為防臺海也擦槍走火，迅速派遣第七艦隊協防臺灣，並發出聲明：臺灣將來的地位問題，待太平洋區域恢復安全或與日本締結和約之後、或應該交由聯合國決定等，[76] 採取一時凍結臺灣的主權歸屬的政治措施，且意圖將臺灣問題國際化。

其二，從經濟方面來看，為滿足韓戰所需，美國迅速決意朝日本經濟的復興與自立目標推進，因而考慮臺灣有必要在農業生產方面支援日本。[77]

由上述兩點可以明瞭的是，美國在此間不僅對臺態度轉變，更因戰爭所需加速擴大日臺貿易交流。在這樣的內外環境轉換的背景下，日臺通商協定的交涉進度，注定更加快速地向前邁進。以下，根據日本外交檔案考察分析日臺通商協定的交涉過程、爭論的解決以及協定的內容。

關於日臺通商協定的締結，自 1950 年 6 月上旬起，國府的代表與GHQ 代表於東京舉行會談[78]。然而，此交涉馬上就觸礁。根據日本外務省所公開的外交文書資料表示，臺日雙方通商交涉碰上兩大難題，亦即「極難預測臺灣未來的政治動向」，以及「舊『中國貿易帳戶』所剩餘

---

[75] 關於日本的特需經濟，請參閱大藏省財政史室編者，《昭和財政史—終戰から講和まで第3卷》（東京：東洋経済新報社，1976 年），頁 479–516。

[76] 戴天昭，《台湾戰後国際政治史》，頁 87–89。

[77] 陳思宇，《臺灣區生產事業管理委員會與經濟發展策略 1949–1953》，頁 379–380。

[78] 此交涉中的貿易項目與數量的協議，依舊有些許討論空間，因此雙方皆暫以原則性的了解來處理。「原則的に了解、日華貿易協定」，《朝日新聞》，1950 年 7 月 17 日。

的部分在支付方面有技術性困難」，此兩大問題點使得通商交涉暫時陷
入停頓 [79]。

　　另一方面，為了討論國民黨政府防衛臺灣島的軍事能力及政治性以
外的課題，在韓戰爆發一個月後，即 1950 年 7 月 31 日，盟軍總司令麥
克阿瑟元帥親自訪問臺灣。而麥克阿瑟與蔣介石會談之後，便發表下述
聲明：

> 本人訪問臺灣的主要目的，乃是來視察臺灣遭受攻擊時之短時間防衛
> 能力。就現狀而言，不允許對臺灣及澎湖諸島進行軍事性的侵略行
> 動，乃是昭之若揭。實行此決定的責任，則是本人的責任，也是本人
> 確信不移的目標。（中略）在討論各種問題之際，國府派遣軍隊赴朝
> 鮮半島參戰，並提案意欲參加聯合國軍隊一事。（中略）本人由衷讚
> 賞總統對於抵抗共產主義之不屈不撓的意志。[80]

　　由此聲明可知，「討論各種問題」不只限於軍事性質，亦包含打破
臺日之間通商交涉的不順利。

　　已公開此部分的日本外交史料中，亦有記載「……『麥克阿瑟』元
帥訪問臺灣後，總司令部便決定積極促成日臺通商協定之締結」。[81]

　　另一方面，1950 年 8 月 3 日的《朝日新聞》報導，麥克阿瑟將軍不
只是軍事性質的訪臺，也包含進行關於臺日貿易發展之協議。[82] 麥帥訪
問團之一的馬卡特少將於 8 月 1 日與國府財政當局進行臺日貿易意見交

---

[79] 〈日本台湾間通商協定締結に関する件〉，「日華貿易及び支払取極関係一件」（日本外務省保
存記録，B'.5.2.0.J/C(N)1，リール番号：B'-0023）。

[80] Douglas MacArthur 著，津島一夫譯，《マッカーサー回想記〈下〉》（東京：朝日新聞社，1964 年），
頁 223–224。

[81] 〈日本台湾間通商協定締結に関する件〉，「日華貿易及び支払取極関係一件」。

[82] 「日台貿易近く成立、輸出入は四千万ドル」，《朝日新聞》，1950 年 8 月 3 日。

換後，便得出下述結論[83]：

（一）原則上同意臺日貿易協定草案中規定的出口準則，即一年內的進出口總額得達到 4 千萬美金。

（二）原則上同意貿易的結算及匯兌問題，由臺灣銀行轉由花旗銀行東京分行委託處理。

（三）中央信託局將制定《分期償還辦法》，處理中國本土向聯合軍總司令部所借物資之問題。

為此，麥克阿瑟訪臺後，GHQ 便積極考慮召開臺日通商會談。在會談開始之前，GHQ 便探詢日本政府的意向。ESS（GHQ 經濟科學局）向日方表示：「鑑於眼前臺灣的特殊事態，極早締結臺日之間的協定，且儘可能地，賦予臺灣高度的購買力，貿易計劃的進出口應（由原案 4 千萬美金）增至 5050 萬美元」。[84] 與此同時，GHQ 便以非正式對話的形式向日本表達「肯定本協定的政治性色彩」。[85]

由上述可知，GHQ 為了達成麥克阿瑟與蔣介石會談的結論，在向日本傳達其本意時，也肯定麥克阿瑟訪臺不僅有軍事目的，也肯定日臺通商協定帶有「政治意涵」。關於此事，在麥克阿瑟回憶錄中所表示：「我認為我訪問臺灣有其政治性意涵」的說法，[86] 即可清楚麥帥訪臺確實隱涵其政治性的目的。

因此，在 1950 年 8 月 15 日決定儘早締結《日臺通商協定》後，ESS（GHQ 經濟科學局）便以「日本代表顧問」之姿參加通商會談。根據會談主要內容，可分為以下三大部分：

---

[83]　〈日本台湾間通商協定締結に関する件〉，「日華貿易及び支払取極関係一件」。

[84]　同上註。

[85]　同上註。

[86]　Douglas MacArthur 著，津島一夫譯，《マッカーサー回想記〈下〉》，頁 224。

（一）金融協定加入「貿易帳戶」中 400 萬美金的「變動」。將統合舊「中國貿易帳戶」[87]A、B、R 的貿易帳戶，至其他協定成立之前，「未償貸款」的履約保證戶，帳戶餘額將替換為「貿易帳戶（open account）」。此外，GHQ 的 ESS 科員表明，「臺日貿易帳戶」的「存匯銀行」將指定由日本銀行處理。

（二）貿易協定將關稅暨船舶最惠國條款加入 GHQ 所提出的原案；但有關船舶最惠國條款卻沒有獲得國府方面的同意，因此決定先從協定刪掉，其他關稅方面考慮到中國宣稱於 1950 年 4 月退出關稅暨貿易總協定之事實，因此將「遵循關稅暨貿易總協定之原則」（In accordance with the principles of GATT etc etc......）修正為「當然應考慮到關稅暨貿易總協定之原則」（with due observance of the principles etc etc......）

（三）貿易計劃正如前述所言，貿易計劃決定各進出口皆採 5,050 萬美金，其主要內容如表 1–3。[88]

---

[87] 舊「中國貿易帳戶」又稱「中國帳戶」（China Account），此帳戶乃是占領中的日本與中國大陸（之後因國民政府撤退至臺灣而變化）之間的貿易所產生之帳戶。主要有分為中國帳戶-A（China Account-A）、中國帳戶-B（China Account-B）、中國帳戶-R（China Account-R）、專戶記帳等四項。可參照高石末吉，《覚書終戦財政始末 第 8 巻》（東京：大蔵財務協会，1970 年），頁 801–805。

[88] 〈日本台湾間通商協定締結に関する件〉，「日華貿易及び支払取極関係一件」。

表 1-3　貿易計劃會談日本進出口內容

單位：千美金

自日本出口（F. O. B[89] 日本）		進口至日本（C. I. F[90] 進口日本）	
小麥粉	2,000	砂糖 200,000 噸	29,000
食糧（含啤酒等）	1,900	米 30,000 噸	3,600
硫酸銨	11,250	粗糖	500
卡其布料	4,200	香蕉、鳳梨	3,950
絲絹	1,000	鹽	4,500
塑膠	825		
機械	6,000		
電線等	1,500		
（貿易外的項目）	4,500		
預備金	4,325		

資料來源：整理自〈日本台湾間通商協定締結に関する件〉，「日華貿易及び支払取極関係一件」。

　　此會談中，華日雙方大致同意金融協定及貿易協定；但第三部分的貿易計劃上，國府對於出口 3 萬噸臺灣米赴日一事表達反對之意，原因在於付款方式。國府主張無法用現金付款的話，將不出口臺灣米至日本。[91]

　　儘管國府已經表達反對之意，但是 GHQ 表示關於本案，已得到國府方面的許可；但臺灣方的代表卻對本國訓令提出反對意見的詳細報告，主張如果無法將米排除於貿易框架外，將不簽署通商協定。而在會議上，

---

[89] FOB 價格＝ free on board，又被稱為「離岸價」。意指買方負責派船接運貨物；賣方應在合同規定的裝運港和規定的期限內將貨物裝上買方指定的船隻，並及時通知買方。貨物在裝船時越過船舷，風險即由賣方轉移至買方。可參照松井清編，《日本貿易読本》（東京：東洋経済新報社，1961 年），頁 78。

[90] CIF 價格＝成本（cost）、保險費（insurance）、運費（freight）加總的價格。與 FOB 不同，CIF 價格指的是賣方於起運地裝貨港船上交貨，負責洽船、裝船並預付目的地港海上運費及負責洽購海上保險並支付保費。可參照松井清編，《日本貿易読本》，頁 78。

[91] 〈日本台湾間通商協定締結に関する件〉，「日華貿易及び支払取極関係一件」。

並無得到通商會談的結論，因此無法做出決定。[92]

然而，根據國府代表的非正式談話表示，在臺灣的 GHQ「オハラ」少校與國府交涉後，成功地將臺灣米的出口加入貿易計劃。因此，GHQ 預定到八月底左右正式簽署《日臺通商協定》。[93]

三、8 月 28 日的通商會談最終回報告

臺日通商會談最終全體會議於 1950 年 8 月 28 日下午 3 時舉行，GHQ 貿易課長赫魯（R. W. Hale）擔任司儀，而 GHQ、中國（筆者按：此處指的是在臺灣的中華民國政府）、日本三方代表參加協定原案之審議[94]。協定原案審議的結果，主要可分為下列三要點：

（一）金融協定及貿易協定在朗讀原案後，無異議通過，兩代表簽署交換原案後，最終案正式成立。

（二）關於貿易計劃，赫魯表示日本方面出口項目中應包含非日本原產的物品，此等應遵循與第三國交涉結果，中國方面表示理解，其他無異議通過，最終案與協定原案無異議通過。

（三）貿易帳戶及履約保障債權清算之備忘錄，將制定過去中國貿易帳戶 "A""B""R" 及未完的履約保障債權清算方式，內容如同前回密議，無異議通過、最終案正式成立。[95]

而此成立的最終案在得到盟軍總司令及中國政府的同意後，將正式簽署。此外，在正式簽署之際，也會將協定的宗旨和貿易計畫總額公布

---

[92] 同上註。

[93] 同上註。

[94] 〈日台通商会談（最終回）報告〉，「日華貿易及び支払取極関係一件」（日本外務省保存記錄，B'.5.2.0.J/C(N)1，リール番号：B'-0023）。

[95] 同上註。

在新聞媒體上。[96]

　　最終回報告中的貿易計劃將採取進出口各 5 千萬美金的方案，主要商品如表 1–4 所述。

　　由審議結果觀之，GHQ 將實現臺日締結「日臺通商協定」之構想，將制定臺日之間的區域貿易規範，如金融協定、貿易協定、貿易計劃、貿易帳戶、履約保障債權清算等各方面，明確表示朝向締結臺日之間的通商協定的通商貿易之基礎。

表1–4　貿易計劃最終回報日本進出口內容

單位：千美金

自日本出口（F.O.B 日本）		進口至日本（C.I.F 日本）	
硫酸銨	13,750	砂糖	29,000
卡其布料	4,200	米	4,200
機械、工具、零件	6,000	粗糖	500
鋼鐵製品等	2,000	香蕉、鳳梨	3,950
invisible	4,500	鹽	4,500
金屬製品、皮製品等	3,000		
糧食（含啤酒）	1,900		
電線、馬達等	1,500		
小麥粉	2,000		
預備金	1,325		

資料來源：整理自 1950 年 8 月 28 日，"Taiwan-occupied Japan Trade Plan"，「日華貿易及び支払取極関係一件」（日本外務省保存記録，B'.5.2.0.J/C(N)1，リール番号：B'-0023）。

四、9 月 6 日之簽署

　　通商會談的最終回報告，金融協定、貿易協定、貿易計劃等日臺通

---

[96] 同上註。

商協定之內容，最終是無異議通過。

　　基於此通商會談的審議結果，GHQ、日本、國府為了最終達成共識，於 9 月 6 日國府代表尹仲容與 GHQ 代表 A. J. Rehe 簽署《臺灣與占領下的日本之金融協定》（*Financial Agreement For Trade Between Taiwan and Occupied Japan*）、《臺灣與占領下的日本之貿易協定》（*Trade Agreement Between Taiwan and Occupied Japan*）、《臺灣與占領下的日本之貿易計劃》（*Taiwan-Occupied Japan Trade Plan*）等三項通商協定。[97]

　　《臺灣與占領下的日本之金融協定》（附錄一）共有 9 項條項，其中的要點即是在東京某銀行設立戶頭，並以美金做為結帳單位，此戶頭被稱為「臺日貿易帳戶」，而此戶頭也在臺灣銀行（代理人為日本東京中國銀行）開設相同戶頭，而所有臺日之間的貿易事務皆算進此戶頭。易言之，即是臺灣出口至日本的出口物品價格皆記入貸方；日本進口至臺灣的價格記入借方，記入臺日貿易帳戶的項目並無收受利息。此外，為了施行在此戶頭的支付目的，借貸雙方已抵消此支付項目。而抵消後的貿易差額一旦超過 400 萬美金時，債權者應該要求對方直接支付超過的金額。[98]

　　《臺灣與占領下的日本之貿易協定》（附錄二）共有 5 項條項，決議為了臺日之間貿易的擴大及維持最高貿易量之有效方法，以此為原則。其中的要點，政府與私人企業雙方得以經營貿易，而且雙方進出口貨物將少於貿易計劃的規定數量。此貿易計劃並無任何拘束，而在此

[97]　1950 年 9 月 6 日，"FINANCIAL AGREEMENT FOR TRADE BETWEEN TAIWAN AND OCCUPIED JAPAN"，"TRADE AGREEMENT BETWEEN TAIWAN AND OCCUPIED JAPAN"；1950 年 8 月 28 日，"TAIWAN-OCCUPIED JAPAN TRADE PLAN（1 July 1950—30 June 1951）"，「日華貿易及び支払取極関係一件」（日本外務省保存記録，B'.5.2.0.J/C(N)1，リール番号：B'-0023）。

[98]　1950 年 9 月 6 日，"FINANCIAL AGREEMENT FOR TRADE BETWEEN TAIWAN AND OCCUPIED JAPAN"，「日華貿易及び支払取極関係一件」（日本外務省保存記録，B'.5.2.0.J/C(N)1，リール番号：B'-0023）。

期間之內，一旦得到雙方的同意時，亦得以隨時修正。而臺日貿易應當遵守 1947 年 10 月 30 日的《日內瓦關稅暨貿易總協定》（the Geneva General Agreement on Tariffs and Trade 之略稱）。[99]

此外，基於「臺灣與占領下的日本之貿易計劃」（附錄三），以此契約為基礎，臺日相互交換商品與服務業的報價，自 1950 年 7 月 1 日至 1951 年 6 月 30 日之間實行。而戰後臺日首次締結一年內之貿易計劃協定，定下進出口各為 5 千萬美金、總額 1 億美元的協定額。[100]

在此同時，國府代表（經濟部顧問之名義）尹仲容與 GHQ 貿易課長赫魯（R. W. Hale）簽署一封名為〈履約保障信用貸款與貿易帳戶的清理及統合整理〉的 GHQ 備忘錄（附錄四），此備忘錄乃是基於臺灣與占領下的日本之金融協定。而基於前述的金融協定規定，設立臺日貿易帳戶，其中得到雙方同意的是：中國貿易帳戶 "A""B""R" 應合併至單一清算帳戶，此也被稱為債權清算帳戶。此外，使用臺灣的履約保障信用借貸應記入臺日貿易帳戶的貸方，臺日貿易帳戶 100 萬美金信用借貸應立即移轉至債權清算帳戶。另外，最後的債權清算應當在 1953 年 1 月 1 日或之前實行。[101]

---

[99] 1950 年 9 月 6 日，"TRADE AGREEMENT BETWEEN TAIWAN AND OCCUPIED JAPAN"，「日華貿易及び支払取極関係一件」（日本外務省保存記録，B'.5.2.0.J/C(N)1，リール番号：B'-0023）。

[100] 此貿易計劃可參照 1950 年 8 月 28 日的 "TAIWAN-OCCUPIED JAPAN TRADE PLAN（1 July 1950–30 June 1951）"，「日華貿易及び支払取極関係一件」（日本外務省保存記録，B'.5.2.0.J/C(N)1，リール番号：B'-0023）。關於此貿易計劃的日期也在此做個說明。在此外交史料上，並非是 1950 年 9 月 6 日的貿易計劃，由「final」之文字是書寫於 1950 年 8 月 28 日的貿易計劃上，因此本稿將時間定為 8 月 28 日。

[101] 1950 年 9 月 6 日，"Consolidation and Liquidation of Open Accounts and Escrow Credits"，「日華貿易及び支払取極関係一件」（日本外務省保存記録，B'.5.2.0.J/C(N)1，リール番号：B'-0023）。此外，為何「貿易帳戶結合與統合整理」會以 GHQ 備忘錄締結？此點，依據廖鴻綺的研究，基於國際貿易月刊資料室，「中日貿易歷年之統計及分析」，《國際貿易月刊》第四期，1956 年 4 月 20 日，頁 53 為題之論說，戰後赴日的中央信託局、臺灣糖業公司及商務代表等人在日本設貿易帳戶，來解決問題。渠等在日本進行交易之際，日本積欠外國匯率在 GHQ 保証之下，所有的借貸皆以設貿易帳戶來處理結算。此貿易帳戶在《日臺通商協定》締結後，應當整理之。詳細可參考廖鴻綺，《貿易與政治：台日間的貿易外交 1950–1961》，頁 15–16。

另外，《日臺通商協定》條文中須注意的是：貿易協定第 4 條與金融協定第 7 條，兩項條文的內容皆相同。根據此條項內容，該協定經由雙方相互同意後得以修正，或是中華民國政府或駐日盟軍總司令部及其後繼者的請求，在書面通知後的 90 天之內，便可終止其協定。此外，本協定在同盟國或各同盟國宣讀《對日和約》之際，此協定應立即結束其效力。[102] 易言之，此日臺通商協定中，貿易協定與金融協定的條文中規定，各同盟國在簽署《對日和約》的同時，即刻終止此協定。

基於日臺通商協定，由於易貨貿易制而使交易進行受限的臺日貿易，則改以貿易帳戶結算，因此臺日之間的交易便會增加。而且根據此協定，彈性限額為 400 萬美金，其他的規定則與一般協定相同，金融協定與貿易協定的實施期限至《對日和約》締結為止。

從上述日本外務省資料顯示，《日臺通商協定》的性質，可說是一種臨時性的安排。在廖鴻綺的研究書中表示「臺日貿易協定簽訂後，中日開始建立了『正式通商契約』……」（『　』為筆者所加）[103]。然而，此通商協定僅有一年的有效期限，而且締結對象並非日本政府，而是GHQ。除此之外，在簽署之時，GHQ 的地位也並非定位為主權國家的性質，而且當時日華兩國亦尚未恢復邦交的狀態。基於上述認知，《日臺通商協定》與其說是「正式通商契約」，倒不如說是「限定的」或「特殊的」通商協定，似乎還較為適切。

---

[102] 1950 年 9 月 6 日，"FINANCIAL AGREEMENT FOR TRADE BETWEEN TAIWAN AND OCCUPIED JAPAN" と "TRADE AGREEMENT BETWEEN TAIWAN AND OCCUPIED JAPAN"，「日華貿易及び支払取極関係一件」（日本外務省保存記録，B'.5.2.0.J/C(N)1，リール番号：B'-0023）。

[103] 可參照廖鴻綺，《貿易與政治：台日間的貿易外交 1950–1961》，頁 29。此處的「中日」指的為「中華民國」與「日本」。

小結

　　在本章節，已針對日臺通商協定的締結的背景與過程進行分析與檢討，分析結果可以得到以下幾點結論：

（一）戰後日本雖由名為盟總占領，舉凡一切政務、外交、經濟、社會、國防乃至民生事務皆由盟總決定，但實際上是由主要占領權國美國單方面出謀劃策決定之，亦即隨美國對日政策的變化而轉變。占領初期的對日方針並非規定此後全部的占領政策，而是對應國際情勢的變化而改變。戰後未幾冷戰方興，國際走向美蘇兩極化（自由主義陣營與共產主義陣營）的情勢愈趨明顯。因此，美國從戰後初期對日嚴格的貿易管理體制亦開始出現鬆動，如「鬆綁民間貿易的限制」等的政策轉換。在此變動的國際環境中，戰後初期以易貨貿易（英：barter，日：バーター）之形式，對日本重啟對外貿易而言，正扮演重要的角色。之後，日本在此上述的貿易原則下，於 1948 年 7 月 8 日開始另以專戶記帳（Open Accound，日文稱為清算勘定）原則進行新的貿易方式。

（二）1947 年 3 月由盟總與中華民國中央信託局簽訂的契約，可說是一種「臨時性」的契約。在此時點，經由盟總主動向臺灣提出購糖一事，透過臨時性的契約型態，促使臺灣和日本之間從戰後初期一時中斷的經貿交流關係，再度重新取得聯繫，也順勢恢復戰前日臺之間的貿易型態。此外，在 1948 年階段，美國軍方一方面持續關注遠東局勢的發展之外，也開始轉變積極展開對臺戰略評價。美國統合安全部（JCS）於 48 年 12 月向國家安全保障會議（NSC）提出一份關於臺灣戰略地位重要性的文件紀錄（NSC37），其內容除肯定臺灣在亞洲的戰略性價值之外，亦認為「臺灣對於日本而言，應作為糧食中心的資源提供地」。這被視為美國軍方除了有意讓臺灣作為美國在西太平洋戰略防衛線不

可或缺的一環之外，且意圖加強作為重要戰略地緣位置的日臺間的聯繫。

（三）隨著世界局勢逐漸動盪不安，美國意識到不重新建構日本在東亞的戰略性地位，不足以應付未來的局勢變化。為了因應歐洲冷戰新的情勢變化，美國的對日政策亦開始產生變化。美國從各方面的作為顯示其政策目標的轉向，如從早期對日媾和的方針轉向以反蘇、反共軍事戰略為目標的同時，推進日本的非軍事化和政治性、經濟性的民主化，進而切換到日本經濟的自立和重整軍備，使日本在東亞作為反共的堡壘等。換言之，即使為抑制軍國主義的復活，繼續維持以「非軍事化」、「民主化」為主的戰後初期的對日政策，仍然必須構築一道以「非共產化」、「經濟復興」之所謂自由主義世界的防波堤，而導致「反共」意識轉趨強烈。

（四）當國民黨政府於國共內戰失利，終至退守臺灣之際，也同時宣告臺灣在戰後與上海等大陸沿海地區的經濟交流不得不中斷，臺灣的經濟再度脫離中國經濟圈，這對以海外貿易為核心的臺灣經濟而言，可說是帶來極大的不利。因此，再次積極地重新探求海外貿易的對象，以建立安定的貿易關係，恢復正常的經貿交流乃成為國民黨政府退守臺灣後的當務之急。而戰前臺灣與日本之間的經貿交流已有著密切深厚的關係，所以恢復對日貿易之路線，便成為中華民國政府內部主要考慮的方案。

（五）隨著 1950 年 6 月朝鮮戰爭爆發，東亞各國隨即捲入美蘇兩大陣營的冷戰體制。美國為了鞏固西太平洋的反共防衛線，將占領下的日本拉進自由主義陣營，同時不得不重新思考臺灣在反共防衛線上的戰略地位。由於美國在此間不僅對臺態度轉變，更因戰爭所需加速擴大日臺貿易交流。在這樣的內外環境轉換的背景下，日臺通商協定的交涉進展，注定更加快速地向前邁進，幾經折衝

樽俎，最終在 1950 年 9 月 6 日由盟總與中華民國政府在東京正式締結日臺通商協定。

（六）最後有必要理解的是，重啟戰後日臺恢復通商的交涉的兩方是中華民國政府與盟總，而非日本與臺灣。在 1952 年 4 月日本恢復獨立國格之前，是盟總占領時期，沒有主權也尚未恢復政府獨立地位，因此不具有與外國建立邦交的外交權或是經貿締約權；另一方面，當時臺灣本身剛脫離日本帝國領域殖民地的身分，尚處在曖昧的「軍事占領」時期，因此也不具有與外國締約的權利。然而值得注意的是，經過本書的分析，筆者認為日臺通商協定的締結，不僅可說是日臺關係重建的「原點」，甚至已然賦予戰後日華關係再次重新搭起「銜接」的關鍵位置。

第二章
戰後日華關係重建的政治基礎：
《日華和平條約》

　　戰後美蘇的冷戰對立、國共內戰造成中國分裂、韓戰等東亞國際情勢的變化，將臺灣、日本、美國、中國間複雜的關係捲入冷戰的漩渦。中國方面，因國共內戰而被共產黨打敗的國民政府撤退至臺灣，形成分裂的中國有「國」、「共」兩政府在爭奪中國「正統」政府的態勢。因此，衍生出國共何方可參加舊金山和平會議，意即中國代表權的問題，日本由於受到美國的影響，而選擇臺灣的國民政府作為中國的「正統」政府。此外，伴隨著《日華和平條約》的簽署，加上《舊金山和約》及《日美安保條約》同日生效，基本上形成美國的東亞反共防衛線。

　　關於《日華和平條約》締結的課題，有各種由不同的研究方法與觀點的先行研究成果。[104] 本章將以戰後日華關係再建的政治基礎的《日華和平條約》締結之際，吉田政府係採取何種態勢，將由《日華和約》簽署過程及其連動的日華貿易會談交涉下，輔以相關之日本外交檔案將以解明。

---

[104] 《日華和平條約》締結的課題之相關實證研究，可參照美英兩國的外交史料。戰後日本的對中政策，可參照陳肇斌，《戰後日本の中国政策：一九五〇年代東アジア国際政治の文脈》。日華講和之日美臺觀點，可參照袁克勤，《アメリカと日華講和：米‧日‧台関係の構図》（東京：柏書房，2001 年）。由臺灣外交部已解密的檔案與日本外交史料為中心的論述，可參照石井明，「中国と対日講和：中華民国政府の立場を中心に」，渡辺昭夫、宮里政玄合編，《サンフランシスコ講和》（東京：東京大学出版会，1986 年），頁 293–316；石井明，「日華平和条約締結交涉をめぐる若干の問題」，《教養学科紀要》（東京：東京大学教養学部教養学科第 21 號，1998 年），頁 77–94；石井明，「日華平和条約の交涉過程」，《中国：社会と文化 (3)》（東京：東大中国学会，1998 年 6 月），頁 203–210；石井明，「台湾か北京か一選択に苦慮する日本」，《戰後日本の対外政策》（東京：有斐閣，1985 年），頁 62–85。由國際法觀點論述，可參照淺田正彥，「日華平和条約と国際法（一）（二）（三）（四）（五）」，《法学論叢》第 147 卷第 4 號（京都：京都大学法学会），頁 2–37；第 151 卷第 5 號，頁 2–43；第 152 卷第 2 號，頁 2–35；第 152 卷第 4 號，頁 2–37；第 156 卷第 2 號，頁 1–64。日華和約的適用範圍，可參照殷燕軍，「戰後中日関係における日華平和条約の意味 -- 適用範囲をめぐる日本国会の議論を中心に」，歷史学研究会編著，《歷史学研究》第 708 號（東京：青木書店，1998 年 3 月），頁 19–30，55。

第一節　《日華和平條約》締結之路

一、在舊金山和平會議的中國代表邀請問題下美英兩國間的交涉

　　戰後東亞最大變動的轉捩點，乃是國共內戰而導致中國分裂。此乃因 1949 年 10 月 1 日，中國大陸在中國共產黨主導之下，在北京宣布成立中華人民共和國，與該年 12 月 8 日撤退至臺灣的中華民國政府形成「兩個中國」的局面。對於這樣分裂的局面，當時美英兩國間為了舊金山對日媾和會議的中國代表權問題，兩國觀點可謂南轅北轍。眾所皆知，美國承認臺灣的國民政府為中國的正統政府，主張應邀請中華民國代表中國參加對日媾和會議；英國則早於 1950 年 1 月 6 日承認北京政府，因此主張應由中華人民共和國代表中國參加對日媾和會議。

　　另外，美英兩國對於臺灣問題的看法也大相逕庭，英國主張「日本應放棄臺灣主權，並要求將臺灣割讓予中國（China）」。[105] 對此，美國則以開羅宣言中並未明文記載須將臺灣割讓予中國；但由「滿州、臺灣、澎湖群島歸還予中華民國（Republic of China）」之構思，主張日本應當「放棄對臺灣及澎湖群島之所有權利、權限、請求權」之見解。[106]

　　美英兩國對中見解的紛爭，中華民國與中華人民共和國何者代表中國正統政府的承認問題對於日本吉田政府而言，乃是面臨一大苦惱的選擇。易言之，同樣為自由主義國家的西方陣營內部，出現了因為對中政策的歧異而嚴重對立，可預測到在 9 月上旬要召開的舊金山和平會議上，國共兩政府哪個成為代表中國出席的代表權問題將浮上檯面。

　　為了解決美英兩國間對中國意見的對立，美國特使杜勒斯與英國外

---

[105]　FRUS, 1951, VI , Part 1, 1977, pp. 953–954.

[106]　Ibid., pp. 977–979.

長莫里森（Herbert Morrison）於 1951 年 6 月在倫敦會談，針對對日媾和會議的中國代表邀請問題調整其意見。此時期美英兩國經過從交涉窒礙難行、調整意見到最後妥協的過程，於 1951 年 6 月 19 日作成「杜勒斯・莫里森合意」的美英共同草案。[107] 關於美英間協議的內容要旨中關於中國代表問題，有以下兩大點：(1) 媾和會議不邀請國府、北京任何一方作為中國的代表；(2) 日後要與國府或北京任何一方簽署兩國和平條約，待日本恢復獨立之後，由日本自行判斷。[108] 此外，關於臺灣問題，明記「日本放棄臺灣與澎湖群島主權，並不得決定這些島嶼未來的命運。」[109]

針對上述中國代表權問題的美英合意案，(1) 乃是美英兩國達成一致共識的妥協案；但值得關切的乃是合意案 (2) 的意義，意即將來簽署《舊金山對日和約》（以下簡稱《對日和約》）、恢復主權之後，將給予日本政府選擇國共何方為代表中國政府的選擇權。然而，該合意對於中國政策依然產生嚴峻的對立。易言之，該合意案充滿著矛盾與妥協，正如「硬幣」一般，一體兩面。

經過一連串的交涉與修正，1951 年 9 月 8 日於美國舊金山正式簽署《對日和約》。[110] 眾所皆知，最終無論是國府或北京政府，皆無代表中國出席媾和會議。此外，儘管《對日和約》已締結，美英兩國對中態度的矛盾依然沒有解決。因此，對於捲入英美間對中政策對立的日本吉田政府，杜勒斯表示，為了使參議院通過對日和約以及使日本和在臺灣的

---

[107] 美英之間的「杜勒斯・莫里森合意」交涉與協議，可參照細谷千博，《サンフランシスコ講和への道》（東京：中央公論社，1984 年），頁 205–250；細谷千博，「吉田書簡と米英中の構図」，《中央公論》（1982 年 11 月號），頁 73–75；石井明，「台湾か北京か一選択に苦慮する日本」，《戰後日本の対外政策》，頁 63–65。

[108] FRUS, 1951, VI , Part 1, 1977, p. 1134.

[109] Ibid.

[110] 關於《舊金山和約》的簽署過程，可參照西村熊雄著，鹿島平和研究所編，《日本外交史 27 サンフランシスコ平和条約》（東京：鹿島研究所出版会，1971 年）；細谷千博，《サンフランシスコ講和への道》；渡辺昭夫・宮里政玄編，《サンフランシスコ講和》（東京：東京大学出版会，1986 年）。

中華民國政府締結和平條約，作為「必要」的手段，美國要求日本提出
如同「吉田書簡」的「保證書」。

二、「事前交涉」之美華交涉：以「適用範圍」為中心

　　1951 年 9 月 8 日《對日和約》締結之後，美英兩國對中問題的紛爭
依舊無法解決；然而，對於無法參與舊金山和會的國家，《對日和約》
第 26 條明文記載，給予日本政府可自行與該國家簽署「兩國之間的和
平條約」之權力。

> 第 26 條【兩國之間的和平條約】
>
> 日本將與任何或支持、簽署 1942 年 1 月 1 日「聯合國宣言」、與日
> 本處於戰爭狀態國家、或依據第 23 條之列舉先前為該國一部分領土
> 的國家而此國家非本條約簽署國，在本條約實質上相同條件下，簽訂
> 雙邊和平條約。但日本之此項義務，僅止於本條約對個別會員國首次
> 生效日起 3 年內有效。若日本與任一國家簽訂和平協議或戰爭請求協
> 議，並賦予該國優於本條約所定之條款，此優惠待遇應自動擴及本條
> 約所有簽署國。[111]

　　由上述條文觀之其立場，條約生效起 3 年之內，倘若未與日本簽訂
《對日和約》的國家提出申請，同樣必須締結兩國之間的和平條約。

　　時任中華民國外交部部長葉公超早在 9 月 11 日，就依照此條文的
規定，表明希望與日本以《對日和約》原則為基礎，締結兩國之間的
條約。而美國也力促日本政府儘速展開與國府之間關於兩國和約之交
涉。[112]

---

[111] 大沼保昭・藤田久一等編著，《国際条約集（2000 年版）》（東京：有斐閣，2000 年），頁
749。

[112] 石井明，「台湾か北京か―選択に苦慮する日本」，《戦後日本の対外政策》，頁 68。

　　根據臺灣方面的資料—《戰後中國（四）》[113]顯示，早在《對日和約》締結之前，臺灣國府與美方即開始針對日華兩國之間的和約締結問題進行研究，而華美雙方在交涉過程中最大的爭議點，即是《日華和平條約》的「適用範圍」。自 1951 年 7 月 3 日起，華美雙方即針對日華兩國和約的適用範圍進行數次的研究探討。[114] 其中，在 8 月 30 日的中華民國外長葉公超與美國駐中華民國大使藍欽之會談上，葉公超表示：「對日兩國條約締結的條約本文中，無法寫入任何關於適用範圍的條文」；[115]對此藍欽則表示「美國將持續承認中華民國政府」；但也強調中華民國政府實際上並無支配中國大陸的事實，迫使中華民國政府面對適用範圍問題之研擬。[116]

　　兩週後，藍欽明述美國國務院的訓令表示：「倘若貴國在多國間和約效力生效前，與日本締結兩國條約，貴國亦勢必認真考慮適用範圍之相關方案。易言之，在多國和約效力生效之前，我方（美國）將無法強制日本與貴國締結無適用範圍之兩國和約。」[117]

　　對此，葉公超在數日後將國府關於適用範圍的建議案親手交予藍欽。國民政府針對與日本的和約適用範圍，以和美國商談的基礎，提出下列甲、乙兩案，以下將詳述其兩案之內容：

---

[113] 中華民國重要史料初編編輯委員會編，《中華民國重要史料初編—對日抗戰時期 第七編 戰後中國（四）》（中國國民黨中央委員會黨史委員會，1981 年 9 月）。以下將略稱該資料為《戰後中國（四）》。

[114] 關於民國 40 年（1951）6 月 6 日之「中日雙邊和約前的籌議」，中華民國外交部部長葉公超與美國駐中華民國大使藍欽開始展開會談，在中華民國重要史料初編集委員會編，《戰後中國（四）》，頁 721–732 有詳述。

[115] 民國 40 年 8 月 30 日「美方對『實施範圍』案之保證及我方態度」，《戰後中國（四）》，頁 747–748。

[116] 同上註，頁 748。

[117] 民國 40 年 9 月 17 日「美方復提出，『實施範圍』與，《締約時間》兩方案」，《戰後中國（四）》，頁 750–752。

甲案　兩國簽署和約時，中華民國全權代表將發表下述聲明：

「本條約將適用於中華民國全領域。針對因國際共產主義侵略，而暫時由共產黨軍事占領的地區，希望在中華民國政府有效統治該地區後，方可實施（本和約的適用範圍）。」

乙案　中華民國政府與日本國政府在交換條約批准書時，將下列聲明記入雙方同意的議事錄：

「中華民國方面認為，本條約的（適用範圍）應當適用於現今中華民國政府支配下的區域，以及日後納入的所有領域之內。」[118]

10 月 24 日，葉公超將包含美國意向的國府適用範圍之「修正案」親手交給藍欽，針對適用範圍明記為「雙方皆認知到，本條約的適用範圍將及於任何一方實效支配統治下的領域，以及日後納入的所有領域。」此國府的修正案乃是以乙案為基礎；但日後日華兩國在簽署和約之際，該修正案內容並不應該寫入條約本文，而應當寫入「同意議事錄」。更甚者，國府方面為了華美兩國能針對該和約的適用範圍達成共識，希望在《對日和約》生效前，中華民國政府能與日本國政府締結兩國之間的和平條約。[119]

由上述可知，華府與國府在針對《日華和約》締結的交涉過程中可知，美國極度希望中華民國與日本國兩國能締結和平條約；但在「適用範圍」的爭議點上，可理解當時東亞國際冷戰情勢之下，中華民國國民政府所處在的微妙國家地位的定位之上。

---

[118] 民國 40 年 9 月 26 日「關於，『實施範圍』問題之我方建議節略」，《戰後中國（四）》，頁 753–754。

[119] 民國 40 年 10 月 24 日「外交部關於，『實施範圍』修正案之節略」，《戰後中國（四）》，頁 754–755。

三、吉田政府的對「中」謹慎論

然而，相較於美國與國府對日後締結《日華和平條約》表現出積極的態度；日本卻顯得較為謹慎的態度。此點在日本首相吉田茂在國會一連串的答辯內容，就可知吉田本身的態度。

1951 年 10 月 18 日第 12 屆國會眾議院「和平條約暨日美安保條約特別委員會」上，眾議員蘆田向吉田質詢「要與哪一個代表正統中國的政府締結條約？」一事，做出下列答覆：

> 對於承認哪一方為正統政府，直至今日聯合國之間也未協調出個結果。……假如日本有這個選擇權，就日本的立場來說，對於這個選擇權的行使，則必須好好考慮各國之間的關係後，再做決定。因此將暫且等待日後的情勢來做判斷。[120]

該日的第 12 屆國會眾議院特別委員會上，蘆田再度針對國府、中共何方將與日本締結和約的問題，針對「美國國務院顧問杜勒斯於 9 月 22 日收到華府外電表示，日本保證將與國民政府媾和」一事，向吉田提出質詢。吉田對此表示：

> 從未向美國國務院杜勒斯顧問給予承認國民政府一事做出任何保證。針對閣下所言一事，係必須經由慎重審議之後方可做出決定。[121]

十天之後，在第 12 屆國會參議院「和平條約暨日美安保條約特別委員會」上，社會黨參議員曾禰益針對設立臺北在外事務所與對中外交意向一事向吉田提出質詢，吉田答道：

---

[120] 《第 12 屆眾議院和平條約暨日美安全保障條約特別委員會國會會議事錄第三号》，1951 年 10 月 18 日，頁 14。

[121] 同上註，頁 15。

設立在外事務所的主要目的，大多係以商業或保護海外日本人，……
因此，在臺灣設立海外事務所，目的乃是為了通商或保護在臺日本
人，並無政治上的關係。因此，倘若中共不願在上海設立海外事務所，
亦不會有任何影響。[122]

翌（30）日的參議院特別委員會上，第一俱樂部參議員羽仁五郎針
對中國主權的選擇一事向吉田提出質詢，吉田對此答道：

明文規定，作為媾和條約的對象，日本擁有選擇的權利；但一一說明
如下，假使擁有其權利，但如何行使那個權利，則必須考量客觀狀態、
考量中國本身的形勢，亦不得不考量到與日本日後的關係，因此假使
說手握權利也並不打算輕率地選擇出一方。[123]

由吉田在國會的答辯中可看出，此階段的日本對中外交方針係採取
「謹慎論」的對中政策。特別是與蘆田議員答辯內容的「要與國、共哪
一方締結和約必須慎重審議」，或是在曾禰議員答辯內容的「在臺灣設
立海外事務所，係為了通商關係或保護在臺日本人。而即便在上海設置
海外事務所也可成行。」等曖昧的中國政策發言要旨中，可明確看出首
相吉田的對「中」立場。

因此，根據吉田回憶錄《回想十年》中所言：「就我個人的態度，
與臺灣之間修復關係，深化其經濟關係乃是熱切期盼之事；但深入探究
的話，希望能避免採取否認北京政府的立場。」[124]可明確了解到對「中」
態度。

---

[122] 《第12屆參議院和平條約暨日美安全保障條約特別委員會國會議事錄第五號》，1951年10月29日，頁5。

[123] 《第12屆參議院和平條約暨日美安全保障條約特別委員會國會議事錄第六號》，1951年10月30日，頁4。

[124] 吉田茂，《回想十年 第三卷》（東京：新潮社，1957年），頁72。

四、「吉田書簡」[125] 的擬定

　　吉田在國會上的上述發言，震驚了美國政府與中華民國政府。10 月 31 日，中華民國外交部部長葉公超，召見美國駐中華民國大使藍欽前來外交部，針對前一日吉田的國會發言提出抗議。[126] 5 天後，受到國府抗議的藍欽大使，向葉公超部長口頭告知美國國務院電報內容，該電報內容主要如下：(1) 美國國務院針對吉田的國會發言一事，事前並不知情，亦未得到駐日盟軍總司令的承認；(2) 美國政府對於日本政府和中共締結關係的任何計畫均表示反對，亦對日本政府與中共互換海外代表一事表示反對；(3)（中華民國葉公超）外長與美國駐華大使會談的報告後，美國政府再度向日本當局強調此見解。[127]

　　另外關於中國問題，為了能整合日方的打算與美方的期待，美國特使杜勒斯於 12 月 10 日，被派往日本東京。大約同一時間，美國參議員斯帕克曼、史密斯也抵達東京，渠等於 11 日在廣播會館召開記者會，表明此次前來日本的目的，希望能針對中國問題（即日本應該與國共何方政府締結和約）等圍繞日美兩國的問題，盡最大的努力達成日美兩國相互理解與合作。[128]

　　12 月 13 日，日本副外相井口、美國特使杜勒斯、盟總最高司令官政治顧問希伯爾德（Sebald）於總司令部進行會談。會談中，杜勒斯希

---

[125] 關於「吉田書簡」的相關研究論文，可參照細谷千博，「吉田書簡と米英中の構図」，《中央公論》（1982 年 11 月號），頁 72–88；Roger Dingman 著・天川晃譯，「『吉田書簡』（一九五一年）の起源 - 日本をめぐる英米の抗争 -」，《国際政治》第 53 號，1975 年 9 月，頁 121–140；殷燕軍，「吉田書簡と台湾」，《国際政治》第 110 號，1995 年 10 月，頁 175–188；袁克勤，「外圧利用外交としての『吉田書簡』」，《一橋論叢》第 107 卷第 1 號，1992 年 1 月，頁 91–118。

[126] 民國 40 年 10 月 31 日，「我方對吉田聲明之態度」，《戰後中國（四）》，頁 760–762。

[127] 民國 40 年 11 月 5 日，「美駐華公使藍欽轉告美國國務院覆電」，《戰後中國（四）》，頁 762–763。

[128] 關於杜勒斯特使來日的目的，可參照西村熊雄著，鹿島平和研究所編，《日本外交史 27　サンフランシスコ平和条約》（東京：鹿島研究所出版会，1971 年），頁 312–314。

望能轉達給吉田「非官方祕密」，首先關於美國參議院批准對日和約一事表示，「對日和約的參院提案，……承認國民政府的問題係最重要的問題。」此外也表達「要得到美國參議院的批准，必須得到三分之二的多數議員同意。而多數的共和黨議員中，有相當多是支持國民政府的議員。如此次同行的史密斯議員是屬於較為穩健派的議員，而強烈支持國府的議員，則強烈期待日本能支持美國的援華政策。」此外，關於承認國民政府的問題，表達「至少現今國民政府是在臺灣、澎湖群島有效統治的 government 之現狀，……即便不承認它是支配統治中國全境的 government 亦無任何意義，僅是要與國民政府——一個事實政府（de facto basis government）可以建立友好關係爾爾。」[129]

換句話說，基於上述井口與杜勒斯的會談，杜勒斯利用美國參議院批准對日和約，並將臺灣的國民政府視為「事實政府」等事，藉此牽制吉田對中政策的曖昧性，並明確表達美方意圖促使吉田政府承認國民政府的態度。

此外，外務省條約局前局長西村熊雄表示，「《對日和約》第 26 條的 兩國間和約之中國代表權問題，希望能提到國際上解決。並期望以簽署貿易協定、設立在外事務所等官方方式，在和約生效的同時，能夠同時與國民政府回復正常關係。」描述出吉田對中方針的意向。[130]

基於此對中方針，12 月 13 日的吉田・杜勒斯會談中，吉田表示「已耳聞昨日杜勒斯大使之發言，原則上並無異議。希望在事務當局研擬方案後能親眼看看。」[131]該會談上日方將研擬設定與國府關係的協定案—

---

[129] 1951 年 12 月 12 日井口次官、杜勒斯大使、盟總最高司令官政治顧問希伯爾德（Sebald）等在聯合國軍總司令部會談的會談要錄。可參照〈井口次官、ダレス会談要録〉，「第三次ダレス来訪関係」（日本外務省保存記録第七回公開，B'.4.0.0.8，リール番号：B'-0009），頁 43–46。

[130] 西村熊雄著，鹿島平和研究所編，《日本外交史 27　サンフランシスコ平和条約》（東京：鹿島研究所出版会，1971 年），頁 315。

[131] 1951 年 12 月 13 日吉田總理、井口次官、杜勒斯大使、澤巴爾德大使會談之會談要錄。可參照

意即《日本國政府與中華民國政府之間設定正常關係之協定案（要領）》親自交給杜勒斯。該協定案的內容如下：

日本國政府與中華民國政府

為了遠東地區的和平及安定，原則上希望能遵守 1951 年 9 月 8 日於舊金山市所締結之《對日和約》。

此外，我認為由於中國現在發生分裂的事態，目前已無法依據《對日和約》第 26 條全面性地調整日本與中國的關係。

在遵循前項和約的原則，且在中華民國國民政府得以行使事實上統治權能的範圍之內，決定兩國政府之間關係的正常化，以及解決若干尚未處理完成的問題。

因此，將協定下列規定：

一、(a) 在該協定生效的同時，日本國領域與臺灣、澎湖群島之間開始正常的交通往來。(b) 同時，兩政府互換特派使節。

二、兩國政府為能締結《對日和約》第 4 條 (a) 之條項，將開始進行交涉。

三、中華民國國民政府同意，受到中國戰犯法庭審判，且拘禁在日本國國內之日本國民，將於該協定生效的同時將其釋放。

四、日本國與臺灣、澎湖群島之間的通商及通航，將在最惠國待遇基礎上施行。

五、至民用航空運輸相關協定締結之前，日本國政府將在該協定生效起的四年之內，持續給予現今民航空運公司在航運上的權利。

〈吉田総理、ダレス会談要録〉，「第三次ダレス来訪関係」（日本外務省保存記録第七回公開，B'.4.0.0.8，リール番号：B'-0009），頁 56。

六、上述之規定，皆依據《對日和約》第21條，並無危害中國所享
　　有之利益。

七、該協定在署名同時生效。

（註）該署名將在《對日和約》最初生效後實行。[132]

如同上註述，必須值得注意的乃是協定案名稱，並不是設定兩國間
「和平條約」之名稱，而是設定兩國政府之間為「正常關係」。此外，
由該協定案的內容觀察，該協定是以通商關係為中心，並未觸及到政治
關係之條項。而且，將兩國政府正常關係的「範圍」設定在臺灣及澎湖
群島，並未提及包含中國大陸的領域。換言之，如前所述，可明確了解
到吉田「強烈希望與臺灣修復關係，並深化其經濟關係，並意圖避免站
在否認北京政府立場」之曖昧的對「中」政策為目標。

然而，在12月18日第二次吉田・杜勒斯會談後，吉田不得不放
棄對中政策的曖昧立場。杜勒斯將先前吉田的「協定案（要領）」暫且
擱置，反倒是提出「吉田書簡」一部份，關於中國問題，為了使美國參
議院批准《對日和約》，提出日本政府明示打算和國府締結和平條約的
書簡，19日進行日美之間調整書簡案文之作業，20日確定其調整案。[133]
終於在12月24日，吉田將「吉田書簡」寄給杜勒斯，「吉田書簡」的
內容如下：

最近國會參、眾兩院在對日和平條約以及日美安全條約的審議之際，關
於日本將來對中國政策已被質問許多，也一一進行說明。而這樣的說明
卻因從前後關係和背景被斷章取意而產生誤解，所以我想再作說明。

---

[132] 1951年12月13日，〈日本国政府と中華民国国民政府との間の正常関係設定に関する協定案（要領）〉，「第三次ダレス来訪関係」（日本外務省保存記録第七回公開，B'.4.0.0.8，リール番号：B'-0009），頁48–51。

[133] 西村熊雄著，鹿島平和研究所編，《日本外交史27　サンフランシスコ平和条約》（東京：鹿島研究所出版会，1971年），頁315–317。

日本政府歸根究底是希望和日本的鄰邦中國之間樹立全面性的政治和平以及通商關係。要與在聯合國擁有中國席位、發言權以及投票權，在現實上對於若干領域行使施政的權能，以及和大多數聯合國會員國維持外交關係的中華民國國民政府發展這種關係我認為現階段是可能的。為了這個目的，我政府已於 1951 年 11 月 17 日得到中國國府的同意在臺灣設置日本政府在外事務所。這是到多數講和的舊金山和平條約生效之前，現在日本被允許維持與外國關係之間的最高形態。在臺灣日本政府在外事務所也配置有重要人員，表示我政府重視和中華民國國民政府之間的關係。如果中國政府希望的話，我政府將儘可能地在法律上，遵從舊金山和平條約諸項原則，準備締結重建兩政府之間的正常關係的條約。這個條約的條項，有關中華民國的部分，是適用在目前中華民國國民政府實際支配下，或者今後應該納入的領域。我們打算要儘快地和中國國民政府討論這個問題。

關於中國的共產政權，目前這個政權現已被聯合國視為侵略者而大加撻伐，就結果而言，聯合國對於這個政權已處以某種措施。日本現在也同步採取該措施，還有舊金山和平條約生效後，將繼續遵從第五條 (a)(iii) 之規定。日本將依據此規定，「無論聯合國遵照憲章採取任何的行動，都將給與聯合國一切援助；而且即使聯合國對任何國家採取阻止行動或者強制行動也會慎重地提供援助」。1950 年在莫斯科締結的中蘇友好同盟相互援助條約，實際上就是針對日本的軍事同盟。事實上，應該是有很充分的理由相信，中國的共產政權一直支持想要強力顛覆日本憲法制度以及現在政府的日本共產黨的企圖。就上述考慮的話，我可以肯定日本政府沒有意願和中國的共產政權締結兩國間條約。[134]

---

[134] 1951 年 12 月 24 日，〈総理のダレス宛書翰〉，「第三次ダレス来訪関係」（日本外務省保存記録第七回公開，B'.4.0.0.8，リール番号：B'-0009），頁 73–76。

　　此「吉田書簡」中，首先明示《對日和約》之「遵循多數國之間和平條約所明示之諸項原則，締結重建兩國政府之間正常關係之條約。」再者，亦明言「本條約有關中華民國之條項，適用領域為中華民國國民政府現今支配統治下與日後必須納入之領域」之「限定媾和」方針。最後，吉田亦明確表示「日本政府並未有與中國共產政權締結兩國條約之意圖」。易言之，由此書簡觀之，日華之間條約並非定位為「和平條約」，而是定位為重建「正常關係」之條約，意即「限定承認」日華之間正常關係，乃是吉田首相明確的真正意圖。

　　由結果來看，吉田是接受杜勒斯的「強烈要求」。面對杜勒斯主張可能無法得到美國參議院對《對日和約》的承認，吉田除了屈服之外，亦只能提出如同「保證書」般的吉田書簡。關於吉田屈服於杜勒斯「強求」提出吉田書簡一事，在日中國籍學者袁克勤認為吉田係採取「利用外部壓力」之外交。[135] 不論為何，最終日本政府正式表明將與中華民國政府締結媾和條約。

　　除此之外，吉田書簡在東京時間 1952 年 1 月 16 日正午時，於東京與華盛頓正式公佈。[136] 2 月 16 日，美國參議院外交委員會向美國參議院本會議提出〈批准對日和約〉之建議報告，[137] 此外附加吉田書簡的「保證書」，美國參議院對於《對日媾和條約》審議將可順利進行。3 月 20 日，以 66：10 的多數決通過《對日和約》。[138] 因此，隨著吉田書簡正式公佈，基本上已規定日本政府的對中國政策。

---

[135] 關於吉田利用外部壓力外交之論點，於袁克勤，「外圧利用外交としての『吉田書簡』」，《一橋論叢》第 107 卷第 1 號，1992 年 1 月，頁 91–118，乙文有詳述。

[136] 1952 年 1 月 16 日，〈中国問題に関する総理発ダレス顧問あて書簡公表問題〉，「第三次ダレス来訪関係」（日本外務省保存記録第七回公開，B'.4.0.0.8，リール番号：B'-0009），頁 90–95。

[137] 林金莖，《戦後の日華関係と国際法》，頁 37。

[138] 細谷千博，《サンフランシスコ講和への道》，頁 304。

第二節　《日華和平條約》之締結

一、對日和約之日華交涉

由吉田書簡的意涵可知，日本政府將遵循《對日和約》諸項原則，並有意與國府締結重建正常關係之條約。在吉田書簡發表的同時，國府的蔣介石向中華民國外交部指示以下三項原則：(1) 選任交涉代表；(2) 要求美國代表參與交涉談判；(3) 必須在《舊金山和約》正式生效前締結和約。[139]

吉田書簡發表的 2 天後（1 月 18 日），國府外長依照蔣介石指示，向美國駐中華民國大使藍欽針對《對日和約》生效時間一事表示，希望在與日本的交涉過程中，能夠有美國居中斡旋；而在《對日和約》正式生效前，應該締結《日華和約》。[140] 翌日，藍欽向葉公超轉達「美國國務院對『實施範圍』及『簽約時間』之答覆」，[141] 針對國府的要求及希望，表達美方的立場：在《對日和約》正式生效之前，日本是不得與其他國家正式簽署兩國條約。此外，對於《日華和約》適用範圍一事認為，為了避免日後對日本產生意圖擴張領土之誤解，此和約的適用範圍僅適用於一方。美國認為此措施並不會讓締約國任何一方處於劣勢地位。另外，日本亦表明在近期之內，將派遣駐臺北日本海外事務所所長或其他特使為日本代表，進行日華兩國之間條約的交涉。

在中華民國外長葉公超與美國駐中華民國大使藍欽會見之日，駐臺北日本在外事務所所長木村四郎七亦應葉公超要求前往。在會談上，葉

---

[139] 民國40年（1951）12月24日，「日本首相吉田茂致美國國務卿杜勒斯函譯文」，《戰後中國（四）》，頁770–771。

[140] 民國41年（1952）1月18日，「我方對雙邊和約生効時間之表示」，《戰後中國（四）》，頁771–772。

[141] 民國41年（1952）1月19日，「美國國務院對，『實施範圍』及，『簽約時間』之答覆」，《戰後中國（四）》，頁773–774。

公超外長除了向木村所長傳達國府對「吉田書簡」發表的聲明之外，亦向木村表達國府的三項主張：(1) 希望日本政府選任代表，進行《日華和平條約》之商議；(2) 期待日後日華合作上，能夠得到日本對臺灣產業開發之援助；(3) 同意日本外務省申請日本駐臺北事務所的權限擴張，此外認可臺北事務所使用暗號的必要性，暗號的使用應予承認。[142]

日本方面為了了解國府意向，首先派遣準日本政府條約交涉全權大使河田烈，向駐日代表團團長何世禮探問國府的目的。28 日，日本外務省亞洲局局長倭島英二，以口頭說明關於派遣河田的目的與資格等日本政府之立場：

（一）派遣河田之目的乃是基於《舊金山和約》諸項原則，終結與國府之間的戰爭狀態，並以解決懸案為目的進行締結條約之交涉。右項條約應當被稱為和平解決（peace settlement）或和平條約（peace treaty）。

（二）河田係以全權（full power）代表資格派遣之。

（三）全權隨員在條約交涉及簽署的必要範圍內，須以外務省職員展開攻勢。[143]

然而，對於倭島局長「口頭發表」日本政府立場一事，由於國民政府對先前吉田首相國會演說一事，產生對日方誠意的疑慮，因此在翌日向何團長寄封公文表示，要求日本政府提出正式要求之訓令。[144]

---

[142] 昭和 27 年 1 月 24 日，第 17 号，〈木村事務所長発吉田外務大臣宛，葉外交部長との会談の件〉，「日華平和条約関係一件 第一巻」（日本外務省保存記録第九回公開，B'.4.1.2.3，リール番号：B'-0033），頁 51–52。

[143] 昭和 27 年 1 月 29 日，至急極秘第 8 号，〈吉田外務大臣発台北中田所長代理宛，国府派遣使節に関する件〉，「日華平和条約関係一件 第一巻」（日本外務省保存記録第九回公開，B'.4.1.2.3，リール番号：B'-0033），頁 58–62。

[144] 昭和 27 年 1 月 30 日，大至急極秘第 26 号，〈貴電第 8 号に関し，中田事務所長代理発吉田外務大臣宛，国府派遣使節団に関する件〉，「日華平和条約関係一件 第一巻」（日本外務省保存記

　　兩天後，吉田首相向中華民國駐日代表團團長何世禮，發出首相正式之推薦信函，表示為了與中華民國政府重建「正常關係」研議兩國條約一事，特任大藏省前大臣河田烈為全權代表。[145] 然而同一天，吉田政府對於《日華和約》一事向駐臺北日本在外事務所代理所長中田表達吉田政府的想法，在吉田寄予杜勒斯的信函中，表示將有限度地恢復兩國之間的正常關係，因此將不使用「和平」之字眼。[146] 對此，駐日代表團團長何世禮在不知曉吉田政府目的之下，以為「兩國條約」係指「兩國和平條約」，便答覆同意全權特使河田訪臺。[147] 之後，國民政府亦針對全權代表權限一事，給予日方承諾。一週後，中華民國外長葉公超向日本在臺北事務所所長木村四郎七提出諫言，國府方面已給全權代表締結和約的全權委任狀；但日方卻未給予全權代表的權限，將有可能在交換全權委任狀時產生極大的困難。[148]

　　因此，在正式條約交涉開始之前，國府亦表明此回交涉的立場，除了係以國家層級的兩國條約之外，條約的名稱必須得是以「和平條約」之名義；但日本方面的考量點，則是不希望該條約對日後日本與中華人民共和國之間的友好關係造成重大影響，因此才只派遣前大藏大臣河田烈前往臺北進行雙方的「交涉」。在這樣日華雙方意見不一致的情形之下，日方代表團於 17 日自東京飛往臺北，雙方開始進行實質條約交涉之階段。

　　錄第九回公開，B'.4.1.2.3，リール番号：B'-0033），頁 63–66。

[145] 昭和 27 年 1 月 31 日，至急極秘第 9 号，〈貴電第 26 号に関し，吉田大臣発在台北中田事務所長代理宛，国府派遣使節に関する件〉，「日華平和条約関係一件 第一巻」（日本外務省保存記録第九回公開，B'.4.1.2.3，リール番号：B'-0033），頁 69–72 頁。

[146] 昭和 27 年 1 月 31 日，至急極秘第 10 号，〈吉田大臣発台北中田所長代理宛，台北派遣使節に関する件〉，「日華平和条約関係一件 第一巻」（日本外務省保存記録第九回公開，B'.4.1.2.3，リール番号：B'-0033），頁 73–76。

[147] 民國 41（1952）年 2 月 4 日，「中國駐日代表團團長何世禮覆日首相兼外務大臣吉田茂照會」，《戰後中國（四）》，頁 775。

[148] 民國 41（1952）年 2 月 11 日，「葉公超部長面交木村四郎七所長文件」，《戰後中國（四）》，頁 777–778。

　　然而在兩天後的日華雙方代表事前會議上，當兩方代表相互交換資格
證書時，果然發生日方代表的資格問題。該問題在日本代表團來臺之前，
就已得到日本外相吉田茂對河田全權代表的訓令，該訓令的內容如下：

> 現在與中華民國政府交涉締結的條約，乃是為了終結戰爭狀態、重啟
> 正常關係；但該條項的適用範圍，鑑於當今的事態，僅限於中華民國
> 政府實際支配統治下之區域。

> 此外，關於條約的名稱，在與中華民國政府協議條約內容上，作為「和
> 平條約」一事被認為適當之際時，必須事前請示條約內容。[149]

　　從訓令內容觀察，「終結戰爭狀態」的文字書寫進裡面，是給予兩
國之間「和平」關係的印象；但實際上僅是重啟與中華民國之間的「正
常關係」。此外，關於「和平條約」的條約名稱與「適用範圍」的條約
內容，希望在事情決定之前能夠請示外務省。由此可知，河田「全權」
僅有全權之「名」，並無賦予全權「實權」。

　　葉公超外長受命為締結「和平」條約的首席全權代表；但河田烈
特使則是被受命為締結「友好」條約。因此，國府拒絕全權委任書的換
文，而無法進行條約交涉的會議。日方認為吉田書簡中並無書寫進「和
平條約」的字句，因此採取強硬立場表示，若超過吉田書簡範圍，在國
內會產生困難。因此，會議名稱問題也成為交涉對象的一大問題，[150] 在
日華雙方預備會議上，針對會議名稱日華雙方亦有歧見，日語為「日華
和約會議」；國府與英語版則為「華日和平會議（Sino-Japanese Peace
Conference）」。因此，各方所採取的名稱問題，成為日華雙方正式的

---

[149] 昭和 27 年 2 月 16 日，〈外務大臣より河田全權に対する訓令〉，「日華平和条約関係一件 第一卷」
（日本外務省保存記録第九回公開，B'.4.1.2.3，リール番号：B'-0033），頁 196。

[150] 民國 41 年（1952）2 月 13 日，「中日雙邊條約名稱問題之交涉」，《戰後中國（四）》，頁
779–781；昭和 27 年 2 月 12 日，極秘至急第 19 号，〈外務大臣発木村所長，日華条約交渉に関
する件〉，「日華平和条約関係一件 第一卷」（日本外務省保存記録第九回公開，B'.4.1.2.3，リ
ール番号：B'-0033），頁 129–135。

交涉議題。[151]

　　在交涉期間之內，除了上述的全權代表權限及條約、會議的名稱之外，日華雙方的爭議尚有以下三點：

（一）賠償問題

　　　國府主張對日戰爭的最大犧牲國──中國放棄賠償，對中國國民感情係不允許之事，因此強力主張對日賠償請求權；日本則主張，中國大陸的戰爭損失乃是大陸的問題，係屬於該條約的適用範圍之外，應當要從條約中刪除才是。

（二）條約適用範圍

　　　日本依照公開的「吉田書簡」主張，「適用於國府現今支配下的領域，以及日後應當納入之領土。」；國府則要求在條文裡附加「但並不損害國府在大陸的主權」之但書[152]。

（三）國府自認是身為聯合國會員國的一員，主張應持續其他聯合國的受益條項；但日本擔憂未來會濫用此規定，因此要求刪除。[153]

　　除此之外，在日華雙方交涉過程中，亦衍生出親日政權（如滿洲國、汪精衛政權等）之在日資產的處分問題。根據臺灣中央研究院近代史研究所研究員黃自進最新研究論文表示，日本政府並不想承認中華民國得以代表中國，亦不願承認中華民國得以繼承親日政權之在日資產。對此，國府堅持其繼承親日政權之在日資產，並強調中華民國政府的正統代表性。[154]

---

[151] 民國 41 年（1952）2 月 19 日，「中日和會籌備會議記錄」，《戰後中國（四）》，頁 794–795。

[152] 下田武三，《戰後日本外交の証言（上）》（東京：行政問題研究所出版局，1984 年），頁 119。

[153] 外務省百年史編纂委員会 編，《外務省の百年 下卷》（東京：原書房，1969 年），頁 812–813。

[154] 黃自進，「中日和平條約的簽訂與中華民國對臺主權之確定」，《中國近代史的再思考：中央研究院近代史研究所五十週年》國際學術研討會發表論文（2005 年 6 月 29 日–7 月 1 日），頁 22–23。

　　日華雙方的交涉在美國的斡旋之下，於 2 月 20 日在臺北展開首次條約交涉的正式會議，經歷兩個多月的 3 次正式會議、18 次非正式會議及 10 次的談話會之交涉之下，於 1952 年 4 月 28 日下午 15 時正式達成協議，亦即在《對日和約》正式生效的 7 個小時前，《日華和平條約》（附錄五）正式簽署。[155]

　　該簽署之《日華和平條約》共有前文、14 條本文、附屬議定書、交換公文三以及已同意之議事錄四所構成。前文表示，為了解決日本國與中華民國之間戰爭狀態之存在結果所衍生出眾多問題，因此締結本和約。[156]

　　由上述的交涉過程來觀察，日華兩國儘管締結和平條約；但依舊可看出日方對華政策仍維持曖昧態度。日方全權代表河田烈在《日華和約》交涉過程中，為了貫徹吉田的意志，以吉田書簡的意向為「基本原則」，此點可於 3 月 1 日日華條約第 2 次會議的河田發言而知：

> 「此次本人欲以一句話針對條約交涉的開端，或是交涉基本原則之『吉田書簡』說明，（一）日本並無意與中華人民共和國締約之意（二）希望最終與中國採取政治上的和平以及更大的通商關係；但在現階段則希望能照著上述之底線發展：（イ）基於多國條約所制定之諸項原則（ロ）期望在國府現今支配與日後支配區域制定可適用之條項，並儘速締結條約」。[157]

　　換句話說，依據河田烈所述，日本政府針對兩國條約內容之設定，

[155] 關於《日華和平條約》之締結交涉過程，可參照黃自進，「中日和平條約的簽訂與中華民國對臺主權的確定」，《戰後中國（四）》，頁 793–1069。

[156] 〈日本国と中華民国との間の平和条約〉，「日華平和条約関係一件 第四卷」（日本外務省保存記錄第九回公開，B'.4.1.2.3，リール番号：B'-0033），頁 154–175；霞山会編，《日中関係基本資料集》（東京：財団法人霞山会，1970 年），頁 32–38。

[157] 1952 年 3 月 1 日，〈日華条約第二回会議議事錄〉，「日華平和条約関係一件 第一卷」（日本外務省保存記錄第九回公開，B'.4.1.2.3，リール番号：B'-0033），頁 430–441。

係意圖在將來日本對中政策保持一大彈性為目標。

　　關於日本政府保留對中政策的彈性，日本學者有做出下列說明。如石井明的論文表示，與其說日本與國府締結和平條約，毋寧說通商航海條約較為適切。而締約的目標，乃是避免與國府有政治關係，而是以回復與臺灣之間的通商關係為主軸。[158] 此外，田中明彥也表示，日本政府決定與中華民國政府締結兩國條約；但該內容說是和平條約，不如說是通商航海條約，意味著未來日本對中政策在有限的範圍內，將有一定的空間可以運用。[159] 另外，出生於美國的日裔美籍學者麥肯・義經，曾訪問日本外務省條約局前局長西村熊雄，當時西村就表示出吉田的意向，即「吉田首相曾經提案，希望能遵循《對日和約》第 21 條規定，藉由交換特使與締結通商航海條約，與臺灣關係步入正常化。」[160]

　　換言之，日本學者皆認知到，當時日本在謀求對中政策彈性的同時，即使日華之間有締結和平條約，藉此維繫「限定的」政治關係；但日本學者皆有共通的見解—《日華和平條約》主要可視為是「通商貿易」性質之條約。

　　由上述可知，吉田首相採取曖昧的對中政策，乃是希望保留將來日本對中政策的彈性。在此「慎重論」下，與國府締結的《日華和平條約》之內容盡可能不碰觸政治關係，可視為「限定承認」之兩國條約；另一方面在經濟關係上，採取更積極的推動兩國間通商貿易。此外，由日本政府任命前大藏大臣、前臺灣拓殖公司社長河田烈為締約全權代表此點來看，比起締結和約的政治使命，強調雙方未來經濟交流優先，恐怕才是吉田隱含的真意吧。

---

[158] 石井明，「日華平和条約締結交渉をめぐる若干の問題」，頁 77–94。

[159] 田中明彥，《日中関係：1945–1990》（東京：東京大学出版会，1991 年），頁 38。

[160] Michael M. Yoshitsu 著、宮里政玄 & 草野厚譯，《日本が独立した日》（東京：講談社，1984 年），頁 123。

二、《日華和平條約》之締結意義

以重建後日華關係之基礎的「吉田書簡」的發表為契機，日本開始與臺灣的國府進行日華之間的交涉。日華之間的交涉過程中，在美國的斡旋之下，日本政府與國民政府於 1952 年 4 月 28 日締結和平條約，該日亦是《對日和約》正式生效日。接下來，將要論述《日華和平條約》簽署之相關意義。

從國際政治來觀察，《日華和平條約》之簽訂，乃是將臺灣與日本納入 50 年代初期舊金山體制的防共戰線的框架之中。在美國對遠東共產主義採取「圍堵」政策的背景之下，日本政府決定對中國問題二擇一，不言而喻是受到美國在外交上的「影響」。

《對日和約》締結之後，國府外長葉公超承認日本政府駐臺北在外事務所的權限擴張與外電密碼使用等申請，由此點來看，日本逐漸掌握「主權國家」象徵的外交權。《日華和平條約》之締結乃是日本恢復主權獨立後，首次行使締結對外條約權力之重要意義。

因此吉田政府採用「限定承認」的方式，承認臺灣的國府為代表中國的合法政府；另一方面，則可明顯看出吉田政府保留將來對中關係連結的意圖。換言之，可推測出 50 年代初期日本策劃對中共方針之際，係以政經「分離」的戰術保留些許（與中共交好的）「期待」。

然而，藉由此種「期待」達到政經分離是否即為「兩個中國」，此點尚有疑問。近年以來，世間普遍流傳「政經分離」的「方法」乃是為了實現「兩個中國」的戰略目的，提出此種說法並同意的研究人員如陳肇斌、袁克勤等在日中國學者等人。對此，筆者提出不同的研究觀點，意即「先經後政」乃是戰後日本外交的模式。此研究觀點，乃是先採取「經濟先行」後，在最佳的契機採行「政治承認」。此種外交模式在其他「分裂國家」亦可解釋得通，如東亞的日本與中華人民共和國，以及

日本與南韓就是最佳實例。

此外，撤退至臺灣的國民政府，在國際上的威信逐漸衰弱之際，依舊高唱本身是「戰勝國」的聯合國一員，並誓言要維持中國正統政府立場的必要性，且為了回復在國際上的「大國」地位，可推知國民政府有必須與日本政府締結《日華和平條約》的期待。

三、強化日華政治關係之責任——「日臺」通商關係的連續性

隨著《日華和平條約》的締結，戰後變動時期的日華政治關係亦隨之建立起來。然而，從當時吉田對華立場可知，政治關係僅維持對臺灣國府的「限定承認」；但卻積極推動日華之間經濟關係。吉田利用日臺「通商」關係的特性，依據《日華和平條約》的規範內容，14 條本文中經貿類條項就有 4 條，附屬議定書中即明確規範關於「通商航海協定」的經濟條項。[161] 戰後日華之間「政治」關係形成的過程中，日臺通商貿易關係之「經濟先行」佔了非常重要的角色，從《日華和平條約》的交涉來看，美國雖然是中間人角色；但基本上主要國乃是日本政府與中華民國政府，此部份在本章第二節有詳述。依據《日華和平條約》日華兩國之間的通商貿易規範，勢必再次重新修正。

---

[161] 《日華和平條約》中關於經濟類型的條項，第六條（B）規定「中華民國與日本國願依聯合國憲章之原則彼此合作，並特願經由經濟方面之友好合作，促進兩國之共同福利。」；第七條規定「中華民國與日本國願儘速商訂一項條約或協定，藉以將兩國貿易、航業及其他商務關係，置於穩定與友好之基礎上。」；第八條規定「中華民國與日本國願儘速商訂一項關於民用航空運輸之協定。」；第九條規定「中華民國與日本國願儘速締結一項為規範或限制捕魚、及保存暨開發公海漁業之協定。」。此外，附屬議定書 (2) 規定，「中華民國與日本國間之商務及航業應以下列辦法為準繩」，共有（A）（B）（C）（D）四大項目，其中主要著眼點（A）規定最惠國待遇。《日華和平條約》之經濟條項，可參照外務省アジア局中国課 監修，霞山會編，《日中関係基本資料集：1949–69 年》（東京：財団法人霞山会，1970 年），頁 32–38；或「日本国と中華民国との間の平和条約」，《日華平和条約関係一件 第四巻》（日本外務省保存記録第九回公開，B'.4.1.2.3，リール番号：B'-0033），頁 154–175。

　　事實上，當時日華之間的貿易交流，乃是單就《日臺通商協定》作為連結，此貿易計劃的貿易期限為 1950 年 7 月 1 日至 1951 年 6 月 30 日之間所締結之「特殊」通商協定，此部份於第一章已有論述。對占領下的日本而言，由於外交權尚未取回，因此並不允許與外國政府直接交涉。但是，當時日本在《日臺通商協定》締結過程中係以「準會員」身分「參加」。

　　然而，《日臺通商協定》的期限僅有一年，此外「當貿易計劃協定的條文已到期限時該如何處理？」等事項並未寫進條文中。在此之下，《日臺通商協定》施行一年後勢必遭到廢除，對此可知國府特別注重此事的影響。此時，日本本身正在進行《對日和約》締結之交涉，亦是面臨「中國」代表權問題等重大外交課題的時機點。因此，《日臺通商協定》之處理乃是日本對「中」方針策定之際，所存在的一大「政治課題」，可知日本當時對《日臺通商協定》的存廢問題是以消極的態度在應對。

　　面對日本方面的態度與《日臺通商協定》的貿易計劃期限期滿等事態，GHQ 於 1951 年 6 月 14 日向中華民國駐日代表團傳達一項「建議」，亦即在新的貿易計劃決定前，以「不定期延長」來代替。國府方面接受 GHQ 的建議，於兩週後的 6 月 29 日，由駐日代表團貿易代表邵逸周，發函一封以〈臺灣與占領下的日本之貿易計劃延長〉為題之要求，詢問 GHQ 的 ESS（經濟科學局），並表示將此貿易計畫延長之要求，轉知給日本政府。[162] 意即《日臺通商協定》乃是經由 GHQ 與中華民國政府之間締結，並由雙方合意，同意新的貿易計劃締結之前，將以「不定期延長」方式進行。由於日本尚未成為交涉的「主角」，因此最終該項貿易計劃便維持延長的方針。

　　然而，《舊金山和平條約》簽訂之後，GHQ 的功能逐漸移轉至日

---

[162] 1951 年 6 月 29 日，"Extension of the Taiwan–Occupied Japan Trade Plan"，「日華貿易及び支払取極関係一件」（日本外務省保存記録，B'.5.2.0.J/C(N)1，リール番号：B'-0023）。

本政府，因此日本政府對於通商及外交功能亦隨之擴大。日本在外事務所的原先目的僅是促進通商關係及保護僑胞等限定目的；但過去的所有限制，在日後原則上均予以廢除。並對在外事務所賦予與駐在國政府直接交涉、密碼使用、發行護照及簽證等功能。依此項措施，日本政府被賦予擁有與外國政府交涉的權利。[163] 依照此權利，日後在外事務所已準備可升格為外交代表部或領事館，亦即日本政府的外交權與在外事務所的的地位也隨之水漲船高。由此可明顯看出，在占領中葉─即《舊金山和平條約》締結之後開始，日本逐漸大幅度地恢復外交權利，並能從過去與外國之間的通商貿易或高度政治性相關之國家間重要事項交涉的「配角」，逐漸成為對外交涉的「主角」。

《對日和約》簽訂之後，國府開始主動接洽新的「日臺」之間通商協定；但日方由於和約已締結及「中國」代表權問題尚未解決，因此對「日臺」貿易協定採取極為消極的態度。然而隨著 11 月 17 日，日本駐臺北在外事務所成立、12 月 24 公佈欲與臺灣國府締結和約之意的「吉田書簡」後，開始正式地與撤退至臺灣的國府加深彼此間的「關係」，特別是對「日臺」貿易協定的交涉。

日本外務省內部於 12 月 7 日起草《日臺貿易協定》延長之相關草案，歷經三週時間，並由外務省內相關局課首長閱覽之後，12 月 26 日上呈予首相吉田裁決並表示外務省的想法。其中，臺灣與日本之間現行的諸項協定（貿易協定、金融協定、貿易計劃）亦隨著《舊金山對日和約》正式生效（1952 年 4 月 28 日）而隨之失效。倘若置之不理，日臺之間的通商關係亦將中斷，因此必須在適當時機進行兩國之間的協議。日本亦強調，在《日華和約》生效之後，將按照現狀以維持通商關係為

[163] 1951 年 9 月 28 日（SCAPIN 2173），「日本國政府在外事務所之能力與功能」，竹前榮治監修，《GHQ 指令總集成 第 15 卷（SCAPIN 2051–2204）》（東京：株式會社エムティ出版，1993 年）。以及竹前榮治・中村隆英監修，天川晃・荒敬・三和良一・竹前榮治・中村隆英編集委員，《GHQ 占領史 第二卷 占領管理的體制》（東京：日本圖書中心，1996 年）。

目的，並交涉將現行的貿易、金融兩協定（貿易計劃將自 1952 年 1 月起，擬定為期 1 年的新貿易計劃）延長。[164]

兩週後，日本於 1952 年 1 月 11 日收到 GHQ 的備忘錄，而 GHQ 亦希望在 1 月 16 日上午 10 時，於農林大樓 508 號室召開第一次日臺通商會談。[165] 1 月 28 日，日本外務大臣將〈日臺通商會談相關案〉之會談結果，發函予駐臺北日本在外事務所所長木村四郎七，此文件暗示《日華和約》生效後之相關措施，亦即日方將採取擬定現行貿易協定及金融協定、新貿易計劃等基本方針。[166] 此次日華之間的《日臺通商協定》延長之相關通商會談，乃是在 GHQ 的牽線之下首次進行。

藉由此事，日本可說是大幅度地回復外交權。為了在這場通商會談上走出 GHQ 的「陰影」，並成為會談的「主角」，必須與國府方面進行官方的「書信交換」之手續。因此在 4 月 7 日，外務省大臣及經濟局、條約局等相關局課彙整出〈日臺之間貿易與金融關係於和約生效後之書信交換文書〉之意見案並作出裁決。此意見案在外務事務次官通報給中華民國駐日代表團團長的同時；另一方面國府的駐日代表團團長亦發函予日本外務大臣，表示已收到該文書。[167] 三天後，日本內閣閣議決定，《對日和約》生效後，GHQ 與中華民國之間現行的貿易、金融協定之條項將持續適用。「《對日和約》最初生效日後，日本與臺灣之間的貿易及金融關係，將依照聯合國最高司令官總司令部與中華民國締結之現

---

[164] 1951 年 12 月 7 日起草，12 月 26 日決裁，〈台日貿易協定に延長に關する件〉，「日華貿易及び支払取極關係一件」（日本外務省保存記錄，B'.5.2.0.J/C(N)1，リール番号：B'-0023）。

[165] 1952 年 1 月 11 日，〈日台通商会談開催の件〉，「日華貿易及び支払取極關係一件」（日本外務省保存記錄，B'.5.2.0.J/C(N)1，リール番号：B'-0023）。

[166] 1952 年 1 月 26 日，〈日台通商会談に關する件〉，「日華貿易及び支払取極關係一件」（日本外務省保存記錄，B'.5.2.0.J/C(N)1，リール番号：B'-0023）。

[167] 1952 年 3 月 31 日起草，4 月 7 日決裁，〈平和条約の効力発生後における日台間の貿易・金融関係に關する書簡交換に關する件〉，「日華貿易及び支払取極關係一件」（日本外務省保存記錄，B'.5.2.0.J/C(N)1，リール番号：B'-0023）。

行貿易、金融協定之條項，做為暫定基準並處理之，因此，將與中華民國駐日代表交換此書信。」[168]

針對此書信交換一事，外務省亦做出了下列說明：

……為了避免和約生效之後，造成日臺之間貿易與金融關係之中斷，應當要在現在開始締結和約同時生效時，而隨之生效的新協定？亦或是在和約生效後、締結新協定之前，暫使以現行協定的規定為基準？無論是採取何種方式，皆有其必要性。我方立場乃是，在和約生效前締結新協定，在時間上並不充裕。而依照現行協定的方法，實質上，特別對日本而言，並不會有任何不利點。綜合上述結果，我方認為前文的暫定措施較為適當。[169]

由外務省的上述說明可知，日本對於通商會談有兩個構想。其一，為了避免日臺之間貿易與金融關係中斷，於和約生效的同時，締結已生效的新協定；其二，在和約生效後、締結新協定前，暫定以現行協定的規定為基準。結果可知，日本是選擇了後者。此時正值《日華和平條約》交涉之時，日方的擔憂是可以理解的，儘管日臺之間的通商貿易重要，但寧可視日華間的政治關係確認之後再決定。當然，和約生效後，日本恢復主權獨立國家的身分，日本當然也取回了對外關係的權力─亦即外交權。倘若事若至此，對於有關日臺之間通商協定事項之日華交涉來說，日本更容易取得「主動權」。

因此，可預見狀況是日臺之間通商貿易的交涉並不順利。由於受到6月1日首次《日中貿易協定》締結之影響，即便8月5日《日華和平

---

[168] 1952 年 4 月 9 日起草，4 月 10 日寄送日〈連合国総司令部と中華民国との間の貿易金融協定の条項の適用に関し閣議請議の件〉，「日華貿易及び支払取極関係一件」（日本外務省保存記録，B'.5.2.0.J/C(N)1，リール番号：B'-0023）。

[169] 1952 年 4 月 10 日外務省，〈平和条約の効力発生後における日台間の貿易及び金融関係に関する書簡交換に関する説明書〉，「日華貿易及び支払取極関係一件」（日本外務省保存記録，B'.5.2.0.J/C(N)1，リール番号：B'-0023）。

條約》生效之後，兩國的在外事務所與駐日代表團皆升格為大使館，雙方的意見依然產生分歧，因此日華之間的交涉毫無進展。9 月 27 日，日本駐中華民國臨時代理大使木村向日本外相岡崎發了封〈關於國府方對新日臺貿易協定態度一案〉為題的電報。該電報內容表示，國府方面擔憂，中方船公司主張進出口契約皆以 CIF 締結，強烈反對能夠選擇以 CIT（成本、保險及運費已付交貨價）或 FOB 方式的協定。[170]

由於交涉雙方意見分歧，因此日本傾向將在近一年的合意部份採取「廢案」。12 月 11 日，外務省將〈關於日華貿易協定附屬貿易計劃一案〉為題的備忘錄送至中華民國駐東京大使館。該備忘錄之內容表示，「關於本年度的貿易計劃之交涉，經由兩國代表團屢次的研議後，可知意見幾近一致；但本貿易計劃失效時限僅剩 10 天左右，不如儘速展開有關明年年度貿易計劃（1953.1.1–1953.12.31）之交涉，對促進兩國貿易最有益且最有效果。」日本方面要求中（華民）國駐日大使館，將其意思傳達給中華民國政府了解。[171] 翌日，日本首相吉田茂將上述日本決議的訓令電報發函予日本駐中華民國大使芳澤謙吉。[172]

由上述可知，兩國交涉代表團在 1952 年年底左右，就已達成貿易計劃之一致意見；但由於即將邁入新的一年，即使締結該計劃，明年度的新貿易計劃勢必得重新交涉，因此日本明確表示將中止該會談。

1953 年年初，國府貿易邵代表各拜會日本通產省通商局局長及經濟局次長，針對本年度的貿易計劃事項，進行事前協商，[173] 終於在 2

---

[170] 1952 年 9 月 27 日，〈新日台貿易協定に対する国府側態度に関する件〉，「日華貿易及び支払取極関係一件」（日本外務省保存記録，B'.5.2.0.J/C(N)1，リール番号：B'-0023）。

[171] 1952 年 12 月 11 日，〈日華貿易協定付属貿易計画に関する件〉，「日華貿易及び支払取極関係一件」（日本外務省保存記録，B'.5.2.0.J/C(N)1，リール番号：B'-0023）。

[172] 1952 年 12 月 12 日，〈日華貿易交渉に関する件〉，「日華貿易及び支払取極関係一件」（日本外務省保存記録，B'.5.2.0.J/C(N)1，リール番号：B'-0023）。

[173] 1953 年 1 月 9 日，〈日華貿易交渉に関する件〉，「日華貿易及び支払取極関係一件」（日本外務省保存記録，B'.5.2.0.J/C(N)1，リール番号：B'-0023）。

月 5 日於東京展開 1953 年度日華貿易的首次交涉談判。針對此次的會談，外務省情報文化局表示：隨著我國恢復獨立，而兩國貿易依然延長至今日；但希望能因應《日華和平條約》生效後的新局勢，締結新的協定，因此外務省發表本年度的日華貿易計劃協議。[174] 此次會談將針對新貿易、支付協定及貿易計劃進行討論研議，並針對與此關連之價格、放寬暫定禁止項目及關於海運問題之平等待遇為中心進行會談。會談上，雙方表示將優先討論貿易計劃，並研擬設立委員會，並同意於 2 月 10 日召開首次貿易計劃委員會。[175] 但是，雙方對於紅糖、稻米、香蕉的價格，以及貿易計劃之 CIF 或 FOB、海運等問題產生對立而不願妥協。歷時四個多月，經過 7 次會談交涉，幾乎與 1950 年 9 月所締結之《日臺通商協定》內容相同，6 月 13 日國府駐日大使董顯光與日本外務省次官奧村勝藏於日本外務省簽署包含《日本國與中華民國之貿易計劃》（*Japan-China Trade Plan*）、《日本國與中華民國之貿易協定》（*Trade Arrangement Between Japan and The Republic of China*）、《日本國與中華民國之支付協定》（*Payments Arrangement Between Japan and The Republic of China*）共三部份之貿易文件。[176]

　　1953 年與 1950 年度的貿易計劃比較由表 2–1 可知，《日華貿易協定》係以 1950 年度《日臺通商協定》為基礎所制定。此商品項目可說幾近相同，且共有 3 份文書。

　　值得注意的一點是，《日華貿易協定》等文書已無「GHQ 占領下」與「臺灣」等字眼，強調兩國的主權性質。新的《日華貿易協定》特性，

---

[174] 1953 年 2 月 5 日，外務省情報文化局公佈〈日華貿易会談開始について〉，「日華貿易及び支払取極関係一件」（日本外務省保存記錄，B'.5.2.0.J/C(N)1，リール番号：B'-0023）。

[175] 1953 年 2 月 7 日，〈日華貿易交涉に関する件〉，「日華貿易及び支払取極関係一件」（日本外務省保存記錄，B'.5.2.0.J/C(N)1，リール番号：B'-0023）。

[176] 1953 年 6 月 2 日，〈日華貿易会談議事録（第七回）〉，1953 年 6 月 12 日外務省〈閣議決定（案）〉，「日華貿易及び支払取極関係一件」（日本外務省保存記錄，B'.5.2.0.J/C(N)1，リール番号：B'-0023）。

表 2–1　1950 年度《日臺通商協定》貿易計劃與 1953 年度日華貿易計劃
　　　　之比較

單位：千元美金

1950 年度（1950/7/1–1951/6/30）		1953 年度（1953/4/1–1954/3/31）	
紅糖	29,000	紅糖	36,000
米	4,200	米	15,000
赤糖	500	赤糖	1,500
香蕉、鳳梨等水果	3,950	香蕉	4,500
紅茶	100	紅茶、紅茶副 物	300
糖蜜	750	糖蜜	600
苧麻	270	纖維用亞麻、苧麻、劍麻	500
蔗渣紙	1,500	蔗渣 鱗莖植物	600
臺灣紅檜	1,400	臺灣紅檜	1,000
鹽	4,500	鹽	200
石綿	87	煤	1,500
黑碳	50	鳳梨罐頭	1,000
魚藤屬根	100	天然香料	400
酒精	500	海人草	100
石墨	500	雜項（竹筍、蕃茄、烏魚子、羽毛 等）	2,500
氟石	500	貿易外的項目	7,000
雜項（藥用材料、廣藿香油、　麻、香茅精油 等）	1,593		
貿易外的項目	500		
合計	50,000	合計	74,500

資料來源：整理自 1950 年 8 月 28 日 "Taiwan-Occupied Japan Trade Plan" 及 1953 年 6 月 12 日之閣議決
　　　　議案，〈貿易計画―中華民国の日本国への売却見積書〉，「日華貿易及び支払取極関係
　　　　一件」（日本外務省保存記録，B'.5.2.0.J/C(N)1，リール番号：B'–0023）。

正如臺灣學者廖鴻綺的研究書中所強調的重點。[177]

　　然而，除了上述重點，本書所強調的乃是「先經後政」的戰後日本外交模式。日本在1950年《日臺通商協定》時，由於尚未取回外交權利，因此僅能以「準會員」的身份「參加」。到了1953年時，隨著1952年《對日和約》的生效，亦恢復為主權獨立的國家，也將外交權手握其中，在與國府的日華貿易中亦走出GHQ的「陰影」，完全回復為交涉的「主角」。易言之，由後日華關係的樣貌觀察，從《日臺通商協定》至《日中貿易協定》的期間，由於有經濟連續性的連結，可知1951年至1953年的日華關係得以維持，「經濟先行」乃是重要的「支柱」；另一支柱乃是締結《日華和平條約》之「政治承認」。《舊金山和平條約》締結之後，GHQ的功能逐漸移轉至日本政府，而日本政府的通商與外交功能亦隨之擴大。也從占領時期與外國之間通商貿易或高度政治性相關之國家間重要事項交涉的「配角」，逐漸成為對外交涉的「主角」。

　　綜合上述所言，藉由「經濟先行」拉近日華兩國之間的距離，而日本政府也考慮到，希望在和約生效後，兩國依舊能夠持續維持友好貿易關係。因此日本政府表示，在新協定締結之前，兩國貿易將暫定以現行協定的各條項為基準。[178]在此之前，具體作法即為締結《日華和平條約》之「政治承認」之外，別無他法。

　　事實上，日本方面亦將此外交模式用於「分裂國家」，如中華人民共和國與南韓即是最佳實例。

---

[177] 廖鴻綺，《貿易與政治：台日間的貿易外交 1950–1961》，頁35。

[178] 1952年4月24日，外務省情報文化局公佈，〈平和条約の効力発生後における日本と台湾との間の現行協定の暫定的延長について〉，「日華貿易及び支払取極関係一件」（日本外務省保存記録，B'.5.2.0.J/C(N)1，リール番号：B'-0023）。

小結

　　本章節是以《日華和平條約》為中心，考察戰後日華外交形成時期所展開之「政治承認」。首先，從國際政治觀之，締結《日華和平條約》乃是將臺灣與日本納入 50 年代初期舊金山和約體制的反共戰線之內。由於當時在美國對於遠東共產主義勢力採取「圍堵」政策的背景之下，日本政府決定對中國問題二擇一，不言而喻是受到美國在外交上的「影響」。

　　《對日和約》締結之後，國府外長葉公超認可日本政府，對於日本駐臺北在外事務所權限擴張與外電密碼使用等申請，由此點來看，日本也逐漸掌握「主權國家」象徵之外交權。締結《日華和平條約》的重要意義，乃是日本自恢復主權獨立以來，首次行使締結對外條約的權力。

　　本書所強調的乃是「先經後政」的戰後日本外交模式。日本在 1950 年《日臺通商協定》時，由於尚未取回外交權利，因此僅能以「觀察員」的身份參加。到了 1953 年時，隨著 1952 年《對日和約》的生效，亦恢復為主權獨立的國家，外交權也掌握其中，在與國府的日華貿易中亦走出 GHQ 的「陰影」，完全回復為交涉的「主角」。易言之，由交涉日華關係的樣貌觀察，從《日臺通商協定》至新《日華貿易協定》的期間，由於有經濟連續性的連結，可知1951 年至 1953 年的日華關係得以維持，「經濟先行」乃是重要的「支柱」；另一支柱乃是締結《日華和平條約》之「政治承認」。《舊金山和平條約》締結之後，GHQ 的功能逐漸移轉至日本政府，而日本政府的通商與外交功能亦隨之擴大。是以，從占領時期與外國之間通商貿易或高度政治性相關之國家間重要事項交涉的「配角」，逐漸成為對外交涉的「主角」。

　　在此日華外交重建期的貿易體制時期，日本政府以擴大海外貿易為基礎經營，並為了克服日華兩國之間在亞洲經濟交流的各種障礙，勢必

得採取政治上的妥協。因此，吉田政府時期的日本對華關係，乃是期望維持兩國之間的友好貿易，並以自由陣營與「對美協調」為基準，且在美國的亞洲政策及冷戰架構的國際環境下，日本只得採取締結《日華和約》的方式，也就是「先經後政」的外交型態以維護日本的國家利益。

第三章
日本吉田內閣時期的對「中」外交：
從「等距離外交」到「政經分離」

　　本書探討關於吉田內閣時期中國政策的構想，如「等距離外交」[179]或「政經分離」[180]等，目前幾乎被視為是「兩個中國」政策。何以，這些構想會被視為就是吉田準備採取「兩個中國」政策呢？或許我們可以這麼認為，這是因為中日和平條約（日方稱為：日華平和條約）簽訂後，日本和在臺灣的中華民國政府（以下簡稱國府）之間，建立「政治關係」的同時，為了維持和中國大陸的關係，亦透過「經濟關係」與北京政府保持經貿上往來，所作的對「中」[181]外交布局。也就是說，和「分裂國家」的一方建立「政治關係」，同時也和「分裂國家」的另一方維持「經濟關係」。這對於戰後日本外交而言，由於是同時進行之戰略性的外交方針，所以會產生有「雙重承認」的效果，致使「兩個中國」的畫面隱然浮現。

　　然而，實現以「兩個中國」為戰略目標，真是吉田內閣時期的中國政策嗎？或是學者的過度解釋呢？再者，吉田內閣時期的中國政策究竟為何？近年，對於吉田內閣時期的中國政策已出現新的解釋與看法。

---

[179] 日本學者細谷千博發表於《中央公論》1982 年 11 月號的論文「吉田書簡と英米中の構図」當中，即已使用「等距離外交」這個詞彙。而這個詞彙是作者描述對日和約簽訂前後，吉田首相面對中國問題的外交構想時所賦予的學術詞彙，到目前為止查閱其他參考資料後發現是該篇文章中最早使用的詞彙，因此在本書借此詞彙使用之。

[180] 在日中國學者陳肇斌即提出此觀點，詳見《戦後日本の中国政策：一九五〇年代東アジア国際政治の文脈》，頁 1–5。

[181] 為避免日中或日華等詞意混淆，在本書若出現日本的中國政策或對「中」政策、對「中」方針加注引號等詞彙，則意指包括中共政府以及中華民國政府兩方之意，若是指涉雙邊關係者，如日本對中共關係事項，則以日中表示。反之，若是指涉日本對中華民國政府之相關事項，則以日華表示，區分之。

　　本書將針對吉田政權時期對「中」外交的構想，亦即從 50 年代初期「等距離外交」構想到「政經分離」的外交課題加以探究分析，試圖重新理解當時吉田首相在面臨中國問題時的真正意圖及其對「中」戰略所鋪設的外交布局。

第一節　「等距離外交」的摸索與國際環境

一、「等距離外交」的構想萌芽（第 3 次吉田內閣，1949 年 2 月 16 日至 1952 年 10 月 30 日）

　　戰後美國為防止共產主義勢力的擴張威脅，對全球逐步展開「圍堵政策」的同時，日本則從經濟上的利益以及國防安全上考慮，不僅在東亞扮演美國忠實的合作伙伴，而且支持美國的亞洲政策。但是，吉田雖以維持「對美協調」外交作為戰後日本外交的基本路線，然而當涉及到關於中國問題時，卻思考著如何保有日本「獨自」的外交政策。

　　1949 年 10 月以後，中國分裂成兩個政府。而在國共內戰時期，吉田茂雖然預測到中國共產黨可能奪取中國的政權，但是面對中國如此的情勢發展並未感到不安；他甚至感覺到中國共產黨會迅速成為民族主義者，而且如同以前中國政權一樣，極力排斥歐美勢力。因此，吉田認為，中共政權能夠削減蘇聯在亞洲的勢力，而且日本與中共政權合作重建雙方的共同利益。[182] 換言之，吉田期望中國共產黨政權能阻止蘇聯在東亞的擴張，而且也能夠成為牽制美國勢力的新的要素。也就是說吉田除了希望能夠擺脫美國的支配之外，藉由中國民族主義的力量使美・蘇勢力均衡，並謀求日本的獨立自主和國家安全。

---

[182] Michael Schaller 著，郭俊鉌譯，《亞洲的冷戰與日本復興》（臺北：金禾出版社，1992 年），頁 217。

　　然而，1950 年 6 月朝鮮戰爭的爆發，東亞國際局勢急速地投向美・蘇兩極化的冷戰體制，與此同時的對日媾和問題也被捲入冷戰的漩渦中。當時對日本外交而言，最大的難題就是如何對應中國問題。也就是吉田內閣陷入究竟是要承認中華民國政府亦或是中華人民共和國政府為代表中國正統政府的外交難題。

　　這樣的外交難題不只是困惑日本吉田首相，即使同屬自由主義陣營的英美兩國，在面對舊金山對日媾和的事前調整與之後發出的「吉田書簡」等中國政策的事務上，也是陷入正面針鋒相對的對立局面。

　　為了解決英美兩國因中國政策不同所產生的對立態勢，1951 年 6 月時任美國國務院顧問的杜勒斯（John Foster Dulles）前往英國倫敦與英國外相默里遜（Herbert Morrison）展開外交會談。19 日，達成「杜勒斯・默里遜了解案」亦即所謂的「英美妥協案」。其中關於中國代表權問題，雙方均同意不管「兩岸」哪一個政府，都擬不邀請參加出席舊金山和平會議；還有日本在面對中國問題的態度，則主張待日本國家主權回復獨立後，交由日本自行決定。[183] 易言之，英美兩國在對「中」問題上，只把潛在性的矛盾以表面上意見一致的形式解決，並未形成就雙方的歧見從根本問題來解決的共識，甚至將此燙手的問題委由日本自行面對。

　　從上述我們即可理解英美兩國在面臨中國問題時雙方在態度上的差異。當時美國的對「中」態度，因受到朝鮮戰爭的爆發以及中共派兵參戰的影響下，其支持在臺灣的中華民國政府的意圖非常鮮明。英美倫敦會談的兩週後，杜勒斯就在成功湖與中華民國政府駐美大使顧維鈞舉行會談。杜勒斯向顧大使說明關於中國代表參加出席舊金山和平會議英美間的折衷案；顧大使詢及美國是否能使日本和中華民國政府締結個別雙邊和約時，杜勒斯答道：美國正有此意，而且我認為日本政府對於貴國

---

[183] 關於「杜勒斯・默里遜了解案」的協定經緯，請參閱細谷千博，《サンフランシスコ講和への道》（東京：中央公論社，1984 年），頁 205–250。

的態度，若日臺間的貿易交流興盛發達時，必與貴國締結和約，而反對和中共建立關係。[184]

相對於美國的態度，英國的立場是，在此時期日本對於國府或中共政府不應太早給與政治上的承認，應該使之與「兩岸」政府發展經濟貿易關係，維持「等距離外交」，亦即日本與「兩岸」政府締結「暫行協定」，謀求與個別政府促進貿易交流。[185] 換句話說，把政治關係置於別個次元，不期望日本與雙方締結正式的兩國間條約，然而對於已與國府締結的「日臺通商協定」（1950 年 9 月 6 日）之「暫行協定」則採取可以接受的立場。基於同樣的立場，也期望日本與中共政府間締結以經貿交流為主的「暫行協定」或是與之發展事實上的交流關係。

那麼，何以英國不希望日本向國府一邊倒，而期望日本在中國問題上採取「等距離外交」呢？關於這一點，日本學者細谷千博認為：英國衡諸當時遠東國際情勢，中共與日本是作為對抗蘇聯勢力的一股無法忽視的力量，需重視之，把中國大陸從蘇聯共產主義勢力分離疏遠，進而實現把中共政府「狄托化」[186]；另一方面，對於戰前日本在東南亞進行貿易活動，而與之有過激烈競爭，留下痛苦經驗的英國而言，日本戰前在亞洲最重要的市場就是中國本土，因此期望使戰後日中間的經貿關係能夠更加緊密。[187]

---

[184] 中華民國外交問題研究會編，《和約與中日和約的關係中日外交史料叢編（八）》（中華民國外交問題研究會，1966 年），頁 81。

[185] 細谷千博，「吉田書簡と米英中の構図」，《中央公論》（1982 年 11 月號），頁 76。

[186] 1948 年，時任南斯拉夫總統的狄托（Tito），反對當時共產主義諸國皆以蘇聯為中心的國際主義，逕自打出以本國自主外交為主的政治立場，此一立場亦被稱為「狄托主義」。易言之，當時進入美蘇冷戰的二極体系，即使同屬共產主義陣營，南斯拉夫總統狄托卻極力擺脫蘇聯的控制，欲與蘇聯保持「外交距離」。狄托的此一立場，深受英美自由主義等國的歡迎，紛紛轉而希望中共「狄托化」，達成中蘇共同分裂的戰略「期待」。請參閱汪浩著，《冷戰中的兩面派：英國的臺灣政策 1949-1958》（臺北，有鹿文化，2014 年），頁 66–75。

[187] 細谷千博，《サンフランシスコ講和への道》，頁 288–289。

　　面臨英美兩國在對「中」問題上如此爭持不下，當時夾在英美兩國之間的日本政府應該要如何對處呢？時任日本首相吉田茂在其回憶錄中披露了他對於國際局勢，銳利且細微的判斷：

> 我雖然堅決的期望要和臺灣之間維持友好關係，深化經濟關係，但也會避免站在否認北京政府的立場。雖說，中共政權至今仍如我們所見密切地與蘇聯握手，但是中國民族在本質上是與蘇聯人不相容合的，舉凡文明，國民性皆然。在政情上亦是差異甚大的中蘇兩國，我認為終至無法相容，而且我也不欲與中共政權之間的關係有決定性的惡化。[188]（旁點筆者）

　　換言之，根據吉田的回憶錄，他認為中蘇之間的疏隔若從雙方民族性格來看是極其自然的事，也就是說他已經「預測」到中蘇共分裂的可能性。因此，在對「中」問題的態度上，顯然是較傾向當時英國的立場。而吉田在其回憶錄中亦強調：「最能理解中國民族心理的，就是常年在中國問題上奔波勞苦的英國人與日本人」。[189] 可想而知，吉田也是想透過貿易使中共政府「狄托化」，他的對「中」外交遠景可以說比起美國更接近於英國所描繪的一幅中國圖像。

　　眾所周知，吉田有此中國觀是來自於其戰前派駐中國任職外交官的經驗，也就自然地成為關心中國問題的外交家。[190] 正如上述，關於中國

---

[188] 吉田茂，《回想十年　第三卷》，頁 72。

[189] 同上註，頁 270。

[190] 吉田茂，明治 11（1878）年出生於東京是自由民權運動者土佐的竹內綱第五子。自幼即被福井縣出身在橫濱經商的貿易商吉田健三收為養子扶養。他從東京帝國大學畢業後，於 1906 年 9 月（明治三九年）進入外務省工作，1912 年 8 月派駐中國安東領事館領事，1918 年 2 月派任駐中國濟南領事，1922 年 8 月晉昇為駐中國天津總領事，1925 年 10 月轉為駐奉天總領事（1925–1928），其後在田中義一內閣任職外務次官（1928,7–1929,7），後經駐義大利大使（1930,12–1932,8），駐英國大使（1936,4–1938,9），於 1939 年從外交官界退休。如上述，吉田茂任職駐中國外交官的經驗通算 13 年），因此可說是中國問題專門家的資深外交官。關於吉田茂外交官歷請參閱豬木正道，《評伝吉田茂（上、中）》（東京：読売新聞社，1978、1980 年）。

問題，吉田受到英國外交的影響，所以似乎抱持著探索對「中」關係之「等距離外交」的意圖。為此，吉田所考慮的是，日本一方面要重視中國大陸市場及其天然資源，另一方面和國府之間的政治關係，儘可能地以消極的態度處之，而在英國可以容忍的範圍內應該要致力於日臺間的貿易關係。

在這樣的背景下，吉田表示亦要積極地發展和臺灣的貿易關係。1951 年夏，國府立法委員齊世英訪問日本，在和吉田首相會談之際，討論到關於日本重整軍備，中日和約的締結以及恢復邦交等各種問題，特別是關於日臺間的貿易問題，齊世英提到：「吉田向他表示日本缺鹽，因而希望我們能賣鹽到日本」。[191] 對於這件事，吉田在對臺貿易關係上作出積極的回應。在 8 月 20 日給農林水產大臣根本龍太郎的書函中敘述到「前幾天臺灣政府齊世英氏為進口肥料事而來，為促進睦鄰外交，在和米穀的物物交換案上，希望您趕快研究，我想本件在貴省應該有所知悉」。[192] 從這裡，即可理解到當時吉田儘可能避開政治上的接觸，並期望透過日本和臺灣之間的貿易途徑，達成「睦鄰外交」的意圖可見一般。

此外，作為吉田摸索「等距離外交」的另一事例，是海外事務所設置問題。1950 年 2 月，美國為了使日本儘快地恢復獨立回歸國際社會，開始讓日本設置海外事務所。[193] 但是，日本海外事務所的設置雖被盟總（GHQ）許可，然而其事務所的機能及權能依然被加以一定的限

---

[191] 沈雲龍、林泉、林忠勝訪問，林忠勝紀錄，《齊世英先生訪問紀錄　中央研究院近代史研究所口述歷史叢書 25》（臺北：中央研究院近代史研究所，1997 年 3 月二版），頁 301。

[192] 吉田茂著、財団法人吉田茂記念事業財団編，《吉田茂書翰》（東京：中央公論社，1994 年），頁 489。

[193] 美國政府透過盟總向日本政府提出希望其設置海外事務所的建議。日本政府在 1950 年 2 月 9 日接受美國建議，於 1950 年 5 月在美國紐約、夏威夷、舊金山、洛山磯四個地方，設立最初的海外事務所。而且美國也建議各國到日本設置在外事務所。因此，從最初開始陸續在美國、歐洲、非洲、南美洲、東南亞等地設置在外事務所。詳細請參閱竹前榮治，中村隆英監修，《GHQ 日本占領史第 2 巻　占領管理体制》（東京：日本図書センター，1996 年），頁 132。

制。之後，為了使日本政府擴大其和各國駐日外交代表「直接交涉」的權限，於翌年 2 月 13 日，盟總向各國駐日代表團和日本政府發出「關於日本政府和外國外交代表之間直接通訊許可之總司令部備忘錄」（SCAPIN2142）。[194] 換言之，日本政府根據盟總所發出這個備忘錄的指令，獲得可以和各國駐日外交代表團直接交涉的權利。

如此基於盟總給與日本政府設置海外事務所的許可，強化外交權限等的外交措施，半年後國府駐日代表團也透過盟總，將要求到臺北設置海外事務所的備忘錄，遞送予日本政府。[195] 然而，吉田政府對於國府要求日本在臺北設置海外事務所一案，則採取觀望的態度。根據在日中國學者陳肇彬的研究指出，在同年 7 月 25 日，日本外務省井口外務次官，將吉田首相已明確決定把臺北事務所的設置時期拖延到舊金山媾和條約締結後一事，傳達給時任盟總最高司令官政治顧問的希伯爾特。[196] 也就是說，吉田對於臺北事務所的設置案雖不持否定的態度，但就開設的時期而言，明顯意圖將時間拖延到於舊金山對日和平條約簽定之後。這樣的意圖可以說，只不過是吉田在面對英美兩國倫敦會談結果的「對應」政策而已。然而對於當時處在盟總占領下的日本來說，在外事務所的設置，是日本在海外的最高代表機關，由於具有高度政治性意涵，所以吉田持慎重的態度由此可略窺一二。

雖然日本政府對於開設臺北事務所一事採取消極的態度，但在一星期後的 8 月初，吉田的態度卻出現微妙的變化。8 月 4 日，井口外務次

---

[194] GHQ 於 1951 年 2 月 13 日發出「兩封備忘錄」，一通是發送給蘇聯以外的各國駐日代表團，另一通是發給日本政府。在此備忘錄中，GHQ 表示從同年 3 月 15 日，日本政府和各國駐日代表團關於若干事項可以直接交涉，也可以在各地設立海外事務所。此備忘錄載於臺北外交部檔案「關於盟總准許日本外務省自 1951 年 3 月 15 日起執行部分外交事務一案說帖」，《日本政府擴展外交權及設置駐臺海外事務所案》（臺北：臺北外交部檔案，檔號：012.6）。

[195] 民國 40 年 9 月 29 日，「關於商洽日本派遣海外代表來臺一案」，《日本政府擴展外交權及設置駐臺海外事務所案》（臺北：臺北外交部檔案，檔號：012.6）。

[196] 陳肇彬，《戰後日本の中國政策：一九五〇年代東アジア国際政治の文脈》，頁 35。

官和盟總政治顧問希博爾特（William Joseph Sebald），對於媾和會議有關日本全權代表團的構成以及中國代表權等問題進行意見交換。隨後井口將這個會談後的雙方意見向吉田提出報告。於該會談的兩日後，也就是 8 月 6 日，吉田將井口的報告書匯整，將有關日方對於這些問題的見解，再次傳達給杜勒斯特使。其中，吉田表示，「繼和平條約議定事項之後，正計劃在臺灣設置政府在外事務所一事」之關於將在臺北開設海外事務所的意思，甚至對於和中共間的關係，則強調「本人可以向閣下保證日本政府絕不與共產政權締結兩國間條約」。[197]從這裡即可看出，吉田首相似乎有意在舊金山和平會議前，向杜勒斯表明關於在中國問題上日本的態度。

　　吉田雖然在 8 月 6 日的書函中明確表達，將在臺北開設日本海外事務所的設置計劃的意思，但是在此書簡中，並未提及關於在對日和約締結後有關與國府的兩國間條約。這恐怕是吉田為保留將來與中共建立關係的「余地」，所做的一種伏筆式的期望吧。

　　然而，舊金山對日媾和會議結束後，日本政府終將直接面臨，該決擇那一個政府做為代表中國正統政府之政治上的難題。儘管日本政府對於這個政治上的難題想採取拖延策略，杜勒斯卻一面要求吉田政府要提出承認中華民國政府的「承諾」，一面催促吉田儘快在臺北開設日本海外事務所。[198]吉田衡量當時日本的狀況以及在杜勒斯與國府催逼的雙重壓力下，於 10 月初發表設置駐臺事務所，同時任命木村四郎七為駐臺事務所所長。[199]

---

[197] 日本外務省編纂，《日本外交文書　平和条約の締結に関する調書第一冊》（外務省発行，2002年），頁 301–302。

[198] Memorandum of Conversation, 3 September 1951, *Foreign Relations of United States 1951, VI, Asia and the Pacific*, pp. 1315–1317.

[199] 民國 40 年 10 月 6 日，「關於日本在臺設立事務所事」，民國 40 年 9 月 18 日，「關於日本政府設置駐臺事務所及擬任木村四郎七為該所所長一案」，《日本政府擴展外交權及設置駐臺事務所》（臺北：臺北外交部檔案，檔號：012.6）。

　　另一方面，面對美國與國府積極地推動將來日華兩國間在政治上的關係，日本政府則以慎重的態度與之應對。10 月 18 日，在第 12 回日本國會眾議院「和平條約及日美安全保障條約特別委員會」中，對於蘆田議員有關要和那一個政府簽訂媾和條約的質詢，吉田首相則答以：「對於要給予杜勒斯承認國府的這樣的保證是未曾有的……不管要與那一個政府締結媾和條約，都要慎重審議而且我打算堂堂正正的決定」。[200]（旁點筆者）

　　吉田在打出對「中」慎重論的同時，也在積極摸索「等距離外交」的對「中」策略。10 月 29 日，在第 12 回日本國會參議院「和平條約及日美安全保障條約特別委員會」中，針對社會黨曾彌益議員關於臺北在外事務所的設置以及對「中」外交意向的質問，吉田首相則表明：「……在臺灣設置在外事務所是為通商貿易還有保護在外的日本居留民，與政治關係無涉。故若在上海設置在外事務所的話，亦不妨礙。……」。[201]

　　甚至在隔日，同第 12 回日本國會參議院特別委員會中，針對屬於第一俱樂部的羽仁五郎參議員，關於究竟要選擇那一個政府做為代表中國正統政府的強烈質詢，吉田首相強調：「日本現在是具有選擇媾和對象的權利。但是要行使這樣的權限則應該要考慮到客觀的環境與中國情勢的變化，中國與日本將來的關係不應該這麼輕率的決定」。[202]

　　從吉田首相的國會答辯來看，在這個階段日本在對「中」方針上雖採取「慎重論」，但在策略上則採取「等距離外交」，亦即一方面利用盟總准許日本開設海外事務所的外交權限，另一方面吉田也以暗示性的

---

[200] 《第十二回眾議院平和條約及び日米安全保障条約特別委員会国会議事録第三号》，1951 年 10 月 18 日，頁 15。

[201] 《第十二回参議院平和條約及び日米安全保障条約特別委員会国会議事録第五号》，1951 年 10 月 29 日，頁 5。

[202] 《第十二回参議院平和條約及び日米安全保障条約特別委員会国会議事録第六号》，1951 年 10 月 30 日，頁 4。

語氣表示，以通商貿易與保護僑民為由，同時在臺北與上海設置海外事務所的意願。換言之，與國共雙方在政治上不接觸，僅在通商貿易上也就是想要追求「民間」途徑的曖昧性中國政策立場，正是吉田首相意欲具現化其「等距離外交」構想。

在舊金山和約簽訂後，日本雖然仍處在盟總占領狀態，但是其對外交涉的權利，在美國默認且由盟總漸次歸還的有利情勢下，自然在外交上能夠取得更大的自主迴旋空間；因此這個階段，在中國代表權問題懸而未定的國際情勢下，在對中國政策上採取「等距離外交」，應是吉田的「原意」。而吉田的「原意」也就勾勒出戰後 50 年代初期日本對中國政策的「原點」—「等距離外交」的構想。

二、「等距離外交」構想的挫折

然而，對於日本政府的對「中」等距離外交的意圖，美國以及國府則是抱以嚴重關切日本吉田政府的外交動向。國府外交部長葉公超於吉田在國會答辯的次日，與美國駐華公使藍欽（Karl Lott Rankin）進行會談，葉部長向藍欽公使提出警告：吉田在國會的發言是對自由世界挑戰。美國雖然努力地將日本納入自由主義陣營，而且期望使日本與中華民國媾和，但是吉田用這樣的態度，亦將會使舊金山和約失去意義。[203] 對於葉部長的警告，藍欽公使答道：我不認為華府會故意欺瞞貴國。貴國的憤慨實屬正當，我將會如實的向華府報告。而這份電報的副本也會送往東京大使館，讓他們做為參考。[204] 5 日後的 11 月 5 日，藍欽收到從華府送來的訓令，美國國務院再一次明確地主張：美國政府反對日本政府有與中共維持關係之任何企圖，並反對日本政府和中共間交換海外

---

[203] 中華民國外交問題研究會編，《金山和約與中日和約的關係　中日外交史料叢編（八）》（臺北：中華民國外交問題研究會，1966 年），頁 175。

[204] 同上註，頁 176。

代表。[205] 從美國國務院的訓令可以很明確的了解，對於吉田的「等距離外交」構想的意圖，美方持反對的態度。

另一方面，為防止吉田「等距離外交」的意圖，且使日本遵循美國的中國政策路線，在 12 月上旬美國派遣杜勒斯特使到東京與吉田首相就中國問題展開會談。經過 13 日與 18 日兩次的日美會談，杜勒斯向吉田嚴正表達美方立場：希望日本能與國府樹立國交關係，如果日本不能堅守美國的外交路線，那麼關於舊金山媾和條約的批准恐怕是不可能的；甚至在 18 日杜勒斯草擬一份備忘錄親自交給吉田。[206] 而這份備忘錄也就是後來所謂「吉田書簡」的原案。

面對美國如此強勢作為，對於一直著眼於國家經濟利益，積極使日本恢復戰前對中國大陸的貿易市場，而打算保持未來和中國大陸建立關係「余地」的吉田茂來說，若從主權恢復獨立、回歸國際社會以及安全保障等更迫切的國家課題來考慮，那麼中國問題勢必不能成為戰後日本恢復獨立國格的最大障礙，因此屈服於美國的外交壓力，應是不得不為的一種外交戰略。

為使美國參議院順利批准舊金山對日媾和條約，吉田於 12 月 24 日接受杜勒斯所草擬的備忘錄，而且將以舊金山媾和條約為原則，將未來會與在臺灣的中華民國政府締結日華和約之「政治性」承諾的備忘錄遞交給杜勒斯。這份文件正是眾所周知的「吉田書簡」（原文如附錄六）。由於此份書簡的內容深刻地影響到吉田對「中」外交方針的「原意」，且對於戰後日華關係的「戰略性」思考多所著墨，因此，以下引用全文以試圖點出吉田的「真意」。

---

[205] 同上註，頁 177。

[206] ウォーレン I. コーエン、田中孝彥訳，「日米関係の中の中国」，《国際環境の変容と日米関係》（東京：東京大学出版会，1987 年），頁 81–82。

最近國會參、眾兩院在對日和平條約以及日美安全條約的審議之際，關於日本將來對中國政策已被質問許多，也一一進行說明。而這樣的說明卻因從前後關係和背景被斷章取意而產生誤解，所以我想再作說明。

日本政府歸根究底是希望和日本的鄰邦中國之間樹立全面性的政治和平以及通商關係。要與在聯合國擁有中國席位、發言權以及投票權，在現實上對於若干領域行使施政的權能，以及和大多數聯合國會員國維持外交關係的中華民國國民政府發展這種關係我認為現階段是可能的。為了這個目的，我政府已於 1951 年 11 月 17 日得到中國國府的同意在臺灣設置日本政府在外事務所。這是到多數講和的舊金山和平條約生效之前，現在日本被允許維持與外國關係之間的最高形態。在臺灣日本政府在外事務所也配置有重要人員，表示我政府重視和中華民國國民政府之間的關係。如果中國政府希望的話，我政府將儘可能地在法律上，遵從舊金山和平條約諸項原則，準備締結重建兩政府之間的正常關係的條約。這個條約的條項，有關中華民國的部分，是適用在目前中華民國國民政府實際支配下，或者今後應該納入的領域。我們打算要儘快地和中國國民政府討論這個問題。

關於中國的共產政權，目前這個政權現已被聯合國視為侵略者而大加撻伐，就結果而言，聯合國對於這個政權已處以某種措施。日本現在也同步採取該措施，還有舊金山和平條約生效後，將繼續遵從第五條 (a)(iii) 之規定。日本將依據此規定，「無論聯合國遵照憲章採取任何的行動，都將給與聯合國一切援助；而且即使聯合國對任何國家採取阻止行動或者強制行動也會慎重地提供援助」。1950 年在莫斯科締結的中蘇友好同盟相互援助條約，實際上就是針對日本的軍事同盟。事實上，應該是有很充分的理由相信，中國的共產政權一直支持想要強力顛覆日本憲法制度以及現在政府的日本共產黨的企圖。就上述考慮的話，我可以肯定日本政府沒有意願和中國的共產政權締結兩

國間條約。[207]

　　從吉田書簡的內容來看，是能夠讀取吉田的對「中」外交構圖。首先在第二段落提到「日本政府歸根究底希望要和日本鄰邦中國之間樹立全面性的政治和平以及通商關係」，已點出吉田最終將和中國大陸樹立全面性的關係的意圖，亦即「一個中國」的認知已經是很明確了。

　　甚至於在第三段落中言及，1951 年 11 月 17 日日本政府已在臺北設置在外事務所，而且也已準備和國府締結兩國間「正常關係」條約。而且在該段落中，把關於「這個條約的條項，關於中華民國，是適用在中華民國國府實際支配下現在或者今後應該納入的領域」之所謂「適用範圍」明文化，因此，即使將來簽訂日華條約，也已被埋下視為是一種「限定承認」的伏筆。

　　在最後的段落中雖然提及「我可以肯定日本政府沒有意圖和中國的共產政權締結兩國間條約」等字句，表明吉田不準備在政治上與中共政府有所接觸之意，卻暗留和中國大陸發展政治以外其他包含經貿關係的可能性。

　　如同上註述，吉田書簡清楚的呈現出，吉田雖然表示不與中共政府發展政治上的關係，但這是日本屈服於美國的壓力，發出以要和中華民國政府締結兩國間條約之書簡是與美國所作的一個約定，這也是吉田不得不向美方表明要維持「一個中國」的「政治性」輸誠，同時也隱然宣告所謂「等距離外交」構想的中國政策將無疾而終。換句話說，基於吉田書簡的約定，締結於 1952 年 4 月 28 日的中日和平條約（日本稱之為日華平和條約），正是吉田意欲推行「等距離外交」構想下受挫的結果。

---

[207] 1951 年 12 月 24 日，〈総理のダレス宛書翰〉，「第三次ダレス来訪関係」（日本外務省保存記録第七回公開，B'.4.0.0.8，リール番号：B'-0009），頁 73–76。

正如前述，在當時所謂中國的分裂及朝鮮戰爭爆發等東亞國際情勢發展惡化的背景下，戰後日本的對「中」外交政策，亦只得被規範在舊金山對日媾和條約及中日和平條約的框架中。另一方面，對於因受制於美國的壓力而導致「等距離外交」構想遭至挫敗的吉田首相而言，在面臨國共關係上，仍思以「限定承認」來處理與國府之間的關係，同時亦想保留將來發展和中共政府關係之「余地」。然而，吉田這樣的想法，即出現日本應該要如何推進新中國政策的外交課題。「政經分離」的對「中」外交構想，也就在此階段應運而生。

事實上，吉田此種「等距離外交」構想亦可視為在其摸索中國政策的過程中所出現的「政經分離」的原型，亦即先經後政的戰略構想，而其具體化構想的同時也建構出「政經分離」的定義，亦即與國共雙方在政治上不接觸，僅以通商貿易與保護僑民為由追求「民間」途徑的曖昧性中國政策立場。

第二節　「政經分離」的戰略構想及發展脈絡再檢證

一、既存的研究、論爭及其問題點

1950 年前後源自於戰後歐洲的冷戰波及到東亞，再加上國共內戰造成中國的分裂以及韓戰爆發，導致東亞型冷戰順勢形成。在此種東亞冷戰形成的國際背景下，影響到日本對於中國政策的摸索與制定，特別是時任日本首相的吉田茂，欲利用舊金山對日媾和條約締結前後的東亞國際局勢變動，在外交上保持最大國益的政治計算。然而，在美國的外交壓力下，最終不得不在舊金山對日媾和調約簽訂後三個月發出「吉田書

簡」[208]，以向美國「保證」未來將與退守臺灣的中華民國政府締結和約、承認中華民國政府為代表中國政府的承諾書，致使吉田原先的「等距離外交」構想遭到挫折。在戰後東亞型冷戰愈趨向兩極構造下，日本的中國政策雖然受到舊金山體制及中日和平條約的規範，但是在政治的次元上，仍構思如何在不損及日美以及日華關係的同時，在必要時採取與中共政府間維持實質關係的「方法」。在這種東亞型冷戰架構的國際局勢下，對於面臨中國問題這樣兩難局面的日本而言，一方面要維持日華、日美、日中三者之間的外交平衡，甚至一方面對於中共也勢必要保持日本自身的「獨自性」，因此暫時延緩推進政治關係，專注發展經濟關係的「方法」也就應運而生而生。此即繼「等距離外交」構想的核心思維，採取著眼於通商貿易層面的「經濟先行」策略。然而，「經濟先行」的策略卻常被解讀為「政經分離」。[209]甚至近年在日本學界出現吉田內閣時期的中國政策就是將「政經分離」視為吉田推進「兩個中國」之戰略目的的論爭。為此，以下將針對「政經分離」的議論，重新檢證吉田內閣時期的中國政策。

在本書，準備探討關於吉田內閣時期中國政策的構想，特別是以「政經分離」為研究對象。吉田內閣時期對中國政策的構想，[210]無論是「等距離外交」或是「政經分離」[211]等，在目前幾乎被視為是「兩個中國」

---

[208] 同上註。

[209] 近年在日本學界已經引起討論的「政經分離」這項課題，在台灣學界亦開始受到注目，其中以張啟雄教授及其受業學生葉長城博士二人共著的兩篇論文最受關注，本篇論文主要內容是以「名実論」做為分析「政經分離」的核心架構，探討戰後日本對兩岸政策的形成與轉變。請參閱張啟雄、葉長城，「政經分離 vs. 政經一體的『名實論』分析：戰後日本對兩岸政策的形成與轉變（1952-1972）」，《亞太研究論壇》第 35 期，2007 年 3 月，頁 122-193；「『不完全政經分離』vs.『不完全政經一體』－ 1972 年斷交後日本對兩岸關係新架構的形成與展開」（2007 年亞太區域研究成果發表會，中研院人文社會科學研究中心亞太區域專題研究中心，2007 年 7 月 20 日。

[210] 避免日中或日華等詞意混淆，在本書，若出現日本的中國政策或對「中」政策，對「中」方針加注引號等詞彙，則意指包括中共政府以及中華民國政府兩方之意，若是指涉雙邊關係者，如日本對中共關係事項，則以日中表示，若是指涉日本對中華民國政府之相關事項，則以日華表示，區分之。

[211] 在日中國學者陳肇斌即提出此觀點，詳見《戰後日本の中国政策：一九五〇年代東アジア国際政

政策。何以這些構想會被視為就是吉田準備採取「兩個中國」政策呢？或許我們可以這麼認為，這是因為中日和平條約（日方稱為：日華平和條約）簽定後，日本和在臺灣的中華民國政府（以下簡稱國府）之間建立「政治關係」的同時，為了維持和中國大陸的關係，亦透過「經濟層面」與北京政府保持經貿上往來所作的對「中」外交布局。也就是說，和「分裂國家」的一方建立「政治關係」，同時也和「分裂國家」的另一方維持「經濟關係」；這對於戰後日本外交而言，由於是同時進行之戰略性的外交方針，所以才會產生有「雙重承認」的效果，致使「兩個中國」的畫面隱然浮現。

如前所述，在日本學界有關吉田內閣時期的中國政策出現「兩個中國」的畫面並且引起論爭，主要是起源於 2000 年由東京大學出版會，出版在日中國學者陳肇斌教授的《戰後日本の中国政策：一九五○年代東アジア国際政治の文脈》一書。陳肇斌在本書強調之處在於吉田採取「以實現兩個中國作為手段，意圖依據『政經分離』的方法擴大日中貿易，而這個方法凍結國際間政治性的對立，使維持發展經濟關係的一種政治戰略，其『政經分離』的目的是一方面要分斷中共政府和蘇聯，作為創造確立和中國大陸外交關係的前提條件，另一方面使大陸和臺灣固定化」。[212] 本書的主要觀點是，作者基於解讀英美方面的外交檔案文書進而認為吉田內閣時期，甚至 50 年代日本的中國政策是：「以『政經分離』作為戰略手段，就是要實現「兩個中國」的戰略目的」之見解。[213]

然而，實現以「兩個中國」為戰略目標，真是吉田內閣時期中國政策的核心嗎？或是提出此說的學者的過度解釋呢？再者，吉田內閣時期的中國政策究竟為何？近年，對於吉田內閣時期的中國政策已出現新的解釋與看法。刊載於 2002 年 1 月號日本雜誌《論座》，一場題為〈重

治の文脈》，頁 1–5。

[212] 陳肇斌，《戰後日本の中国政策：一九五○年代東アジア国際政治の文脈》，頁 1–4。

[213] 同上註。

新認識吉田外交〉的座談會，就針對上述的課題展開討論。在這個座談會中，與會的學者指出，根據《西村調書》[214] 應該有必要再重新解釋關於吉田外交的構想以及吉田本身的「中國觀」。非惟如此，特別要注意的是，與會學者認為，對於日本政府的「兩個中國論」的源流，是否真是在吉田政權時期即已開始的說法並無定論。[215] 然而一年後在日中國學者陳肇斌，在 2003 年 10 月發表於日本北海道大學法學研究科所屬研究期刊《北大法學論集》中，對於這個座談會討論的結果提出反駁。他亦根據《西村調書》，重新檢視考察其中有關「吉田書簡」[216] 的記錄文書，針對上述該座談會與會學者的看法提出質疑批判外，也指出對於吉田政府一方面希望和中華民國政府保持國交狀態，同時期望將來能和中共政府締結國交關係，尋求「兩個中國」政策的戰略目標是很明確的。[217]

此外，對於陳肇斌在 2000 年出版的該書中，提出有關「政經分離」

---

[214] 這個調查報告書是當時輔佐日本吉田首相的條約局長西村熊雄，將 1951 年舊金山講和會議前後，日本政府和美國杜勒斯特使之間的交涉過程以及條約案的作成等記錄重點的備忘錄。此極密外交文書《平和条約の締結に関する調書》的公開是根據日本「情報公開法」的開示請求，2001 年 8 月由外務省解除機密，從 2002 年 3–9 月陸續編纂發行五大冊。因是以西村記錄編纂而成，故通稱《西村調書》。請參考日本學者關於《西村調書》的分析解說。細谷千博，「論評『日本外交文書　平和条約の締結に関する調書』を読んで」，《外交史料館報第 16 号》（東京：外務省外交史料館，2002 年 6 月），頁 16–28；以及坂元一哉，「サンフランシスコ平和条約と，『西村調書』」，《外交史料館報第 17 号》（東京：外務省外交史料館，2003 年 9 月），頁 1–25。

[215] 田中明彦、坂本一哉、豊下楢彦、菅英輝，「吉田外交を見直す」，《論座》，2002 年 1 月号，頁 95–113。

[216] 此書函又被稱為「第一次吉田書簡」。1951 年 9 月在美國舊金山舉行對日講和會議之際，中國由於「國」、「共」內戰而分裂，引發中國代表權誰屬之重大國際問題，聯合國主要成員國間意見紛亂，同屬自由主義陣營的英美兩國，為解決此問題，乃達成意見一致的表面協議，即對日和約締結後，日本究竟是與國府或是中共締結兩國間和平條約一事，則委由日本政府自行判斷決定。當時日本吉田首相的對「中」政策，可說是採取曖昧且具有與「兩岸」等距的外交策略。然而，此策略卻抵觸美國的亞洲政策，因此 1951 年 12 月美國華府再派杜勒斯為特使訪日，與吉田首相展開會談，日本因受制於美國的「外壓」，而於同月 24 日不得不向杜勒斯提出「如果國民政府期望的話，則日本將遵從舊金山和平條約的各項原則，準備締結重啟兩國間政府正常關係的條約」之「保證書」，是為「吉田書簡」。美國得此「保證書」，乃於 1952 年 3 月 20 日，參議院批准舊金山對日和平條約。

[217] 陳肇斌，「『吉田書簡』再考－『西村調書』を中心に」，《北大法学論集》第 54 巻第 4 号，2003 年 10 月，頁 105–132。

的戰略目的之主張見解，另一位在日中國學者王偉彬教授亦提出不同的
看法。王教授根據日本方面的資料顯示認為：「就『兩個中國』方面，
無論是否包含分別承認中國和臺灣，亦或是臺灣獨立的意涵，但是就當
時吉田內閣而言，沒有承認中國的環境。然而，以為了未來和中國建立
外交關係作為前置作業，且基於『政經分離』，一面要維持和臺灣的關
係，一面要保持和中國的經濟關係一事，對日本而言是有益的」，並且
主張「從國際法角度來看，若要承認中國或是承認臺灣獨立的話，即使
不採取『政經分離』政策也是有可能的」。[218] 同時，王偉彬教授甚至對
於陳肇斌教授強調政經分離亦是「使大陸和臺灣固定化」的說法，以「沒
有充分的根據」提出反駁批判。[219] 如上述我們可以理解陳肇斌與王偉彬
兩位教授對於吉田內閣時期「政經分離」的戰略目的之見解有著根本性
的差異。簡言之，陳肇斌所強調的是，吉田利用「政經分離」的方法意
圖實現「兩個中國」的戰略目標，亦即日本政府希望藉此「兩個中國」
政策同時「確保」臺灣和「打開」日中關係。另一方面，王偉彬則認為，
雖然吉田考慮同時維持與臺灣和中國的關係，但是若要採取如承認中國
或是承認臺灣的獨立之「兩個中國」政策的話，不採取「政經分離」的
方法也是可以。

　　如此，日本學界關於吉田內閣時期所出現的「政經分離」，是否就
是作為「兩個中國」的戰略目標之中國政策，即出現了如上述正反兩種
相對論的觀點。無論是何種觀點，關於日本的「政經分離」的形成過程
與背景，可說是深受美國亞洲戰略的影響。那麼，為了能夠釐清在日本
學界針對上述「政經分離」因觀點差異而引起的學術論爭，本書必須提
出一個問題核心，亦即吉田政權期的對「中」外交有關「政經分離」的
構想最初由誰提起？其構想的定義為何？若要理解「政經分離」的目的，

---

[218] 王偉彬，《中国と日本の外交政策：1950 年代を中心にみた国交正常化へのプロセス》（京都：
　　ミネルヴァ書房，2004 年），頁 38。
[219] 同上註。

就有必要先回答前述的問題意識，本書將以「追本溯源」的方式深入探究分析吉田政權期的對「中」外交構想—「政經分離」，將有助於重新理解當時吉田首相在面對中國問題時的真正意圖及其對「中」戰略所舖設的外交佈局。

二、「政經分離」的定義與構想脈絡

（一）「小川提倡」（第 3 次吉田內閣，1949 年 2 月 16 日至 1952 年 10 月 30 日）

　　1950 年代初期，美國實施包含中共政權在內針對亞洲共產主義國家的封鎖政策，對於在軍事安全保障上依存於美國的日本而言，則不得不深受美國政策的影響。49 年 9 月，美國為防止戰略物資以及高科技產業出口到蘇聯等共產主義國家，乃召集自由主義陣營國家在法國巴黎成立「對共產圈國家出口統制調整委員會」[220]（COCOM: Coordinating Committee for Multilateral Export Control、以下簡稱「巴統」）。50 年 6 月韓戰爆發，加上中國在三個多月後派出義勇軍參戰，美國決議對中共政府採取報復措施，乃於同年 12 月 6 日決定全面性的貿易禁止對中出口方針，同時將此方針透過盟總向日本傳達這項指令，日本吉田內閣接受此項指令後亦不得不與美國同步，採取全面禁止出口中國的報復措施。[221] 另一方面，一個月後的 51 年 1 月，聯合國受到美國強力的策劃運作下，也通過一項將中共政府所代表的中國視為侵略國的決議，甚至於隔年 8 月美國又在「巴統」之下設置「中國小組」（CHINCOM:

---

[220]　「巴統」（COCOM）是對共產圈國家輸出統制調整委員會的簡稱。1949 年成立的「巴統」隸屬於對共產圈國家輸出調整最高會議的下層組織，也被組編到北大西洋公約組織的一環，該組織是以對於蘇聯、東歐各國有關戰略物資與高科技產業的輸出限制為目的的貿易統治機構，總部設在法國巴黎，因此也稱為「巴黎委員會」，限制輸出項目將近 150–160 項物資產品，其限制輸出項目亦被稱為巴黎管制名單。詳細請參閱古川万太郎，《日中戰後関係史》（東京：原書房，1981 年），頁 30。

[221]　古川万太郎，《日中戰後関係史》，頁 29。

China Committee for Export Control of Strategic Goods、 中国輸出統制委員 ），日本亦在重新恢復國格後加入「中國小組」。[222] 由此可知，美國為強化對中共政府的封鎖政策，乃透過「巴統」與「中國小組」大幅限制歐洲各國及日本向中國貿易的出口。

　　然而，儘管面臨美國對中實施禁運措施的嚴峻情勢，日本官方以外的「民間團體」，仍以民間貿易的方式試圖推進和中共間的經貿關係，其中違反日本政府官方禁令，以「民間人士」的身分經由莫斯科進入北京的高良富（參院議員、屬綠風會）、帆足計（前參院議員、綠風會）、宮腰喜助（眾院議員、改進黨）等三人，於 52 年 6 月各自代表三個民間貿易團體（國際經濟代表、日中貿易促進代表、日中貿易促進議員聯盟理事長），與時任中共國際貿易促進委員會主席的南漢辰在北京締結「第一次日中民間貿易協定」。[223]

　　對於以「民間人士」的身分訪問莫斯科和北京等共產國家，而違反日本政府禁令之規定的高良富等人，日本政府應該如何對應？據日本《朝日新聞》4 月 7 日記載，日本政府表示高良富等三人歸國後，將因違反日本護照法的規定，根據相關罰則處一年以下懲役或是三萬日圓以下的罰金的處置措施。[224] 但從「歸國後」三字，即可看出日本政府並沒有立即採取處罰的態度，且當時似乎有意讓高良富等人在 6 月初簽訂「第

---

[222] 「中國小組」（CHINCOM）是「巴統」下設對中國輸出統制委員會的簡稱。與「巴統」成立的目的相同，52 年 8 月成立的「中國小組」是「巴統」下設對中國輸出統制委員會的下層組織，針對中國以及北越、北韓等國進行重要物資的禁運措施，但是在 1957 年時已事實上廢止，而將其禁運措施與「巴統」合一。古川万太郎，《日中戰後関係史》，頁 29–30。

[223] 有關「第一次民間貿易協定」的全文內容請參閱外務省アジア局中国課監修，《日中関係基本資料集 1949 年–1997 年》（東京：財團法人霞山会，1998 年），頁 43–44。亦可參考「具体取引、正式代表で 中日協定物々交換を原則」，《朝日新聞》，1952 年 6 月 2 日。關於從「第一次民間貿易協定」的成立和日中民間貿易的發展，請參閱田中明彦，《日中関係 1945–1990》（東京：東京大学出版会，1991 年），頁 46–47；古川万太郎，《日中戰後関係史》，頁 36–40；李恩民，《中日民間經濟外交 1945–1972》（北京：人民出版社，1997 年），頁 135–153 等。

[224] 「外地で入ソ手続き　処置は帰国後」，《朝日新聞》夕刊，1952 年 4 月 7 日。

一次日中民間貿易協定」之後，再做處置以觀後效的「政治態度」甚是明顯。甚至對於 6 月 1 日其所締結的「第一次日中貿易協定」一事，官方由涉澤外務次官出面說明「即使簽訂像這樣的『協定』，也沒有任何拘束政府的權力」，及「只依從申請出口入許可的政府方針來決定許可、不許可」等語消極表示政府方面的意思。[225] 另一方面，通產省牛場通商局長也只以「若是英鎊區的易貨貿易未必不可能，即使是通產省也沒有不允許易貨貿易」的說法強調通產省的立場。[226] 換言之，從上述涉澤外務次官與通產省牛場通商局長的說法來看，日本官方立場似乎沒有積極反對之意，而且還「有意」以貿易出口入的「審查」或是「申請」等技術性問題，來迴避且暗默性的保留未來對中共關係「餘地」的政治態度。

　　但是，日本政府這樣的態度，是否就是吉田政府準備採取「政經分離」的前奏呢？關於這一點，依據在美中國學者趙全勝的研究指出：日本第一任駐北京大使小川平四郎的口述，50 年代初期日本政府的對「中」方針是禁止國民訪問「紅色中國」。雖然在 52 年有三名在野黨議員未經許可訪問中國北京的案例，外務省表示感到相當不愉快。然而，外務省也漸漸地減緩這個原則，而傾向小川本人所提倡的「政經分離」政策。在新政策下，除國家公務員之外，所有的日本國民即使未經外務省許可也能夠訪問中國。[227]（旁點筆者）趙的研究已清楚點出 50 年代初期，有關日本在摸索對「中」政策時所出現的另一種「政經分離」構想是由小川平四郎提倡，其定義是「除國家公務員之外，所有的日本國民即使未經外務省許可也能夠訪問中國」。

225 「政府、拘束されず　渋沢外務次官談」，《朝日新聞》，1952 年 6 月 2 日。

226 「実際上は難しい　牛場通産省通商局長談」，《朝日新聞》，1952 年 6 月 2 日。

227 關於「政經分離」提倡者的說法，趙全勝氏於 1986 年 3 月 8 日在東京對小川平四郎進行訪談時小川本人的口述證言。請參閱趙全勝著、杜進・栃內精子訳，《日中関係と日本の政治》（東京：岩波書店，1999 年），頁 107–108。

（二）「池田證言」（第 5 次吉田內閣，1953 年 5 月 21 日至 1954 年 12 月 10 日）

另一方面，也有主張「政經分離」這一構想並不是由日本方面提出的見解。1953 年夏天，由中井一夫等 62 名眾院議員及佐藤義詮等 48 名參院議員所組成的超黨派議員團體－「日中貿易促進議員聯盟」，向參眾兩院提案有關日中貿易促進案，7 月末兩院各自通過「日中貿易促進的決議」，要求政府儘可能的優先採取促進日中貿易的方案。[228] 自由黨所屬的眾議員池田正之輔為響應這個決議，乃申請派遣通商視察團到北京訪問。同年 9 月由中共國際貿易促進委員會主席南漢辰正式發出邀請，日方組成以池田正之輔為團長的「中國通商視察團」正式訪問北京，一個月後在北京締結「第二次日中貿易協定」。[229] 對於該次以團長身分訪問北京，在池田所著的『日中貿易交涉秘錄』中，特別提及訪問北京之際，池田本人與中共總理周恩來單獨會談兩小時，其間有關「政經分離」的對談紀錄。在日中貿易交涉的單獨會談當中，周恩來總理提到：

> 日本和中共無論如何一定要友好。因為政治問題和經濟是互相個別的，將政治和經濟分開，先進行經濟交流，以徹底的穩固漸進方式進行吧。[230]（旁點原文）

同時在單獨會談中擔任口譯工作的廖承志，清楚的將周恩來所言簡明扼要的翻譯為「政經分離、穩步漸進」。（旁點筆者）而陪席的中共要員如南漢辰、陳雲副總理以及北京市長彭真等人對於周恩來有關「政經分離」的發言，在會談上則以「因為相互間有不同的政治型態，所以

---

[228] 李恩民，《中日民間經濟外交 1945–1972》（北京：人民出版社，1997 年），頁 157。

[229] 林金莖，《梅と桜—戰後の日華関係》（東京：サンケイ出版，1984 年），頁 155–156。有關「第二次民間貿易協定」的全文內容，請參閱外務省アジア局中国課監修，《日中関係基本資料集 1949 年–1997 年》（東京：財団法人霞山会，1998 年），頁 57–59。

[230] 池田正之輔，《謎の国・中共大陸の実態＝民族性と経済基盤の解明＝》（東京：時事通信社，1969 年），頁 338。

政治問題上要相互理解對方的立場,以穩步漸進、互惠平等進行交流」
之語強調說明周恩來該項發言之意。[231]針對周恩來總理有關「政經分離」
的發言一事,池田本身亦述及「應該要銘記所謂政經分離不是出自日本
政府的創作,也無法獨斷獨行」。[232](旁點原文)因此,池田透過『日
中貿易交涉秘錄』的出版證言:「『政經分離』這一語彙並非由日本方
面提出,實際上是由中共方面提出」。[233]然而,即使如前所述中共方面
提議政治問題與經濟可以脫鉤處理,但是最終朝「政經不可分」以達到
「政經一體」才是中共的戰略目標。因此,當時隨著韓戰停戰(1953年
7月),國際冷戰也有和緩的情勢背景下,第二次日中民間貿易協定簽
定之際,雙方在備忘錄中載明「將互設貿易機關代表」一項,[234]意圖將
來邁向日中間建立「政治層級」關係的外交佈局已昭然若揭。

(三)「自由黨外交調查會報告書」(第 5 次吉田內閣, 1953 年 5 月 21 日至 1954 年 12 月 10 日)

在第五次吉田內閣時期,執政的自由黨對於中國問題的態度為何?
從黨內外交調查會的一份報告書中顯示,自由黨所採取的「政經分離」
構想與立場。在第二次日中貿易協定已商訂雙方將互設「貿易機關代表」
一案,已顯示透露日中間經由「民間層級」的經貿交流,逐步邁向「外
交層級」的政治發展。面對情勢如此發展,執政的自由黨於 54 年 9 月
在其外交調查會總會第六分科上,曾就中國問題展開商議並做成外交方
針決議的報告書。[235]在此報告書中首先就有關承認中共政權問題一案所

---

[231] 同上註。

[232] 同上註。

[233] 同上註,頁 337–338。

[234] 有關第二次日中民間貿易協定附屬第三項所記載的「將互設貿易機關代表」一事,請參閱外務省
アジア局中国課監修,《日中関係基本資料集 1949 年–1997 年》(東京:財団法人霞山会,1998 年),
頁 59。

[235] 自由黨外交調查會成立於 1954 年 3 月 12 日,是一研究討論日本外交基本方針的重要部會。這個

達成的結論說明：

> 我國承認國府且與之建立友好關係。若我國承認中共的話，就等於否
> 認臺灣國府。這對我國的安全保障有重大的影響。或者雖也有應該要
> 承認國府與中共兩方的論調，但是很顯然的這個論調國府和中共政府
> 雙方都會堅決反對的。在美國將國府作為反共體制一環以為援助的情
> 勢下，否認國府、承認中共終將從根本上崩解日美合作體制。……現
> 階段我國雖無法承認中共，但是值此之際我們認為達成樹立事實上的
> 關係，將有助於促進貿易及處理其他經濟關係的情勢。以此為方法若
> 能有所成效的話，雖然也可以檢討互相交換通商代表或是貿易代表等
> 案，但在現狀上要實現是有困難的，達成以上結論。[236]（旁點筆者）

另外，針對有關中共貿易問題一案提出說明：

> 戰前中國雖是日本的原料出口國、產品的進口國，但是這個狀態已逐
> 漸產生變化，且也有對中共禁運戰略物資的聯合國決議。……然而，
> 我國目前狀況無論如何都要擴大出口。即使與中共貿易絕非讓我國經
> 濟重新起死回生之妙藥，也有助於改善我國經濟狀態，因此在與美國
> 或「巴統」等充份商議上應該要更加積極的努力推動。[237]

從上述報告書的結論中清楚顯示，自由黨內對於中國問題所考慮的
是，構想以「政治和經濟分離」作為對中共外交方針的一環，在政治關
係上雖無法承認中共，但在經濟關係上有必要促進和中共的貿易交流，
這是以國共間敵對關係作為前提的一份中國政策的基本論調。其中值得
注意的是，雖然此報告書中並無任何字眼提到「政經分離」四字，但在

報告書於同年 9 月 2 日經過自由黨外交調查會總會慎重討論所做成的決議，11 日在自由黨總務會
上正式被承認為黨的外交方針。国立国会図書館所蔵，《自由党外交調查会報告書》（東京：自
由党外交調查会発行，1954 年 9 月）。

[236] 国立国会図書館所蔵，《自由党外交調查会報告書》，頁 53–54。

[237] 同上註，頁 55。

有關承認中共政權問題一案所達成的結論中卻提及，「以此為方法若能有所成效的話」之對中共外交方針當中的「以此為方法」的構想顯然已經接近「政經分離」的精神。

另一方面，同報告書中亦提到和臺灣國府的關係：

我國應該努力維持和臺灣國府的友好關係、改善貿易關係。因為臺灣在遠東是反共防衛戰重要的一環，就防衛從共產勢力來的威脅這一點，日本有必要儘可能的協助合作。[238]

從這個說明來看，當時日本雖已與在臺灣的國府建立國交關係，但是執政的自由黨在政治關係上雖消極對待，卻著眼於貿易與友好關係，且特別提及賦予「臺灣」在遠東區域上反共防衛線的戰略位置。換言之，自由黨所看重者，是將臺灣視為是東亞反共防衛線上的一個「關鍵」地位，從而主張應該要建構和臺灣國府的「合作關係」。

這份報告書主要是檢討中國問題，但也悄然將「臺灣」這個議題置於東亞冷戰與反共等國際問題上，似乎是「有意識」將中國問題與臺灣問題處理個別化。此報告書的內容亦點出，在 1954 年後半期東亞冷戰雖有和緩趨勢，但是冷戰的「氣氛」仍然濃烈，導致當時才回歸國際社會兩年半餘的日本，仍受制於國際冷戰的架構下，沒有同時承認國府與中共政府的內外環境，更遑論意圖策畫「兩個中國」的契機，乃在中國政策上不得不採取「政經分離」的方法。

---

[238] 同上註，頁 57。

小結

　　本章已就吉田內閣時期（第三次與第五次）有關「政經分離」的構想與定義的出現與演變進行以「追本溯源」的方式深入探究分析。綜觀分析，可以得出以下幾點結論：

（一）根據各個階段出現有關「政經分離」的言論與概念，考察分析出四種有關「政經分離」的構想與定義。

1. 吉田首相在第 12 回日本國會參議院的質詢中，以暗示性的語氣提出「等距離外交」構想，這已經表示吉田的此種構想，亦可視為在其摸索中國政策的過程中所出現的「政經分離」的原型。而具體化其構想的同時，也建構出「政經分離」的定義，亦即採取與國共雙方在政治上不接觸，僅以通商貿易與保護僑民為由，追求「民間」途徑之曖昧性中國政策的立場。

2. 「小川提倡」其定義為：除國家公務員之外，所有的日本國民即使未經外務省許可也能夠訪問中國。

3. 「池田證言」述及「『政經分離』這一語彙並非由日本方面提出，實際上是由中共方面提出」。而周恩來所言「經濟先行」之意也就是政治問題與經濟可以脫鉤處理，換言之在政治上暫不進行官方接觸，其他經貿或是文化等方面則保留官方交涉的餘地。

4. 「自由黨外交調查會報告書（第六分科會）」其構想是以「政治和經濟分離」作為對中共外交方針的一環，亦即在政治關係上雖無法承認中共，但在經濟關係上有必要促進和中共的貿易交流。

（二）吉田內閣時期所出現的「政經分離」構想，未必如陳肇斌所言其戰略目標就是「兩個中國」。

如前所述，本書考察出四種有關「政經分離」的說法，只能證明吉田內閣時期，在摸索中國政策的過程中，確實出現「政經分離」的構想。但是四種定義皆沒有提到最後的戰略目標就是「兩個中國」。因此，是否正如陳肇斌所言「吉田首相以『政經分離』為手段，最終實現『兩個中國』的戰略目標」一事，本書暫時存疑，待更具說服力的資料證據出現止。

（三）透過探討研析各個階段所出現「政經分離」的樣貌，作為重新理解戰後吉田內閣時期中國政策的演進與變化。而「政經分離」構想的出現，可說是擺盪在兩岸之間、游移在冷戰架構之中，試圖以「自主風格」摸索中國政策過程中的試行產物。

第四章
鳩山內閣時期「自主外交」路線和
日華關係

第一節　揭開「自主外交」路線的序幕

一、向共產陣營接近

　　戰後日本的對外政策的變動，可說是以美國外交政策的轉變來調整自己外交步調，型塑出戰後日本外交的一大特徵。特別是吉田首相把對美中心的外交路線，作為戰後日本外交基盤的重心，據以型塑日本對「中」政策的基本架構。然而，繼吉田之後的新任首相鳩山，為與吉田內閣時期對美一面倒的外交政策有所區隔，遂轉向與共產陣營接近，以利開展其「自主」外交路線。

　　1953 年 7 月韓戰停戰協定成立，造成日本因韓戰以來的特需[239]（special requirement）經濟的榮景漸成頹勢，甚至在半年後的 1954 年 2 月，吉田內閣爆發「造船疑獄」[240] 等一連串國內外重大負面政經事件的影響下，吉田首相在國內的政治聲望急劇低落。而這正好給予其政敵鳩山一郎所屬的民主黨，趁勢嚴厲批判吉田的對美「追隨」外交政策。

---

[239] 1950 年 6 月朝鮮戰爭爆發，因特需與軍備擴張而帶動日本一股經濟產業熱潮。這股榮景必然關係到特需與輸出的產業，引來主要產業如纖維、金屬、化學、機械等生產量提高和擴大投資，也引起其它產業部門發展的不均衡。尤其在特需的狀況，是極為突發性、非連續性的，意謂著「特殊性的輸出」。荻原徹監修，鹿島平和研究所編，《日本外交史 30　講和後の外交 II 經濟（上）》（東京：鹿島研究所出版會，1972 年），頁 118。

[240] 關於「造船疑獄」事件，請參考林茂、辻清明編者，《日本內閣史錄 5》（東京：第一法規出版株式会社，1981 年），頁 270–271；石川真澄，《戰後政治史》（東京：岩波書店，1995 年），頁 70–71 等。

在此時期，圍繞在日本國內保守政黨間的外交路線的對立，以及民間和平運動氣氛的高漲，也正好給予中（共）、蘇聯兩國，積極採取對日「和平攻勢」，甚且為挑撥日美關係的絕佳契機。中（共）、蘇聯兩國在 10 月 12 日，發表「對日共同宣言」，其中基於「和平共存原則」，要和日本「發展廣泛的貿易關係」、「建立密切的文化交流」、最後訴諸「國交關係正常化」。[241]

面臨中蘇共兩國在對日外交上，所採取的和平攻勢，對於在 1954 年 12 月剛取得首相之位的鳩山一郎而言，與中（共）、蘇聯為中心的共產圈諸國恢復邦交，是非常具有政治性魅力的外交課題。

就在中（共）、蘇聯兩國發表「對日共同宣言」約兩個月後的 12 月 10 日，鳩山內閣成立，隔日鳩山首相以「施行透明、廉潔的政治」，揭示其政治性宣示，且發表關於施政方針之政府聲明。這份聲明要點揭諸，如 (1) 推進自主的國民外交、排除秘密獨善外交。(2) 改正占領下的諸法令・諸制度。(3) 經濟自立的重建、安定民生、整飭綱紀等在政治課題上的施政重點。[242] 如此，在其所設定的政治外交課題當中，可說是極力擺脫戰後吉田對美一面倒政策，而採取以透明的政策及自主外交。在當時，不論是從鳩山內閣的政治信條或是國民輿論的動向來看，都感到有必要修正吉田內閣時期「向美一面倒」的外交政策；戰後採取與美國的合作協力，雖被視為理所當然，但是做為一個獨立國家來說，在外交上稍微和美國保持距離，積極摸索「自主外交」的新外交方針，恰是鳩山內閣所要展現的外交願景。

那麼，為何鳩山首相非得採取從對美追隨外交，轉換到接近共產主義陣營之自主外交方針？關於此點，根據美國學者賀魯曼（Donald. C.

---

[241] 細谷千博，「日米中三国関係の構図—吉田書簡からニクソン・ショックまで」，《国際環境の変容と日米関係》（東京：東京大学出版会，1987 年），頁 55~73。

[242] 「早期解散で国政一新」，《毎日新聞》，1954 年 12 月 12 日。

Hellmann）的研究，認為鳩山的動機有二：其一，來自於總理大臣及協助首相的智庫專家們，對於實利主義的、獨立外交政策的信念；其二，在即將到來的總選舉之際，要和吉田所率領的自由黨清楚的差異化，作出自我風格的必要性。[243] 如此，可看出鳩山陣營所提出施政方針，特別是外交政策，為與吉田內閣有所區隔，勢必提出具有差異性的政治態度。

然而，鳩山所提之自主外交方針和吉田內閣時期的對美追隨外交，到底有何差異性？在鳩山取得政權後三天，『每日新聞』的社論就針對此點提出從新聞媒體的立場所作的評價：「新內閣外交的根本方針，即日本是自由國家陣營的一員，承認因日美安保條約而加入和美國的集體安全保障關係，伴隨此項關係的建立，恪遵國際上的公約。在這一點上，民主黨的立場是……與自由黨一致」。[244] 亦即，從這篇社論來看，鳩山（民主黨）內閣保持對美外交重視的立場，其實和吉田（自由黨）內閣時期的對美外交政策並無二致。

但是，鳩山雖然也是採取重視對美外交的政治立場，但民主黨躍居執政黨後，鳩山內閣卻把和蘇聯與共產中國之間的關係正常化，列為新內閣的主要施政目標之一，顯然欲將此外交目標置於獨立自主的外交路線上。12 月 10 日，鳩山首相在內閣會議後，召開記者招待會。首次與內閣記者團會面，關於和蘇聯・共產中國之間的外交關係以及未來的外交方針，發表首相的看法：「我的主張如果明確，那麼和蘇聯、中共友好，並非把自由主義國家視為敵人……而是為了避免發生第三次世界大戰，相互推進貿易交流之意」。[245] 同日，重光外相也在內閣會議後的記者招待會上，就針對與蘇聯、共產中國關係，提出外相的觀點：「所謂條約上的義務，是指和外國間的協商下，在不違反雙方約定的範圍內，

---

[243] D・C・ヘルマン著、渡辺昭夫訳，《日本の政治と外交—日ソ平和交渉の分析》（東京：中央公論社，1970 年），頁 78–79。

[244] 「外交の根本方針は変らない」，《毎日新聞》，1954 年 12 月 13 日。

[245] 「鳩山首相記者会見　中ソと仲良くしたい」，《朝日新聞》，1954 年 12 月 11 日。

謀求與任何國家之間增進貿易交流」。[246]（筆者旁點）

　　如此，新政府高層，如首相、外相都接連表明對共產圈國家接近的想法，特別是對蘇聯與共產中國。國內外對於鳩山政府的外交政策，惟恐在立場上會有大幅度轉變，進而產生相當大的質疑。為此，新內閣初次記者招待會結束後，隔日（11 日）針對與共產陣營的接近和回復與共產圈諸國間關係等問題，重光外相提出更具體的說明：最近共產諸國打出和平攻勢，國際間的緊張關係明顯地和緩許多，關於和蘇聯・中共間的貿易問題，目前雖未必有很多的期待，但是現在的貿易量還算是少量進行，若能有增大貿易量的機會的話，是非常歡迎的。[247]（筆者旁點）

　　從上述鳩山首相對於與蘇聯、共產中國擴大貿易交流，藉以緩和日本與共產圈諸國的敵對態勢的期待是很明確的。另一方面，重光外相在閣議後記者會的發言，雖有提到「任何國家」意指包含共產圈諸國，然為接近共產圈諸國，而表明「在不違反條約上義務的範圍內」作為前提條件的政治性立場，這多少也反映出重光外相並未如鳩山首相那樣「相同期待」的意思。

　　重光外相在就任後隨即發表關於新政府的外交方針，主要是以外國通信媒體為對象。隔日，重光亦向日本國內新聞媒體，發表有關新政府未來外交政策的施行方向。換言之，新政府成立後，重光採取「內外」發表的形式，向國內外說明日本的外交政策。新內閣成立後的第三天，日本『朝日新聞』即針對重光的此種策略性發言，有一評述：亦即對內的發言，主要是考慮到國內政經界強烈要求新政府與共產圈諸國的交流，特別是和中共的國交調整與促進貿易交流等的「建議」聲浪，淡化其在日本國內的反共色彩；而對外發言，主要是考慮到美國的反共立場，

---

[246] 「"秘密外交"はしない　重光外相中共貿易、国際公約内で」，《每日新聞》，1954 年 12 月 11 日。

[247] 「共産陣営への態度　内外を使分け、重光外相の外交方針発表」，《朝日新聞》，1954 年 12 月 12 日。

因此特別強調其反共的態度。[248]

　　何以當時重光外相對於新政府的外交方針，要採取「內外」分開發表的形式呢？關於這一點，根據在日中國學者陳肇斌的研究，當時鳩山內閣成立初始，所要面臨兩個最大的政治性課題，一個是政權的存續，另一個是日美合作關係的維持。因此，他認為重光遷就於國內的選舉對策，與在國際上對美交代之國內外政治環境的情勢下，被迫進行「內外」分開發表形式。[249]

　　從上述鳩山與重光兩人相繼關於新政府外交政策的發言，即可看出兩人對於外交事務的敏銳度，有認知上的差異。若從兩人的政治性格來分析，鳩山是屬於戰前型的「政黨政治家」出身，對於外交領域的敏感度自然不像重光那樣的敏銳。而重光會有如此對「內外」發言之舉措，肇因於他是「外交官僚」出身，因此有關國際政治上的動向，可說是具有敏銳判斷力的外交老手。準此，在政治性格上的差異，也就反應到兩人對於外交方針在「認知上的落差」。[250]

　　鳩山與重光兩人對於外交的「感覺」，雖有認知上的差異，然而新內閣成立後，兩人皆將使 1952 年 4 月獨立後的日本回歸國際社會，視為是新政府的外交目標。以此為前提，要和共產圈諸國，特別是和蘇聯與共產中國恢復邦交一事，是首要之務。當時，蘇聯是擁有否決權的聯合國安全理事會常任理事國的一員，在締結舊金山對日和平條約之際，蘇聯雖有參加，卻拒絕簽字，所以並未恢復與日本的邦交。因此，鳩山首相意欲實現日本加入聯合國成為會員國，日蘇恢復邦交，就成為其新政府外交目標的第一步。

---

[248] 同上註。

[249] 陳肇斌，《戰後日本の中国政策：一九五〇年代東アジア国際政治の文脈》，頁 146–147。

[250] D・C・ヘルマン著、渡辺昭夫訳，《日本の政治と外交―日ソ平和交渉の分析》（東京：中央公論社，1970 年）。關於戰後重光葵的外交構想，請參閱武田知己，《重光葵と戦後政治》（東京：吉川弘文館，2002 年）。

　　對於日本政府友好性的政府聲明，蘇聯政府如何應對？在鳩山內閣成立後的第六天，蘇聯外相默洛托夫（モロトフ）終於打破沉默，針對日本新政府的友好聲明，表示歡迎。默洛托夫強調：「日蘇關係正常化，不僅符合兩國共同利益，更有助於強化遠東區域和平及緩和國際緊張局勢……依據兩國互惠原則發展貿易，而且要確立文化交流合作」。[251] 是以，從蘇聯外相默洛托夫的談話即可看出，蘇聯對於日本新內閣關於日蘇恢復邦交之政府聲明，是持「肯定的態度」。

　　在默洛托夫發表談話的隔日，針對蘇聯透過默洛托夫外相的發言，釋放出其對於日蘇恢復邦交，表示歡迎的態度一事，重光外相亦表示日本的立場：「我國的立場是以舊金山和平條約為大前提，只要不打亂這個基本線，和蘇聯就日蘇關係正常化問題，我認為雙方是可以互相商議的」。[252]

　　就在日蘇雙方皆相互釋放出善意的表示後，1955 年 5 月 25 日，在日蘇聯代表部的代表多明尼基（ドムニッキー）密訪鳩山官邸，遞交關於商議邦交正常化之蘇方的備忘錄。是日，正是鳩山首相解散眾議院，準備進行日本恢復獨立後，首次總選舉的第二日。鳩山對於這次總選舉，比起修改憲法，更著重在日蘇邦交正常化的實現，以此來面對這次的選戰。[253]

　　做為結果，鳩山首相不僅打贏這次總選舉，也於次（1956）年 10 月 19 日，在鳩山首相強力主導下，兩國順利簽訂「日蘇共同宣言」。12 月 12 日，交換批准書，日蘇恢復邦交，共同宣言生效。同時，聯合國安全保障理事會通過祕魯，向大會提出日本申請加入聯合國成為會員國的提案。蘇聯遵守在共同宣言上約定，在安全保障理事會會議，對於

[251] 「ソ連政府、重光言明に回答　国交回復を歓迎　貿易、文化提携の用意」，《每日新聞》，1954 年 12 月 17 日。

[252] 「対ソ意思表示強調　重光外相、"話合いは必要"」，《朝日新聞》夕刊，1954 年 12 月 17 日。

[253] 古川万太郎，《日中戦後関係史》（東京：原書房，1981 年），頁 77。

有關日本入聯的加盟問題，不行使否決權。18 日，在聯合國大會上，大會一致通過承認日本的加盟，戰後以來日本為加入聯合國的期望，終於得以實現。[254]

　　就日本加盟聯合國一事而言，日蘇似有接近的跡象。當時，全球處在美蘇兩大陣營對峙的冷戰體制下，日蘇的接近，意謂著日美關係的疏離。換言之，就東亞的安全保障來說，日美兩國的同盟體制崩解的可能性愈大，造成美國東亞防衛戰略破局的可能性就相對提高。另一方面，日本新政府既解決入聯加盟問題以及取得與蘇聯國交恢復等重大外交成果，乘此契機，進而處理日本與「中國」之間的外交難題。準此，面對詭譎多變、複雜難測的國際局勢與日本的外交動向，美國與在臺灣的中華民國政府，勢必採取共同戰線，以維雙方在東亞的共同利益。

二、「兩個中國」論的提起

　　鳩山就任首相後，雖也採行與前任吉田首相一樣抱持著親美・反共主義，但是鳩山的外交方針是欲與美保持距離，擴大「自主外交」的活動空間。因此，除了上述與蘇聯接近外，必須正視日本與共產中國間的貿易交流以及正常關係的恢復等另一外交上的難題。是以，在其上臺之初，就曾向日本國民宣示其「清晰的政策」等政府聲明，甚至在外交政策上，亦從吉田的「曖昧的中國政策」很明快地轉換到「兩個中國」政策。就在新至政府成立後的第五天，鳩山即透過收音機的播放，關於對「中」方針，發表首相的看法：

> 蔣中正政權和毛澤東政權都是偉大的獨立國家政權。日本即使從而與雙方密切地進行貿易交流，並無怪奇之處，亦是理所當然之事。[255]

---

[254] 田中孝彥，《日ソ国交回復の史的研究》（東京：有斐閣，1993 年）、Ｄ・Ｃ・ヘルマン著、渡辺昭夫訳，《日本の政治と外交—日ソ平和交渉の分析》（東京：中央公論社，1970 年）。

[255] 「ともに独立国　鳩山首相談、中共と国府」，《朝日新聞》夕刊，1954 年 12 月 15 日。

鳩山如此發言，已視「毛澤東政權」亦即中國的北京政府為「獨立國政權」，出現試圖改善日中（共）政治關係的態度。這相較於採行「向美一面倒」的吉田外交，鳩山因採取更現實性的考慮而廣泛受到國內外注目。上述的談話，已經很明確地發出鳩山欲透過「兩個中國」論，遂行「雙重承認」的訊息。易言之，鳩山似乎在為採取更為清晰的中國政策—「兩個中國」，做為新政府在制定對「中」方針時的投石問路。

然而，鳩山首相的親中（共）的發言，卻大大引起國內外以及國會強力的質疑聲浪。親中（共）發言的隔日，在眾議院外務委員會在野黨河野密與辻里子兩議員強烈要求重光外相說明。為打消此種疑惑，對於在野黨議員的質問，重光外相則以「因條約上的問題而承認臺灣作為中華民國的政府……就事實問題而言，在中國大陸上已經出現中共政府」之言論做為國會答辯[256]，甚至言明新政府「絲毫沒有要承認雙方是獨立國的意思」。[257]

重光在國會的答辯論調，卻引起國內外對於首相和外相在中國政策上是否出現了「認知」上的差異而產生重大疑慮。為收拾此種新政府各指導者間，因各自「發言」而引起對「中」認知上的混亂，鳩山首相在眾議院本會議中，即針對佐佐木盛雄議員之關於「獨立國」一詞的質問，再度釋明：決非承認為獨立國而使用這樣的語彙。[258] 表明新首相在中國問題上的基本立場。

即使鳩山在國會答辯上表明自身對於中國問題的態度，新政府內部在對「中」見解上的認知差異，卻持續呈現混亂狀態。因此，政府內部有必要在中國問題上，做出政治性的統一見解。重光外相於 17 日，拜訪鳩山首相，就未來對「中」政策交換意見，尋求政府一致的政治性見

---

[256] 《第二一回眾議院外務委員会議事録第二号》，1954 年 12 月 16 日，頁 10。

[257] 同上註，頁 11。

[258] 《第二一回眾議院本会議議事録第五号》，1954 年 12 月 17 日，頁 3。

解。在會談中，首相與外相兩人皆認為：日本沒有承認中（共）的想法，日本所承認的中華民國政府是臺灣的國府，而中（共）政府的存在亦是事實，希望與其保持接觸，進而擴大通商關係。[259] 以此確認未來兩人在對中國問題的態度上，達成政府的一致見解。

　　然而，無論鳩山在國會表明自身對「中」問題上的基本態度，或是首相與外相所做出的政府統一見解等，國會對新內閣的中國政策，仍然存有疑慮。而此種疑慮也影響到吉田內閣時期，依吉田書簡約定所締結的日華和平條約；因為涉及到條約的適用問題，下田外務省條約局長16日在眾議院外務委員會對於並木芳雄議員所提關於「日華和平條約的適用地域問題」的質詢，答以如下在法律上的見解：

　　在日華和平條約上，清楚的設定國府現在實際統治的地域，或者適用將來歸入的地域之適用地域的範圍。在此適用地域外，則如白紙並無隻字片語。[260]

　　換言之，下田條約局長從法律上的見解，認為依日華和平條約的規定，只適用國府現階段所統治的地域，或是適用將來歸入之地域範圍。但是，若從統治一定的領土和人民的政權視為國家之一般的觀念而言，似又暗示鳩山即使稱有兩個中國亦不相違。

　　由上述所知，新政府高層在中國問題上，雖屢屢出現「微妙的對抗」情形，然而鳩山內閣一面維持和國府的正常國交關係，一面追求和中（共）政府的通商貿易關係，欲繼續發展維持自吉田內閣後半期以來「政經分離」的對「中」基本方針，以此推進新政府中國政策的意圖是可見一般。

---

[259] 「中共承認は考えず　鳩山首相重光外相、対中国態度で一致」，《每日新聞》夕刊，1954 年 12 月 17 日。

[260] 《第二一回衆議院外務委員会議事録第二号》，1954 年 12 月 16 日，頁 2。

第二節　圍繞「兩個中國」發言的日華交涉（一）

　　對於鳩山首相在內閣成立之初，透過收音機發表疑似「兩個中國」言論的重大事態，在臺灣的國府應該要如何採取外交對應呢？筆者欲從日本已解密的外交記錄文書解明關於日華論爭的裏舞臺。

　　為探詢鳩山首相「兩個中國」發言的真意，1955 年 2 月 17 日，國府駐日大使董顯光訪問外務省與谷正之顧問進行會談。谷正之顧問向董大使說明日本的對「中」政策是以「不會有任何變化」和國府維持緊密的關係做為基調，並且言及「不得不承認中共存在的事實」。同日，重光將此會談的記錄用電報傳達給在臺北的駐日大使芳澤謙吉，示以日本的態度及要求密切注意國府的動向與當地媒體的相關言論。[261]

　　鳩山對於中國問題的發言，也引發國外媒體的議論。在董谷會談的十日後，新政府將國會總選舉排入政治日程。由於此次總選舉亦關係到日本未來中國政策的新動向，因此海外的新聞媒體，特別是華文報紙對於日本總選舉賦予高度關注。日本駐香港總領事伊　祐二郎，將海外有關日本總選舉及其對「中」外交新動向之相關報導傳送給重光外相。其中，2 月 15 日香港當地『中國郵報』即以「日本將會承認兩個中國」為題記載：鳩山所屬的民主黨在即將到來的總選舉中獲得勝利的話，馬上就會承認中共政府而與其建立官方關係。另外，在 2 月 16 日香港當地『南華早報』亦有一篇以「日本和中國」為題的社論分析持相同的見解，這份報紙認為：鳩山總理在總選舉中獲勝的話，會承認中共吧；最近和共產圈諸國改善關係的意圖屢屢表明……。[262] 據此，在日本總選舉之前，

261　1955 年 2 月 17 日，重光葵外相發訓令給駐台北大使芳澤謙吉，〈中国問題に関する件〉，「日本・中華民国間外交関係雑件」（日本外務省保存記錄第一四回公開，A'.1.2.1.7，リール番号：A'-0356），頁 174–175。

262　1955 年 2 月 17 日，香港伊關總理事發給重光外相第 27 號電報，〈中共承認に関する鳩山総理言明報道に関する件〉，「日本・中華民国間外交関係雑件」（日本外務省保存記錄第一四回公開，A'.1.2.1.7，リール番号：A'-0356），頁 176–177。

谷正之外務省顧問雖以「不會有任何變化」的論調向國府駐日大使董顯光表明日本的基本立場，然而在海外的新聞媒體，特別是香港的中文報紙對於日本新政府的中國政策卻持懷疑的態度。

　　總選舉（2月27日）結束後，正如國內外預期，鳩山所領導的民主黨獲得勝選。由於鳩山上任之初，提出有關新的對「中」方針，甚而發出近乎「兩個中國」的政治性談話一事，其中國政策的動向疑慮未除，勢必再度引起新國會的強烈質疑。3月28日，在第二二回眾議院預算委員會對於北澤直吉議員關於「中共的承認問題」以及「兩個中國」的質詢，鳩山的答辯如下：

> 我並未主張應該承認中共一事。但是，因為中共事實存在的緣故，恐怕是非常容易誘發戰爭，所以當然也想和中共國際關係正常化。至於是否要承認中共這個問題，做為民主主義國家群的一份子，我想我們不採取行動不行的。考慮到這樣的國際關係，承認問題在應該要決定的時期，我認為就要決定。[263]

　　鳩山在國會的答辯，悄然引起國府的不滿，甚至對於戰後的日華友好關係恐有惡化的危機。為探詢日本新內閣的外交動向及表達國府的不滿，4月5日，國府外交部李亞東司長訪問駐臺北日本大使館，向宮崎公使提出抗議與說明國府的憂慮：在上個月28日的審議及預算委員會中，鳩山對於北澤議員的答辯甚是刺激我政府。總理從就任前即屢屢發表有關「兩個中國」的言論，這是冷卻日華友好關係的不當言論，甚表遺憾。對此，希望能得到貴國更明確的說明。[264]

---

[263] 《第二二回眾議院予算委員会議事録第四号》，1955 年 3 月 28 日，頁 24。

[264] 1955 年 4 月 21 日，中華民國特命全權大使芳澤謙吉發給重光葵外務大臣，〈中国問題に関する鳩山総理発言に対する国府側の抗議の件〉附件 B；1955 年 4 月 5 日，芳澤大使發給重光外相電報摘要，〈国会における鳩山総理の中共問題答弁の件〉，「日本・中華民国間外交関係雑件」（日本外務省保存記録第一四回公開，A'.1.2.1.7，リール番号：A'-0356），頁 189。

　　另一方面，當時在亞洲印尼的萬隆準備舉行亞非會議[265]（1955 年 4
月 18 日至 24 日，此會議亦被稱為「萬隆會議」），這對亞非第三世界
國家而言，具有劃時代的意義。位在亞洲東緣的日本，亦準備參與此項
深受國際間囑目的萬隆會議。然以當時日本在國際社會的位置而言，並
不被歸類為第三世界國家群，卻積極表達參與的意願，因此國內外皆傳
言說預測日本政府參加的目的，似乎是有意透過這次會議意圖與中共接
近。為此，4 月 11 日，鳩山首相在參議院對於羽仁五郎議員關於此種傳
言的質詢，答以「在亞非會議中，本來和印度總理尼魯或是中共總理周
恩來進行會談是很當然的事」。[266] 從鳩山的答辯可看出其外交意向，亦即
日本政府藉由參加萬隆會議回歸亞洲的外交意圖，以及隱含強調新政府
將採取對美「自主外交」之一石二鳥的外交宣示是可見一般。

　　但是，1950 年代美蘇兩大集團的冷戰對峙方興未艾，再加上日美兩
國因安保條約所締結的軍事同盟等緣故，在外交上，對美協調這一機制，
可說是戰後日本外交的基調；日本參加萬隆會議一事，事前得到美國政
府的理解亦是必要不可欠缺的。因此，為取得美國方面的事前理解，關
於出席萬隆會議的設計規劃，將日本方面並無利用此次機會欲與中共接
近的意圖，傳達給駐日美國大使館。[267] 另一方面，如同日美關係一樣，
希望在外交上不損害與國府間的感情，以及為使駐臺北的芳澤謙吉在面
對國府時能夠「適宜應對」，4 月 13 日，重光外相將包含鳩山在 3 月
28 日的國會答辯發出本省訓令傳送給芳澤大使。[268]

---

[265] 有關印尼萬隆會議邀請日本和日本的對應以及日本的對美協調與回歸亞洲之雙重外交課題的摸索，
請詳閱宮城大藏，《バンドン会議と日本のアジア復帰》（東京：草思社，2001 年）。另外，關
於印尼萬隆會議和亞洲諸國的外交政策，請參考岡倉古志郎，《バンドン会議と五〇年代のアジ
ア》（東京：大東文化大學東洋研究所，1986 年）。

[266] 《第二二回参議院外務委員会議事録第二号》，1955 年 4 月 11 日，頁 14–15 頁。

[267] 宮城大藏，《バンドン会議と日本のアジア復帰》，頁 49。

[268] 1955 年 4 月 13 日，重光外相發給台北芳澤大使第 90 號訓令電報，〈国会に於ける鳩山総理の中
共承認問題答弁の件〉，「日本・中華民国間外交関係雑件」（日本外務省保存記録第一四回公開，
A'.1.2.1.7，リール番号：A'-0356），頁 180。

對此，展開警戒而且注意日本政府關於中國政策外交動向的國府，已經透過外交管道表達國府的不滿。芳澤大使在收到外務省訓令的一星期後，於 4 月 21 日將國府外交部李亞東司長來館拜訪宮崎公使表達國府的憂慮一事，以及葉公超外交部長給芳澤大使關於總理的發言內容，要求日本方面釋明之親筆信函交給宮崎一事，以「針對國府方面抗議鳩山總理有關中國問題的發言一事」回訓給重光外相。[269]

鳩山內閣登場後，對共產圈國家接近的意圖，造成國府對日本新內閣的不信任感急速昇高。在總選舉前後，鳩山一連的發出親中共言論，國府採取一面「觀察」一面警戒的態勢；這個「觀察」的範圍是以「亞東司長」的層級進行「抗議意味」的外交交涉。

另外，在同上註述「國府方面的抗議一事」的回訓書簡中，芳澤大使言及：「根據新聞報導，目前進行中的民間貿易交涉，日本和中共間準備交換常設性的通商代表等情事，國府方面也一併要求日本政府提出說明」之外，也向重光報告他從駐臺北大使館直接傳達給國府的葉外交部長說明日本政府的立場之回答信函：

> 本使基於本國訓令對於本國政府的中國問題政策，和美國的立場是一樣的，亦即與貴國政府維持緊密關係做為外交基調，本國政府一貫的中國政策沒有任何變化，鳩山總理的發言只不過是單純地認為中共政權存在的事實，確信決非做為法律上的承認，希望貴國政府切勿有所誤解，在此誠摯地將日本政府的立場向部長閣下說明。[270]

---

[269] 1955 年 4 月 21 日，中華民國特命全權大使芳澤謙吉發給重光葵外務大臣，〈中国問題に関する鳩山総理発言に対する国府側の抗議の件〉，「日本・中華民国間外交関係雑件」（日本外務省保存記録第一四回公開，A'.1.2.1.7，リール番号：A'-0356），頁 184。

[270] 1955 年 4 月 21 日，中華民國特命全權大使芳澤謙吉發給重光葵外務大臣，〈中国問題に関する鳩山総理発言に対する国府側の抗議の件〉附件乙號，1955 年 4 月 21 日，中華民國特命全權大使芳澤謙吉發給中華民國外交部長葉公超書信，「日本・中華民国間外交関係雑件」（日本外務省保存記録第一四回公開，A'.1.2.1.7，リール番号：A'-0356），頁 187。

從芳澤的回答信函可知，日本政府將中國問題分成法理與事實兩種
概念說辭。亦即就法理而言，維持和國府緊密關係最做為基調是「沒有
任何的變化」，只是認知中共政權的事實上存在。即使，日本方面做出
如此回應，也相當清楚地暗示有「兩個中國」意圖之舉，卻是無法回避
國府的不滿與憂慮。

正當日華友好關係惡化之際，和萬隆會議期間幾乎重疊的日中（共）
第三次民間貿易協定會議（1955 年 3 月 29 日至 5 月 6 日），悄然在日
本東京進行交涉。[271] 第三次民間貿易協定比第二次協定的內容更為擴
大，甚至將給予通商代表部「外交待遇」一事，明記於雙方協議文，並
且鳩山首相表明對此協定給予「支持與協力」。[272] 如此，第三次日中民
間貿易協定因為得到鳩山總理「支持與協力」的約定，一舉從「民間」
貿易提升到「半官半民」貿易的階段，甚至被視為「準政府間的協定」。
據此，日本和中共間的關係在此階段似已超越「政經分離」分際，可說
是「以經促政」的政治性效果份外顯明。

此種設置通商代表部及給予雙方通商代表外交待遇的規定，已經是
超越民間協定的範圍，亦有等同承認中共政府之嫌，對於日本政府更跨

---

[271] 關於第三次日中民間貿易協定交涉的經緯，請參閱古川万太郎，《日中戦後関係史》（東京：原
　　書房，1981 年），頁 111–123；李恩民，《中日民間經濟外交 1945–1972》（北京：人民出版社，
　　1997 年），頁 177–190。

[272] 有關常駐通商代表部的設置及其代表部職員的外交待遇，記錄如下：
　　　　第十条　双方は、つぎのことに同意する。
　　　　　　　互いに相手国に常駐の通商代表部をおくこと。日本側の常駐通商代表部は北京
　　　　　　　におき、中国側の常駐通商代表部は東京におくこと。双方の通商代表部及び部
　　　　　　　員は、外交官待遇としての権利があたえられること。
　　　　　　　双方はまた、上記のことを速やかに実現するよう努力することに同意する。
　　　另外，在第三次民間貿易協定的附屬文書中有如下之記錄：「貴我双方の間一九五五年五月四日
　　東京において締結された日中貿易協定にたいして、わが国民政府が支持と協力を与える問題に
　　関し、日中貿易促進議員連盟の代表が一九五五年四月二十七日、鳩山内閣総理大臣に会見した
　　際、鳩山内閣総理大臣は、これにたいして、支持と協力をあたえる旨明言いたしました」。關
　　於第三次民間貿易協定的內容，可參閱霞山会，《日中関係基本資料集 1949–1997》（東京：財団
　　法人霞山会，1998 年），頁 83–87。

一步地接近中共政權的外交行為，國府方面是深感危疑；在《蔣介石秘錄（下）》裡，即針對日中（共）接近一事，有以下的記述：「共產政權必定在日本擴大政治活動，破壞日本和自由國家的友好、合作，就成為日華兩國間交惡的一大根源」。[273]

然而，通商代表部的設置和給予雙方代表部人員外交待遇之「視同外交官待遇」，即意味是給予領事的身份嗎？或是承認為交涉對手國？等衍生出國交層次的外交承認問題。第三次日中（共）民間貿易協定締結一星期後，在 5 月 14 日的眾議院外務委員會對於穗積七郎議員關於與無邦交國間（例如英國在臺灣設置領事館）派駐領事一事即成為承認中共政權的質詢，鳩山總理答以「日前外務大臣有提過，承認所謂領事一事，並非是要承認中共之先例是有的」。[274]

為使駐臺北日本大使館能夠瞭解內閣高層對「中」方針動向，重光外相在 19 日以「關於總理的議會答辯一事」為題拍發極密電報給芳澤大使。針對鳩山總理的答辯，重光外相有以下之說明：

> 前述答辯派駐領事一事，並非直接就是國家承認，只是提到學說上的解釋，在任何現實的政策上，並無與中共進行領事交換的意含。現在與中共交換領事的想法，政府完全不考慮，對於增進維持與國府友好關係的根本方針是沒有任何變更。[275]

關於「派駐領事」問題，重光外相針對總理的國會答辯有稍做補充說明，於同日再度拍發極秘電報給芳澤大使。重光強調：

---

[273] サンケイ新聞社，《蔣介石秘録（下）》（東京：サンケイ出版，1985 年 "改訂特裝版"），頁 495。

[274] 《第二二回衆議院外務委員会議事録第六号》，1955 年 5 月 14 日，頁 3。

[275] 1955 年 5 月 19 日，重光外相發給台北芳澤大使第 121 號訓令電報，〈総理の議会答弁に関する件〉，「日本・中華民国間外交関係雑件」（日本外務省保存記録第一四回公開，A'.1.2.1.7，リール番号：A'-0356），頁 192–193。

日前鳩山總理的答辯若是互派領事不成為國家承認的話，那麼考慮和中共之間的互派領事應該是可能的一事，僅止於述說其意。互派領事雖沒有正式國家承認，但是也有學說論及事實上的承認，做為現實問題此事是否可行，應該要慎重研究。[276]

重光外相透過兩次向芳澤大使說明，強調互派領事是否等同於事實上的承認，僅止於學說上的解釋，在現實上能否施行則採取「應該慎重研究」的態度。換言之，重光對於和中共「互派領事」一事，並無顯示其有反對之意。

日本政府欲透過日中（共）民間貿易協定強化雙方經貿交流，甚而擴大「政治關係」之意圖，顯然無法解消國府對日的不信任感。為此，國府駐日大使董顯光於 6 月 1 日再度拜訪外務省，與重光外相進行會談，以探詢日本政府的真意。董大使根據新聞媒體記載，關於日本中（共）間的貿易協定及鳩山在國會答辯等事項，詢及是否表示日本的中國政策已有所變化？對此，重光答以如下之說明：

新聞媒體的記載是非常不正確而且多所誤解，應該要根據正確的記錄來判斷……鳩山首相的說明要旨在於「希望增加日本和中共大陸間實際上的貿易（Exchange of doods）量，這是在國際義務的範圍內進行的，只要在國內法規所允許的範圍內，則同意批准。亦即，日本並沒有改變既有的政策方針」。即使，中共的民間代表來日本也要入國審查，而給予外交特權一事是不考慮的，所以並不逾越既有的方針。[277]

---

[276] 1955 年 5 月 19 日，重光外相發給台北芳澤大使第 122 號訓令電報，關於前電第 121 號電報，〈総理の議会答弁に関する件〉，「日本・中華民国間外交関係雑件」（日本外務省保存記録第一四回公開，A'.1.2.1.7，リール番号：A'-0356），頁 194–195。

[277] 1955 年 6 月 1 日，〈重光大臣・董中国大使会談記録〉，「日本・中華民国間外交関係雑件」（日本外務省保存記録第一四回公開，A'.1.2.1.7，リール番号：A'-0356），頁 196–201。在此會談記錄的外交文書中，開頭第二行底下有「大臣御口述　柳谷記」之字樣，明示此會談記錄是該會談後由重光大臣口述柳谷記錄之「會談紀要」。

日華雙方會談的結果，可看出日本政府對中共接近的意圖，重光仍以「不逾越既有方針」之說辭對應國府的疑慮。為取得日本新政府高層的「保證」，董大使於兩個星期後的 6 月 15 日再度訪問外務省，就「中國問題」和門脇季光外務次官進行會談。在會談中，對於董大使所言「……與中共通商就是對本國背叛行為」之問題，門脇外務次官則答以「日本政府與中共貿易的想法，是在不違反國際義務的範圍下所施行的」，此為日本中國政策之基本態度。

以上，導致日華間一連串關於「中國問題」的外交交涉，起因於鳩山上任之初發表疑似「兩個中國」論，在日中（共）締結第三次民間貿易協定時，給予雙方設置通商代表部及人員外交待遇，及鳩山首相的「支持與協力」的約定，再加上在萬隆會議期間日本政府代表高碕達之助和中（共）政府代表周恩來總理的「秘密會談」等，隱約浮現出，日本數度積極推動親中（共）的事例。耐人尋味的是，在此階段國府雖採取僅止於「對日不滿」的表現，卻未見有強烈的「抗議動作」。

那麼，為何在此時期國府對於日本政府不採取強烈的抗議手段？還是國府已從日本方面取得何種「保證」？關於這一點，在 6 月 24 日由重光外相發給芳澤大使的外交電報中，有一附加於本文之備忘錄，即有提到在 6 月 1 日駐日董大使訪問外務省與重光會談時，董大使有特別提及，在 4 月 22 日與門脇季光外務次官就「關於中共和日本民間之貿易交涉」進行會談之際，門脇曾經給予董大使三項「保證」，希望重光能夠正視加以確認。此三項「保證」如下：

（一）日本國政府對於中共和日本民間方面所進行的貿易交涉，皆無任何關係。

（二）日本國政府反對和中共政府之間互相正式派遣貿易代表團，而且事實上共產國家一切經濟機構均在國家的支配之下，互相派遣有民間性質的貿易代表也認為是不切實際的。

（三）日本國政府即使在任何情況下，保證和中共所締結的支付協定或是用其他方式支付一事，都不考慮參加。[278]

　　然而，國府方面雖在先前已得到三項所謂的「門脇保證」，但如前述所言，一連串日本政府的外交行為，對於中共貿易的態度，似乎顯示出其對「中」方針有變化的傾向。為此，董大使在與重光外相進行會談之際，即特別指出此事將傷及兩國友好的外交關係，希望日本在中國政策上不要有任何的變更舉措。

　　日華友好關係，雖一度基於日本政府的「保證」或稍回復信賴之際，卻在一個月後的 7 月 7 日，加瀨俊一駐聯合國大使[279] 在美國一場到任記者會中，因為發言不當，再度損及日華友好關係。[280] 中國大使館（筆者按：中華民國大使館）楊雲竹公使於 16 日訪問外務省，親交一份「備忘錄」給日本政府，以表達國府方面的立場和不滿。[281]

　　此份「備忘錄」中，國府特別言及日本新任駐聯合國觀察員加瀨俊一，以日本國外交使節身份，在美國發表與日本政府相佐的中國政策之言論，國府對此表示極不可解；其中，強調加瀨在記者會上有提到兩點主張，首先言及關於臺灣地位問題：「他陳述日本相當關心臺灣情勢的發展，希望藉由與美國和中共直接交涉，以外交方式解決此問題……從國際法的觀點而言，其法律上的地位是尚未明確」。再者關於中共加入

---

[278] 1955 年 6 月 24 日，重光外相發給台北芳澤大使書信，〈日本の対中共政策に関し在日中華民国董大使との会談の件の（別添甲号備忘録）〉，「日本・中華民国間外交関係雑件」（日本外務省保存記録第一四回公開，A'.1.2.1.7，リール番号：A'-0356），頁 208–210。

[279] 1952 年 4 月恢復獨立後的日本，於 1956 年 12 月 18 日加入聯合國。在此之前的日本外交文書中，雖時以駐聯合國「大使」的名義記載，但實際上在正式加入聯合國會員國之前，日本是以駐聯合國「觀察員」的身分參與聯合國事務。

[280] 1955 年 7 月 15 日，台北芳澤大使發給重光外相書信，〈加瀬大使の記者会見に対する中国側の抗議に関する件〉，「日本・中華民国間外交関係雑件」（日本外務省保存記録第一四回公開，A'.1.2.1.7，リール番号：A'-0356），頁 217。

[281] 1955 年 7 月 16 日，〈中国大使館楊公使と会談の件〉，「日本・中華民国間外交関係雑件」（日本外務省保存記録第一四回公開，A'.1.2.1.7，リール番号：A'-0356），頁 218。

聯合國問題：「他指出如果中共能夠挽回其名譽，而成為愛好和平國家的話，是不會有人反對其加入聯合國」。[282] 此外，亦刻意提及自鳩山內閣成立以來，日本政府多次發表有關不利於國府之中國問題言論，葉公超外交部長強調：「這不僅有損中國政府及國民感情，恐怕會阻礙中日．．．兩國友好的邦交關係」。[283]（旁點筆者）

　　如此，鳩山新政府的親中（共）的外交做為，再加上加瀨的爭議發言，當然更是引起國府的憤怒。因此，國府向日本政府提出「備忘錄」的用意，無非是施壓鳩山、重光，希望能喚起新內閣高層正視加瀨的言論。其中更應該注意的是，國府首度出現以「恐怕會阻礙中日兩國友好的邦交關係」之強烈抗議「字眼」，向日本政府表明其外交行為將會嚴重影響到日華友好的外交關係。

　　針對國府首度出現「恐怕會阻礙中日兩國友好的邦交關係」一文，暗喻不惜以斷交做為強烈抗議手段，重光外相於 18 日緊急再發電報給駐臺北芳澤大使，訓令芳澤「有關加瀨大使發言一事，對國府要適宜說明我國的態度是沒有任何改變的」。[284] 三天後，關於加瀨大使發言一事，芳澤拜訪國府外交部與葉部長進行會談，同時遞交日本政府的「備忘錄」，說明日本的中國政策沒有任何變化。[285]

---

[282] 1955 年 7 月 15 日，中華民國大使館發給外務省口上書台日大 (44) 政字第 2326 號，〈加瀨国連大使の言明に対する解明方要求の件〉，「日本・中華民国間外交関係雑件」（日本外務省保存記錄第一四回公開，A'.1.2.1.7，リール番号：A'-0356），頁 222–226。

[283] 同上註。

[284] 1955 年 7 月 18 日，〈中共問題等の論議に関し注意喚起の件〉，「日本・中華民国間外交関係雑件」（日本外務省保存記錄第一四回公開，A'.1.2.1.7，リール番号：A'-0356），頁 227。

[285] 1955 年 7 月 22 日，中華民國大使館特命全權大使芳澤謙吉發給外務大臣重光葵台普第 622 號，前電口上書第 138 號附件，〈中華民国政府の加瀨大使談話問題に関する外交部宛口上書送付の件〉，「日本・中華民国間外交関係雑件」（日本外務省保存記錄第一四回公開，A'.1.2.1.7，リール番号：A'-0356），頁 228–230。

從鳩山新政府（1954 年 12 月）上臺到 1955 年 7 月這個階段，日華友好關係已從國府李亞東司長層級要求日本明確說明的「低調」抗議，到「恐怕會阻礙中日兩國友好的邦交關係」之葉公超外交部長的「強烈」抗議，其間的轉折，除鳩山的親中共外交意向、重光對國府「沒有任何改變」的外交辭令之外，再加上加賴俊一氏以日本駐聯合國觀察員的身份，在美國發表不利於國府的外交言論，最終導致日華友好關係陷入斷絕的外交危機。

第三節　圍繞「兩個中國」發言的日華交涉（二）

由於鳩山的「兩個中國」發言，引發日華友好關係陷入斷絕的外交危機之際，日本駐臺北大使芳澤謙吉，忙於穿梭國府外交部儘力說明日本的外交立場外，也蒐集國府的對日動向回報本省。然而，芳澤時以年齡老邁為由向外務省表達辭意，日本政府高層不得已允其所請，決定更換駐華大使。[286] 幾經協調，最後在 11 月 11 日內閣會議決定任命堀內謙介為新任駐華大使，堀內大使也於翌月 21 日正式到臺北赴任履新。[287] 到任當天，堀內大使在臺北機場（筆者按：現在的臺北松山機場）舉行記者會，堀內發言如下：

> 日本和中華民國是自由國家陣營的一員，維護亞洲的和平與安全皆有重大的責任，戰後日本國力尚未充份回復，日本的復興之途亦有種種困難的問題，目前日本仍要持續努力解決困難。中華民國也同樣遭逢種種困難，因此日華兩國今後應該要互相理解難處緊密提攜，努立達成共同使命。為使兩國互相深入瞭解，兩國的政治、經濟、文化等各

---

[286] 「国府大使に堀内氏」，《朝日新聞》，1955 年 10 月 28 日。

[287] 「堀内、三浦兩大使決定」，《朝日新聞》夕刊，1955 年 11 月 11 日。「堀内新国府大使着任」，《朝日新聞》夕刊，1955 年 12 月 21 日。

方面的有力者應該有必要使其頻繁地交流往來……[288]

　　翌日，堀內大使拜訪總統府張群秘書長進行非正式會談，「為增進日華關係」堀內向張群秘書長傳達「值此之際，希望能夠訪日」的邀請之意。[289] 這遲來的「為增進日華關係」之邀訪日本一事，若從在鳩山內閣成立後的一年間，日本政府屢屢展現親中共政權的言行來看，似乎是欲之不可得，卻在新任駐華大使到任的第二天，在非正式訪問的行程中，即向時任總統府秘書長的張群先生提出「邀訪日本之意」；此事是堀內大使個人的想法？還是日本政府的構想？事實如何在一手史料出土前無法得知。但是根據筆者所查找的資料推測可能與當年日本加入聯合國一事有絕大關係。在 1955 年 12 月，日本和外蒙古等十八個國家一起向聯合國秘書處申請入聯。但是，當時國府為阻止蘇聯所支持的外蒙古入聯案，「決意使用否決權」。[290] 然而，若是如此，蘇聯亦會使用否決權阻止日本入聯，最後經過安理會的折衝，通過由蘇聯提案將日本與外蒙古排除於此次入聯案，而其他十六個國家則順利加盟。[291] 對於這樣的結果，國府外交部長葉公超在 15 日發表聲明：「國府對於此次日本被排除甚感惋惜。國府支持日本加入聯合國的立場未來也不會有所改變」。[292]

　　這樣的結果也當然會引起日本方面的不滿。到任兩週後，堀內大使遞送一份以「對於首相及外相的談話之華文報紙評論報告」為題的報告書給重光外相。其中，就 1956 年 1 月 7 日以「評鳩山、重光兩相最近

---

[288] 1955 年 12 月 22 日，中華民國大使堀內謙介發給外務大臣重光葵，〈葉外交部長及び張群秘書長との会談の件〉，「日本・中華民国間外交関係雑件」（日本外務省保存記録第一四回公開，A'.1.2.1.7，リール番号：A'-0356），頁 247。

[289] 1955 年 12 月 22 日，中華民國大使館特命全權大使堀內謙介發給外務大臣重光葵台普第 116 號，〈本使着任状況報告件〉，「日本・中華民国間外交関係雑件」（日本外務省保存記録第一四回公開，A'.1.2.1.7，リール番号：A'-0356），頁 248–251。

[290]「拒否権行使決意変らず」，《朝日新聞》，1955 年 12 月 12 日。

[291]「日本と外モンゴルは除外　安保理、ソ連提案を可決」，《朝日新聞》夕刊，1955 年 12 月 15 日。

[292]「日本の除外は残念　葉外交部長声明」，《朝日新聞》，1955 年 12 月 16 日。

的談話」為題刊載於『公論報』的社論，以下引用其部份內容：

（一）新任堀內大使來臺當初主張中日兩國應強化合作，共同抵抗共
　　　產侵略，日本也屢次發表不以中共為承認對象。當時我們感佩
　　　大使的高見，亦認為其主張是代表日本政府而不是個人意見。
　　　然而鳩山與重光兩相最近的談話有如否定堀內大使的主張，給
　　　予我們疑惑、失望之感。

（二）鳩山首相本年初和社會黨的鈴木委員長會談之際，提及「做為
　　　鄰邦的日本與中共樹立親密的外交關係是極其自然的」，還有
　　　重光外相在本月四日亦發表「日本今年當面最大的國際問題就
　　　是兩個中國問題」和「本件解決要如何依賴美國的處置」等的
　　　言論。以兩相在政治上的地位而言，在外交問題上，應該是不
　　　會隨意發言才對，我們特別重視其談話內容，而不次指出其不
　　　當之處。

（三）（省略）。[293]

　　從附予此報告書的華文報紙論評來說，臺灣方面的新聞社論雖然是
對於日本政府的外交言行表示失望，但是從日本政府高層否定堀內大使
的主張，還有對於國府進行非友好性的發言來看，日本政府的不滿是可
見一般。

　　面對漸趨失速無法平穩發展的日華關係，國府不僅非常重視此一外
交問題，甚至考慮應由更高層的國府要員向日本說明國府的對日政策。
五日後國府舉辦日本新駐華大使到任履新歡迎會，國府方面有蔣介石總
統、陳誠副總統、張群秘書長、葉公超外交部長，日本方面則有堀內大

---

[293] 1956 年 1 月 7 日，中華民國特命全權大使堀內謙介發給外務大臣重光葵，〈首相及び外相の談話
　　に対する中国紙論評報告の件〉，「日本・中華民国間外交関係雑件」（日本外務省保存記録第
　　一四回公開，A'.1.2.1.7，リール番号：A'-0356），頁 260–262。

使、及陪席的宮崎公使等日華雙方重要官員出席。在歡迎會上，蔣總統就日本入聯問題及中國問題等諸點向堀內大使說明國府的立場，同時希望堀內大使能夠將此次談話的內容傳達給重光外相。翌日堀內大使將蔣總統的談話以「關於日本、國府關係之件」為題的報告緊急傳送給重光外相。這份有關蔣總統的報告內容過於冗長，在此只引用最前面的兩個段落：

> 日本的入聯最終不成功本人頗感遺憾，我想這是蘇聯策劃的結果，日本政府應該也要瞭解此事，日本的新聞媒體一舉以社論的方式攻擊國府，只能認為蘇聯、中共的打手在日本的宣傳工作已經成功，好不容意才友好的中日關係，若為此而受阻害的話，那更是極為遺憾，因此想要說明本件的責任是在於蘇聯。
>
> 所謂「兩個中國」論，這是蘇聯、中共、英國、印度等國在世界散布此一說法，國府徹底確信「兩個中國」是不存在的。更應該要注意的是，這種傳言甚至流傳說「兩個中國」不久可能將要成立，而導至產生錯覺。若讓中共加入聯合國的話，國府決心直接退出，中共在聯合國佔有席次一事斷不可能。「兩個中國」對日本而言亦是極為不利，若是中共擁有席次的話，日本加入聯合國不使日本共產化是不可能的的吧。國府和日本有共同的立場，中共決不會由衷地想和日本握手。對於美國持續把日本、韓國、中國、菲律賓、泰國做為反共勢力而探求援助政策之際，中共卻千方百計的從事離間中日和離間日美等工作。萬一日本要是正中下懷，而變成共產勢力下的一環，亞洲的情勢將為之一變。對此請深切考慮。
>
> （以下省略）。[294]

---

[294] 1956 年 1 月 13 日，中華民國館特命全權大使堀內謙介發給外務大臣重光葵第 8 號電報，〈日本、国府関係に関する件〉，「日本・中華民国間外交関係雑件」（日本外務省保存記録第一四回公開，A'.1.2.1.7，リール番号：A'-0356），頁 264–266。

在這份報告文中，蔣總統的談話包含兩個要點。首先，對於日本加入聯合國不成功雖表示遺憾之意，然責任歸究於蘇聯。其次，關於中國問題，徹底斷然拒絕「兩個中國」論，希望日本政府不要接近中共政權。

針對堀內大使送來有關蔣總統的談話報告，重光在 25 日回以「入聯一事雖有遺憾，其過程經緯已然明瞭，我認為與其拘泥過去之事，不如尋求未來的對策，在適當時機請向蔣總統等國府要員傳達我政府上述的想法，勿被日本的新聞媒體所困惑」之恢復與推進兩國關係的訓令電報發送給堀內大使。[295]

在堀內大使上任後的一個月，雖然日本政府高層仍有對中華民國進行不友好的發言，甚至再加上日本入聯問題，因而發生日華雙方「相互信賴」的危機。即使如此，尚未到「真正」的惡化。這是雙方政府高層皆有維持友好關係的共同意識。為此，透過國府蔣總統的談話，再加上重光外相的善意回應，日華間的友好關係漸次恢復轉機。

第四節　日華關係的恢復之道：
國府親善使節團的訪日經過

1956 年 4 月 15 日，國府的立法院院長（相當於國會議長）張道藩以團長身份率領親節使節團訪問日本。此次訪問乃是日華兩國在《日華和約》生效之前的 1952 年 8 月 2 日，張群以總統特使之姿正式訪問日本以來，相隔 3 年國府再度派出院長層級的政治人物正式訪問日本。

那麼，為何日本會邀請國府訪日親善使節團赴日訪問呢？而訪日親

---

[295] 1956 年 1 月 25 日，重光大臣發給台北堀內大使第 13 號電報，〈日本、国府関係についての蒋総統傳言の件〉，「日本・中華民国間外交関係雑件」（日本外務省保存記録第一四回公開，A'.1.2.1.7，リール番号：A'-0356），頁 272–273。

善使節團又有何目的呢？而日本又如何應對呢？

　　1956 年年初，由於中華民國總統蔣介石的口信與日本外相重光葵的善應回應，可看出日華兩國為了緩和緊張關係。之後，為了增進日華兩國友好關係，在日本自民黨黨內浮現出希望能邀請立法委員或民間有力人士等訪日親善團。2 月 6 日，日本駐臺北大使堀內發佈一篇〈國府立法院委員之日本邀請說〉為題的電報給重光葵外相。其中，「《中央社》4 日新聞 根據東京分社報導，自民黨幹事長岸信介將在今年 3、4 月左右，決定以日本國會的立場邀請國府立法院委員赴日，作為去年國府立院招待我國國會議員大野伴睦等人之回禮⋯⋯此次訪日並非單純的遊山玩水，而是立法院與政府當局充分協定，乃是對日外交重要的一環，希望在人選方面能夠不循私情，篩選出能夠進行適合外交活動的人材。」同時，堀內亦表示，倘若能邀請國府之民間有力人士赴日，對增進兩國友好關係也會有頗大的意義，因此希望能夠實現民間重要人士赴日的可能性。[296]

　　大約一個月後，日本政府亦指示出國府訪日親善團招待案之對應政策。3 月 1 日，重光外相發佈一篇〈邀請國府立法院委員赴日之文件〉為題的訓令電報給日本駐臺北大使堀內。該訓令表示「國會方面對於邀請國府立法委員赴日的打算，尚未有具體的決定。今後可能會與東南亞各國的國會議員合併成一團後邀請赴日，如有具體化的政策時，將會進一步通知。」[297]

　　換言之，自民黨幹事長岸信介是有邀請國府國會議員赴日訪問的想

---

[296] 1956 年 2 月 6 日，台北堀內大使發給重光大臣第 26 號電報，〈国府立法院委員の日本招待説〉，「日本・中華民国間外交関係雑件」（日本外務省保存記録第十一回公開，A'.1.6.1.2-1，リール番号：A'-0139），頁 3-4。

[297] 1956 年 3 月 1 日，重光大臣發給台北堀內大使第 39 號訓令電報，關於前電第 26 號電報，〈国府立法院委員の日本招待説〉，「日本・中華民国間外交関係雑件」（日本外務省保存記録第十一回公開，A'.1.6.1.2-1，リール番号：A'-0139），頁 5-6。

法；但外相重光葵卻以「尚未有具體決定」為由，暫且擱置此邀請案。

面對重光外相曖昧且消極的態度，自民黨代行委員大野伴睦之下主要對中國大使館聯絡的加藤昇，於 3 月 26 日訪問外務省亞洲二課。大野對於邀請國府重要人物一事，說明下列計劃：

（一）邀請時期自 4 月 16 日起十天內。

（二）邀請預定者包含立法院院長張道藩等 16 名，依據狀況也可邀請張群或蔣經國。儘管原先的邀請計劃僅有要邀請立法委員；但此次計劃必定不僅限於立法委員，希望更能邀請國府重要人物。一行人之中希望能包含《中央日報》社長及《新生報》社長謝然之。

（三）一行人預定會見天皇陛下。

（四）希望能與外務省、通產省、防犯廳、警視廳會面接觸。

（五）自由民主黨方面的主要接待員有：福田篤泰、櫻內義雄、西鄉吉之助等眾參兩院議員。

（六）希望外務省中文相關人物 2 至 3 名能出席，而中國大使館也要提供 3 名館員做為接待委員。

（七）所需經費預定約 1000 萬日幣。[298]

加藤對於邀請計劃的交涉經過當中，有探詢過自民黨黨內的意向，表示立法委員邀請計劃在 6 月參院選舉後實行。不過自民黨黨內卻希望暫時取消；但在上月 22 日晚上，自民黨代行委員的協商上，突然決定 4

---

[298] 1956 年 3 月 26 日，亞洲局第二課，〈国府要人の招待計画についての一情報〉，「日本・中華民国間外交関係雑件」（日本外務省保存記録第十一回公開，A'.1.6.1.2-1，リール番号：A'-0139），頁 7–10。

月月中邀請，24 日自民黨國會議員福田赴中國（中華民國）大使館會見宋越倫，並告知此項計劃。最終計劃決定將在 2 至 3 日之內完成[299]。

重光外相對於大野的邀請計劃之相關資訊，將其分為三大要點，並發函一篇〈邀請中國要職一事〉為題的訓令電報給日本駐臺北大使堀內。該電報對於此邀請計劃附加上「自民黨預計在本週內決定大野氏的個人提案，政府對此事目前尚無任何步驟。經費等相關問題，我認為是有相當程度的困難性」的「消極的」意見[300]。而為何重光會對此採取「消極態度」，的確是理由不明；但筆者推測可能是前一年 12 月日本申請加入聯合國一事失敗影響所致。

為了能讓此邀請計劃順利成行，大野伴睦與加藤昇等一行人於 3 月月底前後遠赴臺北，與國府重要人物進行會談。此時，大野祕書加藤赴臺北大使館會見堀內，並親手交付私人信件。加藤對此邀請計劃向堀內大使說明，邀請者將是大野議員，並自 4 月 15 日實施，而團長希望為立法院院長或張群，或希望蔣經國以團員身份同行參加，也可希望得到堀內大使的幫助。之後，堀內將與加藤的會談內容及要求，向重光外相報告。[301]

對於大野氏臺北訪問的種種事項，重光外相於 4 月 5 日向堀內大使發佈一篇訓令電報，表示「人選並無積極推薦的必要性」[302]。大野對此

---

[299] 同上註，頁 10。

[300] 1956 年 3 月 28 日，重光大臣發給台北堀內大使第 69 號訓令電報，關於前電第 39 號電報，〈中國要人招待の件〉，「日本・中華民国間外交関係雑件」（日本外務省保存記録第十一回公開，A'.1.6.1.2-1，リール番号：A'-0139），頁 11～14。

[301] 1956 年 4 月 3 日，台北堀內大使發給重光大臣第 107 號電報，關於前電第 69 號電報，〈中國要人招待の件〉，「日本・中華民国間外交関係雑件」（日本外務省保存記録第十一回公開，A'.1.6.1.2-1，リール番号：A'-0139），頁 15。

[302] 1956 年 4 月 5 日，重光大臣發給台北堀內大使第 79 號訓令電報，關於前電第 107 號電報，〈中國要人招待の件〉，「日本・中華民国間外交関係雑件」（日本外務省保存記録第十一回公開，A'.1.6.1.2-1，リール番号：A'-0139），頁 16～18。

也窺探出重光對於國府重要人物訪日計劃依舊採取「消極的」對應。

　　然而，重光儘管對訪日親善使節團的人選採取「消極態度」；但此次使節團重點正是人選問題。國府訪日親善使節團人選問題，堀內大使於 4 月 10 日向重光大使報告，以國府立法院院長張道藩為中心的訪日親善使節團乃是經過蔣介石總統的裁決而決定。日本方面也改變原先立法委員加入政府要員的構想，以 9 名立委與民間各界代表組成，政治界除了國民黨之外，希望也能加進青年黨左舜生、民社黨石志泉等政界領袖，以及臺灣有力的 3 名臺灣籍人士。而擔任中國國民黨中央常務委員等要職的國民黨國會議員張道藩、倪文亞、陳雪屏、胡建中，其中身兼黨報《中央日報》社長且精通日本國情的胡建中，以及中國紡織界大老的商工公會董事長束雲章、臺灣大財團林家的林柏壽等人，更是日方希望能赴日的人選。[303]

　　那麼，為何日本會如此地在人選上耗費心力呢？此點在堀田的報告書中，也做了下述表示：

> 此次使節團的訪日是在《日華和約》實施後為喚起當方面極大的關
> 注，主要是為了牽制即將到來的五一勞動節時，中共邀請多數日本人
> 赴中的事宜，中共期待能藉此促進中日合作。張群亦對本使（堀田）
> 表示，此次乃是兩國恢復邦交以來，民間通商的恢復、兩國要員接
> 觸，至少在自由國家陣營之內的合作，藉由此次的訪日團達到充分的
> 效果。[304]

　　不可諱言，此次親善使節團乃是《日華和約》締結以來，繼總統府祕書長張群以總統特使之姿訪日後，已無國府重要人物的訪日行，亦無

---

[303] 1956 年 4 月 10 日，台北堀內大使發給重光大臣台秘第 410 號電報，〈立法院長等訪日親善使節団に関する件〉，「日本・中華民國間外交関係雑件」（日本外務省保存記錄第十一回公開，A'.1.6.1.2-1，リール番號：A'-0139），頁 19–20 頁。

[304] 同上註，頁 20–21。

日華兩國之間大型且官方的訪問。此次日本的邀請，經過一連串調整日華之間的訪日計劃，最終決定國府各界代表，訪日親善使節團的訪日行程定於 4 月 15 至 26 日。此次訪日親善使節團以立法院院長張道藩為團長，率領 17 名團員赴日進行訪問。[305]

訪日親善使節團在日訪問期間，渠等在拜訪日本朝野各界的一言一行將備受矚目。關於訪日團在日本的行動，在訪日親善使節團回臺翌日，外務省亞洲局第二課編集《中華民國各界代表訪日親善使節團在日期間之行動言行》為題的報告書，並發給外務省相關人物。該報告書內容有點長，以下將內容重點截取出來。該報告書將國府訪日使節團的赴日目的，做了下述的觀察：

（一）此團赴日的目的，表面上是為了去年夏季國會議員團團長大野伴睦的回禮；但訪日團主要著眼於下述重點發言：

1、　認知到日本各界對共產主義勢力的威脅，以及日本將親近中共的危險性。

2、　對自由中國（訪問團使用中華民國的國名與○○等字）而言，加深日本的關注與強化日華合作，藉此對抗中共。

---

[305] 在此對訪日親善使節團團員組成做個簡潔介紹。團長為立法院院長兼中國國民黨中央常務委員張道藩（貴州省盤縣人），團員 17 名分別為：國立臺灣大學法學院院長 薩孟武（福建省林森人）、中國國民黨中央委員兼立法委員 倪文亞（浙江省人）、立法委員兼彰化商業銀行董事長 羅萬俥（南投縣人）、中國國民黨中央委員兼正中書局董事長 陳雪屏（江蘇省宜興人）、青年黨黨主席兼國民大會代表 左舜生（湖南省長沙縣人）、總統府資政 石志泉（湖北省人）、立法委員兼亞盟總會副秘書長 包華國（四川省成都人）、中國國民黨中央委員兼臺灣省省議會議員 黃朝琴（臺南縣人）、立法委員 束雲章（江蘇省人）、臺灣水泥公司董事長 林柏壽（臺北縣人）、立法委員兼《中央日報》董事長 胡健中（浙江省人）、立法委員兼中華民國鐵路工會全國聯合會理事 郭中興（河北省懷柔縣人）、中國國民黨中央委員兼監察委員 李嗣璁（河北省人）、立法委員兼中華婦女反共抗俄聯合會常務委員 皮以書（四川省人）、立法院簡任秘書 董宗山（湖北省人）、總統府專門委員 羅長闓（吉林省永吉人）、總統府專門委員 徐經滿（廣東省廣德人）。1956 年 5 月 11 日，台北堀內大使發給重光大臣台普第 534 號電報，〈中華民國各界日本親善訪問団名鑑送付の件〉，「日本・中華民国間外交関係雑件」（日本外務省保存記錄第十一回公開，A'.1.6.1.2-1，リール番號：A'-0139），頁 120–123。

（二）（以下省略）[306]

此外，應當注意的點在於，該使節團對「傳媒界」、「經濟界」、「文化團體」及「政界」等日本各界有著一定的影響；但最大的成果即是政治界。在報告書中亦強調「政界的保守政黨中組成親國府團體，對訪問團而言乃是最大的成果。」[307]。

然而，儘管此次親善使節團取得保守政黨內組成親國府團體的成果；但日本政府對此又有何想法呢？關於此點，重光外相於 5 月 11 日發給駐臺北大使堀內的訓令電報中表示，「此次親善使節團的來訪，與政府、國府並無任何關聯，乃是以大野伴睦為中心所進行之自由中國親善使節團歡迎委員會；外務省僅是採取從旁協助的角色爾爾。」[308]

日華兩國之政府要員的官方訪問交流，兩國政府重要人物付出極大的努力；但也並非單靠「政府要員」層級的努力就可充分說明。事實上，由上述外務省的「外交紀錄文書」來看，此次日本的實質主辦者乃是自民黨及黨籍國會議員身分的政治家，渠等才是國府親善使節團的中心，例如自民黨幹事長岸信介、自民黨幹事長代行大野伴睦等人。易言之，與其說此次的國府訪日親善使節團是兩國「政府重要人物」層級的交流訪問，不如說是定位於自民黨為中心的「政黨外交」的一環較為適當。

---

[306] 1956 年 4 月 27 日，外務省亞洲局第二課，〈中華民国各界代表訪日親善使節団の滞日中における言動に関する報告書〉，「日本・中華民国間外交関係雑件」（日本外務省保存記録第十一回公開，A'.1.6.1.2-1，リール番号：A'-0139），頁 54–75。

[307] 同上註，頁 59。此點在自民黨國會議員福田所言，例如自民黨有大野伴睦、福田篤泰、桜内義雄、西郷吉之助、船田中、灘尾末吉、須磨彌吉郎、野村吉三郎、木村篤太郎等人，而社会黨右派中，西尾末広、棚橋小虎兩人也出席。

[308] 1956 年 5 月 11 日，重光大臣發給台北堀内大使第 214 號訓令電報，〈中華民国各界日本親善訪問団の来日に関する件〉，「日本・中華民国間外交関係雑件」（日本外務省保存記録第十一回公開，A'.1.6.1.2-1，リール番号：A'-0139，）頁 102–113。

小結

在本章節，從向共產圈諸國接近，鳩山的「兩個中國」發言以及日華間折衝交涉的各個面向，考察分析鳩山內閣時期所展開的「自主外交」。

1954年12月，鳩山登上首相之際，為揭開「自主外交」路線的序幕，向共產圈國家接近，特別是與蘇聯和中共恢復邦交，最被視為具有政治性魅力的外交課題而甚感興趣。本文亦指出，鳩山內閣思考從戰後吉田的對美「追隨外交」轉換到做為獨立國家，與美國保持距離，摸索以「自主外交」為中心所展開的外交路線的過程。

鳩山把獨立後的日本，回歸國際社會視為重要目標，其前提則是以和蘇聯、中共恢復邦交置於外交重點。當時，蘇聯尚未與日本恢復邦交，日本亦未是聯合國會員國，而且蘇聯身為聯合國常任理事國擁有否決權，因此鳩山的外交方針是為實現加盟聯合國，日蘇兩國恢復邦交就成為鳩山外交的第一外交目標。

另一方面，鳩山在高唱「自主外交」的同時，也以「蔣中正政權和毛澤東政權都是偉大的獨立國政權」之論調順勢提起「兩個中國」論。新政府基於「自主外交」路線的精神，一面保持與國府的政治外交關係，一面又容許推動和中共政府的經貿交流關係，欲繼續發展維持自吉田內閣後半期以來，類似「政經分離」的外交基本方針，以此推動新政府中國政策的意圖是可見一般。

然而，鳩山「自主性」的中國政策卻引發美國與國府的危疑。特別是對於鳩山在國會陳述也可以考慮與中共「派駐領事」相互設置問題一事，惹惱美國國會親國府派議員，甚至艾森豪總統警告日本將考慮採取

中止對日經濟援助之經濟制裁。[309] 同樣地，國府方面對於鳩山政府的親中共外交言行，亦以「恐有妨害中日兩國的有好關係」之外交手段來警告日本。

雖然日本政府高層仍有對中華民國進行不友好的發言，甚至再加上日本入聯問題，因而發生日華雙方「相互信賴」的危機。日本政府乃對國府採取「消極性」外交冷處哩，但為化解日雙方的信賴危機，由自民黨內資深國會議員及政治家發起邀請國府派遣訪日親善使節團，本書第四節已有詳述分析說明，從這個動向可以理解出當時鳩山內閣時期維持日華關係新的互動模式，也就是說政府層級是消極性的，政黨卻是積極性的，亦即這種互動模式可稱為「黨政分離式」的外交模式。換言之，鳩山內閣時期對「中」的「自主外交」出現兩種關係圖式，對中共政府採取「政、經分離」外交，對國府而言兩國雖有邦交但鳩山似乎有意採取以黨為主的「政、黨分離」外交之兩大支柱的中國政策。

即使鳩山的外交動向似有不利於日華關係的發展，但是在堀內大使上任後，經過多方外交交涉與內部調整，再加上雙方政府高層皆有維持友好關係的共同意識。為此，透過國府蔣總統的談話，以及重光外相的善意回應的方式，日華間的友好關係才漸次恢復轉機。

---

[309] Michael Schaller 著，市川洋一譯，《「日米関係」とは何だったのか》（東京：草思社，2004 年），頁 149。

第五章
岸信介內閣時期的對華政策

第一節　岸外交的登場

在鳩山一郎完成恢復日蘇邦交和加入聯合國等重要歷史性任務，正式結束鳩山內閣。代之就任新首相的石橋湛山，是自民黨創黨 (1955 年 11 月) 之後，首次真正經過黨總裁選舉而出任的首相。石橋擔任鳩山內閣時期的通產大臣時，主張擴大日中貿易，但是被選為黨總裁之後，關於中國政策，可說是改採更為現實性的慎重態度。[310] 1956 年 12 月 23 日石橋內閣成立後，首次內閣會議中制定了對中國政策基本方針，此方針提到希望積極擴大日中貿易，緩和「巴黎統籌委員會」（Coordinating Committee on Export Control, 簡稱 COCOM）對共產圈國家出口管制與經貿制裁，統一日中貿易關係團體窗口一體化，甚至把「不久的將來」民間通商代表部的交換也加入這份方針內容上。但是對於有關建立邦交問題，則明文記載「與聯合國或自由主義國家間的調整視情況而定」。[311]

這份方針顯露出石橋對於中國政策的構想，亦即在美國默許容忍的範圍內，先擴大發展經貿關係，以待進展日中兩國政治關係之機會，採取這種「先經後政」為戰略途徑的「政經分離」政策，可說是首次以政府層級而定的對中方針。

然而，石橋首相本人因生病緣故，1957 年 2 月 22 日，石橋首相提出辭職信，自民黨於同日召開兩院議員總會，承認石橋首相的辭職，並決定任命臨時代理首相的岸信介外相為首席候選人。23 日，選擇內閣總

[310] 陳肇斌，《戰後日本の中國政策：一九五〇年代東アジア国際政治の文脈》，頁 181。

[311] 石田博英，《石橋政権・七十一日》（東京：行政問題研究所，1985 年），頁 158–159。

辭，在其任內無法具體完成其所推行的中國政策，政權只維持了 65 日，形成短命內閣。

石橋內閣總辭之後，岸信介亦於 25 日被眾參兩院指定為內閣總理。岸除了新任命石井光次郎為新任的國務大臣外，石橋內閣全體閣員一律留任，同日岸信介內閣正式上任。此外，岸信介首相同時兼任外務大臣[312]。

翌日，1957 年 2 月石田政權退場，岸內閣登場的政權變動下，在岸信介擔任外相時與首相時的外交志向為何？而此外交志向對中政策又有何影響呢？是否延續石田首相時期的對中方針？此章將以岸外交的軌跡與對「中」方針為背景，以考察分析岸內閣對中國政策的基本立場。

一、岸信介外相時期：日本駐亞太地區外交大使領事會議

石橋內閣成立時，岸以類似副總理資格就任外相。身為一位外交界的素人而就任外相的岸信介[313]，對日本外交是有著什麼樣的抱負呢？關於此點，在 1957 年 3 月號的《中央公論》上，刊載了一篇岸外相與《日本經濟新聞》社論解說委員韮澤嘉雄的對談，並以〈空降的外相〉為題，闡述岸信介就任日本外相後的外交抱負，將在下述做出說明：

> 以往的總理與外務大臣出訪國外等大事件，都會覺得是懶得注意的情形。正如現在所言，各國外交皆是首相或外相親自處理，而駐在國的大公使皆會蒐集情資並加以安排行程。本人認為，這正是國民外交的

---

[312] 林茂、辻清明編者，《日本內閣史錄 5》（東京：第一法規出版株式会社，1981 年），頁 382）。

[313] 岸信介在東京帝國大學時代就決心進入政界（大二時已考取高等文官考試合格），大正 9 年月便命在農商務省商務局任職，做為工商官僚的第一步。昭和 11 年 10 月，以滿州國實業部次長赴滿洲，以實務菁英官僚長期在政界活躍。由以上經歷觀察，可說岸信介是在工商官僚的實務菁英官僚型人物。伊藤隆（訪談‧構成）、岸信介、矢次一夫「官界政界六十年　第一回滿州時代：岸信介元首相連續インタヴュー①」，《中央公論》（東京：中央公論社，1979 年 9 月）。

世界趨勢。為了不讓日本外交落後於世界各國，日本必須要大有為才行。非常幸運的是，無論是石橋首相或本人，目前都算身體健康，都可以放手一搏。希望能夠在身為國會議員期間，儘早實現訪問各國的機會。美國將是首要之地，如要前往東南亞各國將依照情勢與總理方便為準，但仍有無論如何不得不加緊處理的諸多問題。此次在東京召開亞洲外交代表機構主事會議正是特別強調此事，正如您所言，確立與東南亞各國的親善關係是極為重要之事。雙方皆有共通的想法，必須要儘早成行。[314]

由此對談可看出，岸的外交路線乃是以對美外交與對東南亞外交為主線，特別表明外國的外交訪問，是要以與東南亞各國親善關係為重點的構想。從岸的想法來看，推動與亞洲的睦鄰外交是岸外交的基礎，這個外交基礎的核心正是召開亞洲外交代表機構主事會議。岸在就任外相的一個月後，亦即 1 月 24–26 日期間，由岸外相主辦的第五屆亞太區域外交代表機構主事會議在外務省召開。各省的經濟相關閣員、駐國府大使堀內等 17 名亞太駐外代表機構主事，以及副外相大野、駐蘇聯大使門脇、外務省亞洲局局長中川等外務省相關局課首長皆出席此會議。

為何選在此時機點召開亞太外交代表機構主事會議呢？此目的又為何呢？此次會議的目的，乃是因應 1956 年年底日本與蘇聯復交，同時也加入聯合國的外交新局面的到來，因此日本外務省與在外交代表機構相互交換意見商討如何推動日後的「亞洲外交」。亞洲外交問題中，特別重視的地方乃是日本對中共問題的態度，以及對亞非諸國（Asia Africa Group）的態度，除了這些政治問題之外，也有對亞洲地區的經濟外交如何深入的經濟問題。此外，岸也儘可能地希望提供第一線的資訊與觀點，希望能在亞洲外交代表機構主事會議的討論上，反映在今後

---

[314] 岸信介、菲澤嘉雄（ききて）「空飛ぶ外相に」，《中央公論》（東京：中央公論社，1957 年 3 月），頁 74–83。

的外交方針上 [315]。

對於這樣的期待，岸外相於外交代表機構主事會議首日便對今後的外交方針做出下述訓示：

（一）日本與蘇聯復交，並加入聯合國成為國際社會完整的一員，可說是迎來外交劃時代的時期。

（二）外交與內政是一體兩面，應當集結國民的總體能力。

（三）國際情勢雖然複雜；但現今日本面對的重要問題可分為三種類型：①對共產圈的問題。②與亞非各國的關係。③經濟上的交流問題。而此問題皆集中於亞太地區，而亞太地區也是「日本外交的中心」。

（四）日本無法採取親東方或親西方的超然主義，儘可表明做為自由國家一員的立場，而做為此立場領頭羊的美國，必須與其強化協調關係。[316]

該訓示表明，在面對複雜的國際情勢當中，岸除了高唱對美協調外交的強化之外，也表明了岸信介在日後外交構想的外交方針─「國際社會完整的一員」、「自由國家的一員」、「以亞太地區為中心」。

此外，第三點的③中關於經濟的交流問題，岸外相將此視為「經濟外交」，而此「經濟外交」亦正是岸外交最重要的重點。1月24日的《朝日新聞晚報》所報導的亞太外交代表機構主事會議上，岸外相關於經濟上的交流問題提出訓示，而此訓令的摘要如下：

我國為了維持國民的生活程度，除了「貿易立國」的方針外別無他途。

---

[315] 「あすからアジア太平洋公館長会議　新局面の外交を検討」，《朝日新聞》，1957 年 1 月 23 日。
[316] 「経済外交に最重点　岸外相訓示、対米協調を推進」，《朝日新聞》夕刊，1957 年 1 月 24 日。

此外，與我國在地緣上最接近的亞太區域極為重要，因此應當獎勵與促成雙方之間通商貿易。另外，由資源政策來觀之，此區域擁有對我國工業必需的豐富原料，因此我國在與亞太地區合作開發的同時，也應該全力促成這些國家經發展與提昇其生活水準。[317]

依循上述談話的宗旨，並基於岸外相對於經濟上交流問題之訓示，於外交代表機構主事會議的第二天，開始針對經濟外交推動問題分成（イ）通商貿易（ロ）經濟合作（ハ）賠償等三項目，並具體地展開協議[318]。而關於對中政策乃是其重中之重，特別是針對中共問題開始展開意見交換。在該會議上，幾乎所有參加者全員對中共問題的方針可說是意見一致，而對中共問題方針的內容如下所述：

（一）包含中共之承認問題，特別是不推動加深與中共的政治關係。日本也將如同以往，承認臺灣的國民政府為代表中國的政府。

（二）民間的貿易關係將可持續進行；但並無與官方政府有直接關係。

（三）日本已加入聯合國，將持續關注聯合國的動向，並依聯合國的底線來處理中共問題。[319]

由參加者的意志可知，會議全體出席者原則上皆贊成與日本政府的對中方針，亦即堅持與國府的外交關係，對中共採取民間貿易以達經濟振興的目的。由第一、二點來看，日華與日中（共）保有雙邊關係的「政經分離」方法。對此，第三點對中共問題以「聯合國的底線」來對應，連結「聯合國的動向」是意圖潛藏承認中共政府的「契機」。

---

[317] 同上註。

[318] 「経済外交の具体化協議　公館長会議」，《毎日新聞》，1957 年 1 月 26 日。

[319] 「中共承認、当分見送る　アジア公館長会議で一致」，《朝日新聞》，1957 年 1 月 26 日。

　　另一方面，面對亞洲情勢變動的國府，也對日本今後外交方針有著非常深切的關心。站在對國府外交最前線，得以精準掌握國府對日立場與外交動向等情報的日本駐國府大使堀內謙介，在亞太外交代表機構主事會議上對國府的動向表示：「國民政府最擔心的一件事，就是日本親共產圈後走向中立政策的方向。」對與中共貿易一事強調：「新內閣從未要承認中共；但加強與中共的貿易是組閣後的言論，此點要特別注意。」[320]

　　但此舉將使日本對中共承認問題陷入極為微妙的狀態，亦即實際上將落入延後的情況。就當時國際情勢微妙的動向，日本勢必得注意聯合國的動向，包含美中會談當中的美國態度，以及中共與國府之間的關係等情勢變化。

　　在此會議上，除了岸外相已構建出自身的外交構想之外，亦須注意全體參加者的「共識」──即與國府維持外交關係的同時，亦決定今後對中共問題，將注意「聯合國動向」為方針。

二、岸首相兼外相時期

　　2 月 22 日，石橋首相表明辭意之後，自民黨黨內經由協調之後，選出岸信介擔任自民黨總裁，亦決定身兼臨時代理首相的岸外相為首席候選人。之後，石橋內閣總辭，岸信介亦於 25 日被眾參兩院指定為內閣總理。在 25 日的首次閣議後的記者會上表示：「本人曾是石橋內閣的閣員，石橋前首相因病請辭後，本人的首要任務即是：將前首相的意志與政策，在本屆國會得以實現。」而對於中共問題，特別是與中共貿易一事強調：「對中共貿易當前有著極多的國際限制，此點無法視而不見，必須努力放寬限制；但現今並非打開外交關係或承認中共的時機。」而對美關係的調整與東南亞之間的關係則表示：「本人認為，就今日日

---

[320] 「中共貿易增大を心配　国府・堀内謙介」，《朝日新聞》，1957 年 1 月 24 日。

本的立場來看，儘可能地與重要國家的最高元首層級展開對話有其必要性。本人現在也兼任外相，在時間允許的前提之下，將前往外交上重要國家進行訪問。」[321]

岸首相的記者會談話上，岸信介表明將繼承石橋前首相的政策為其「首要任務」。意即將遵循石橋前內閣的「政策遺產」，並開始一展外相時期的外交抱負。因此在現階段並不會改變中國政策，亦即維持對國府的友好關係、不承認中共政府。而岸信介亦表明，將維持對美協調外交與進行緩和和東南亞關係的元首外交。

基於此首次閣議後的記者會上所表明的政治信念，27 日國會兩院本會議的國情諮文演說上，岸信介新首相表示新內閣的基本立場：

（一）新內閣將尊重石橋內閣的施政方針。

（二）現在正是我國調整經濟自立的基礎，此外日本亦已加入聯合國，對國際性的責任也隨之加重，此時正是建設新日本，賦予世界和平的歷史階段。此時，國民應當團結民族，以自身與希望奮起吧！

（三）本人堅信，基於國民大眾的理解與同意之政治，正是民主政治正確的形式，因此本人期許，與國民大眾攜手合作，為民族發展與世界和平做出貢獻。[322]

然而，在國情諮文說中，並無詳述具體的外交政策或岸首相的外交構想，因此此點遭到國會議員的質疑。因此，在眾議院本會期中，日本

---

[321] 「前內閣の政策引継ぐ　岸首相、記者会見で語る」，《朝日新聞》，1957 年 2 月 26 日；古川万太郎，《日中戦後関係史》（東京：原書房，1981 年），頁 133。

[322] 《第二六回衆議院本会議議事録第十三号》，1957 年 2 月 27 日，頁 1。《第二六回参議院本会議議事録第九号》，1957 年 2 月 27 日，頁 1；「岸新首相、所信を表明　衆参両院で演説」，《朝日新聞》夕刊，1957 年 2 月 27 日。

社會黨眾議員淺沼稻次郎對岸首相具體的外交路線提出質詢，岸首相便
說明下述之外交構想：

> 本人觀看今日國際情勢，或從日本的立場來說，東南亞或西歐諸國，
> 或是復交後與蘇聯之間的關係，在可能的情形下，有責任的政治家會
> 在時間允許的前提下，以及在對方時間允許前提下，進行相互之間的
> 訪問有其必要性……至少做為一個自主獨立的立場，日美之間擁有極
> 多問題，本人乃是深切了解。為了解決這些懸案，以及基於再調整的
> 必要性，本人會慎重考慮再度訪美的必要性。[323]

由岸總理的外交構想說明中可知，岸的外交抱負從外相時期至首相
時期皆是一貫性。也就是外相時代的外交代表機構主事會議的訓示，岸
已高唱在複雜的國際情勢下，強化對美協調外交的重要性，更以「國際
社會完整的一員」、「自由主義國家的一員」、「以亞太區域為中心」
等三點做為今後外交方針的外交構想。此構想在岸就任首相後的首次閣
議後記者會，或是在國會的施政報告及答辯的發言，在任何場合上皆可
到貫徹其構想。然而，在中國政策上並無提出具體的對中方針；但在首
次閣議後的記者會上強調對中共政策的基本態度，即是「對中共貿易當
前有著極多的國際限制，此點無法視而不見，必須努力放寬限制；但現
今並非打開外交關係或承認中共的時機。」

基於自外相期至首相期的外交構想，岸信介要如何處理日本與臺灣
的中華民國之間的關係？以及維持與國府外交關係，在岸信介的全體外
交戰略中定位為何？以下，將以日華合作委員會的成立與岸首相訪問國
府等事例，來考究岸信介親華外交的行動模式。

---

[323] 《第二六回眾議院本会議議事録第十三号》，1957 年 2 月 27 日，頁 4。

第二節 中日合作策進委員會的成立過程

本節主要的分析對象是中華民國遷臺後關於中日合作策進委員會（日方稱為日華協力委員會）的成立過程。戰後在有邦交時期（1952 年 4 月至 1972 年 9 月）的日華關係上，雖然雙方各政府部門皆有正式性的往來管道，卻也因實務上的需要，成立一個由民間出面、政府支持的非正式組織—日華協力委員會，[324] 由於此非正式組織有日華雙方政府在背後支持，所以亦具有「半官半民」的性質。此委員會在成立之初，日華雙方曾經為了定位問題而有過爭執，日方希望將此委員會定位在經濟、文化等無關政治方面之民間性質的交流性組織，然蔣介石認為應將政治範疇納入此委員會，試圖建立具有政治性功能的對日外交第二軌道。隨著 50 年代東亞局勢進入冷戰、衝突、反共、結盟等不一而足的「國際性節目」熱烈上演，日華兩國也隨之各自進入一個「各取所需」的新局面，亦即國民黨政府希望透過日華協力委員會這一「半官半民」的交流平臺，意圖與日本結成更緊密的「反共盟友」；而日本方面不只洞察蔣介石的政治意圖，甚至利用此一委員會的經濟性功能，以及「日華合作」的面貌，一方面希望國民黨政府協助日本，消除東南亞各國對日的不信任感，另一方面透過與國民黨政府的合作，表面上希望可以達成與東南亞各國進行經貿交流，實際上暗藏攫取實質利益的經濟戰略意圖。

這一非正式組織在成立之初，日華雙方皆賦予相當大的「期待」。對於具有「半官半民」性質的日華協力委員會這一非正式組織，在日本早已有相關論文發表，[325] 但是在該論文當中，幾乎未使用一手史料，當

---

[324] 1957 年 4 月初，日華雙方的代表團在東京成立日華協力委員會同時召開第一次總會討論未來委員會營運的形式及方向，此一組織的中文名稱為「中日合作策進委員會」。由於本書大都使用日文的一手史料與資料，因此為避免詞彙混亂，本書仍沿用日本外務省的外交紀錄文書所載「日華協力委員會」之名行文，說明之。另外，在文章上為求行文方便，有關日本時則以日本方面或是日本政府行文，若是有關中華民國則以國府方面行文，若是共產中國則以中共表示，以避免詞彙混淆。

[325] 池井優，「日華協力委員会─戦後日台関係の一考察」，《法学研究》第 53 巻第 2 号（東京：慶

然該篇論文在發表時，日本外務省檔案尚未能公開是一大主因，以致無
法更深入的分析其發展過程。再者，應該如何掌握日華雙方首腦高層對
於這一組織的期待與目標，至目前為止仍未十分明朗。因此，本書配合
這次會議所要探討的課題，積極利用日本外務省外交史料館所藏之外交
紀錄文書，試圖解明日華協力委員會的成立過程，及其所扮演的特殊角
色，以及此委員會在戰後日華關係的脈絡中，應該賦予什麼樣的歷史位
置等問題，在在顯示有必要加以重新檢討。

一、石井（光次郎）和日本親善使節團

　　岸信介在就任首相後，於 1957 年 4 月在東京所召開的日華協力委
員會第一次總會，這在當時對於增進日華間外交事務上是非常重要的節
目。而成立日華協力委員會一事，是在 1956 年 8 月以時任自民黨總務
會長石井光次郎 [326] 為首的日本親善使節團來臺進行交流訪問之際，獲得
國府高層贊成支持而誕生。

　　親善使節團來臺進行訪問一事，就總體面來看，即使 1952 年 4 月
日本與退守臺灣的中華民國政府締結和平條約，承認國民黨政府代表中
國政府，但是日本方面在吉田內閣結束前也只維持若即若離的雙邊關
係，[327] 而繼任的鳩山內閣雖強調「自主外交」，然則採取與共產主義國
家交流的外交政策，當然目標國包含共產中國（以下簡稱中共），因此
從 1952 年 9 月總統府秘書長張群以特使團團長的身分表敬訪問日本之

　　応義塾大学法学研究会，1980 年 2 月），頁 141–168。

[326] 日本親善使節團團長石井光次郎氏與臺灣具有相當深厚的關係，石井在大正 4（1915）年 12 月來
臺就任臺灣總督秘書官兼台灣總督府參事官，任期至大正 11（1922）年止。有關石井光次郎與臺
灣的關係，請參閱石井光次郎，《回想八十八年》（東京：カルチャー出版社，1976 年），頁
153–214。

[327] 徐年生，「吉田内閣期における中国政策─，『等距離外交』から，『政経分離』へ」，《問題
と研究：アジア太平洋研究専門誌》第 36 巻第 6 号（通巻 419 号）（臺北：国立政治大学国際関
係研究センター，2007 年 12 月 15 日），頁 93–118。

後，到 1956 年 8 月日本親善使節團來臺進行訪問止，期間日華雙方可說是幾無高層次的政府要員作政治性的交流訪問，當然這與吉田和鳩山兩內閣有意發展與中共進行以經濟交流為名，實則與中共展開更高層次的「政治期待」有相當關聯性。

何以石井在 1956 年 8 月率領日本親善使節團來臺訪問？根據日本學者池井優的研究指出，[328] 石井日本親善使節團訪問臺灣一事，是由時任國策研究會常任理事矢次一夫 [329] 在 1956 年春天與石井見面時向其呼籲，「在傾向中共的風行草偃下，雖然大家都說臺灣有如風中殘燭一般，但是到底實情為何呢？所以要了解臺灣的實際狀況，同時也要從臺灣看中共，這對了解中共是有必要的」。[330] 對此，為了積極回應矢次的呼籲，石井自民黨總務會長從各界集合，如在野的社會黨前眾議院議長松岡駒吉、財界的前大 大臣涉澤敬三、經團連事務局長堀越禎三以及其他有力公司的重要人士、學界的拓殖大學校長矢部貞治、言論界和文化界的細川隆元、高橋龜吉、御手洗辰雄、宮田重雄等各界重要人士 26 名組成使節團，於 8 月 14 日起一連 10 天訪問臺灣。[331]

日本親善使節團於 14 日抵達臺北（松山）機場後隨即召開記者會，石井團長強調：「此行不單只是訪問，訪問期間想要進行廣泛的意見交換」。[332] 隔日蔣介石總統（以下略稱總統）在臺北郊外陽明山總統別邸

---

[328] 池井優，「日華協力委員会—戦後日台関係の一考察」，頁 3。

[329] 昭和 8（1933）年由時任貴族院議員大蔵公望、東京帝大小野塚喜平次總長、同校教授美濃部達吉、勞動事情調查所主幹矢次一夫等官民共同發起「國策研究同志會」，戰後的「國策研究會」是舊金山對日講和條約締結生效後，於昭和 28（1953）年 6 月重新出發，在昭和 32（1957）年以「財團法人」的身分獲得岸信介首相的認可。有關國策研究會的沿革，請參考網路資料 http://www.kokusaku.or.jp/history.html。另外有關矢次一夫（1899–1983）的生平事略請參考網路資料 http://100.yahoo.co.jp/detail/%E7%9F%A2%E6%AC%A1%E4%B8%80%E5%A4%AB/。

[330] 矢次一夫，《わが浪人外交を語る》（東京：東洋経済新報社，1973 年），頁 13–14。

[331] 石井光次郎，《回想八十八年》，頁 400。

[332] 「訪華視察団　台北に到着」，《毎日新聞》夕刊，1956 年 8 月 14 日。

召開歡迎茶會，會中除石井團長親交鳩山一郎首相的親筆信函之外，[333]
團員也向總統與國府要員提出將來推進日華關係的方法，其中矢次一夫
特別提到：

> 從日中歷史來看，在明治 30 年代時孫文先生來日本，與宮崎滔天、
> 頭山滿、秋山定輔等浪人、書生們相互結交往來。我認為這是最初的
> 日華親善。然而，在此之後大正、昭和時期浪人、書生的勢力衰退，
> 結果由官僚與軍人相互連結的日華合作就產生悲劇。因此若要再一次
> 從新考慮日華親善的話，有必要由浪人及書生重新開始……希望能與
> 這些人士結交往來，再次重新開始日華親善。[334]

矢次之言引起總統非常大的共鳴，這應該是日華協力委員會能夠成
立的一大契機。另外，堀越禎三氏也在文化懇談會上提案：「臺灣就連
日本的新聞雜誌以及學術書刊幾乎沒有進口，而且是全面禁止進口的狀
態，如報紙類的內外時報、雜誌類的婦女雜誌等，或是臺灣大學教授呼
籲至少要進口醫學學術書刊……懇談的結果，希望在東京成立文化委員
會，雙方選出同數額的委員等。」[335] 堀越的提案也可看出日方希望促進
雙方建立一個以文化為主的交流平臺－文化委員會。

從使節團的組成團員來看，這次的使節團並非政府官員層級，而是
非常具有「民間」性格層級的使節團。

二、國府方面的反應與輿論的動向

對於日本各界親善使節團訪問臺灣一事，日本駐華大使館方面特別
關注臺灣新聞論調的發展狀況。

---

[333] 「蔣總統、日本使節団を招き」，《每日新聞》，1956 年 8 月 16 日。

[334] 矢次一夫，《わが浪人外交を語る》，頁 18。

[335] 堀越禎三，「第一回日華協力委員会」，《経団連月報》第 5 巻第 5 号，1957 年 5 月，頁 14。

　　親善使節團訪問臺灣期間，駐臺北堀內大使在 8 月 17 日以「關於日本各界親善使節團來臺之當地新聞論調報告一事」為題的相關情報，向臨時代理的外務大臣高崎達之助彙報。在此報告中，彙整中央日報、中華日報、聯合報、新生報等各家新聞報社的社論，大都提到希望增進華日兩國的合作，強化兩國國民之間的理解與友誼，同時面對國際共產勢力的威脅，基於兩國的共同利益與反共的立場，促使兩國在政治經濟文化各層面更進一步的合作等。[336] 非惟如此，使節團訪問臺灣的時機，正是日蘇和平條約交涉締結之際，因此亦會關注到國府方面對於「日本動向」的輿論，這些言論也出現在上述的各報社論中。

　　石井親善使節團回國後，石井團長拜訪鳩山首相，除親交總統希望日華友好關係的親書，同時轉達與總統會談的內容之外，對於總統就有關鳩山首相訪問蘇聯以及日蘇交涉等自民黨內情勢發展的關心並沒有陳述特別的見解，反而是待重光外相歸國後在政府與執政黨的高層會談上才回應有關中國政策的檢討。[337]

　　對於石井親善使節團的訪臺一事，國府方面給予高的評價。親善使節團回國後，駐華堀內大使訪問外交部與葉公超部長進行會談，在堀內大使將此會談內容回訓外務省的報告中提到，葉部長表示：「針對日本的反共態度有所質疑，且總統亦憂慮締結日蘇和平條約，日本必將共產化或是中立化。」會後葉部長亦向總統提出報告時強調，日本計畫與蘇聯恢復和平關係也是不得已，但不認為日本會因此而走向共產化。無論如何國府高層非常關注此事，所以在釋疑上訪問團來訪是有相當效果的。今後，希望藉由兩國的有力人士進行交流促進更進一步的理解與合作。[338]

---

[336] 1956 年 8 月 17 日，中華民國大使館特命全權大使堀內謙介發給臨時代理外務大臣高綺達之助書信，〈日本各界親善訪問団の来台に関する当地新聞論調の件〉，「日本・中華民国間外交関係雑件」（日本外務省保存記錄第一回公開，A'.1.2.1.7，リール番號：A'-0356），頁 300–301。

[337] 「首相の材料は河野ブ首相会談だけだ」，《朝日新聞》夕刊，1956 年 8 月 27 日。

[338] 1956 年 8 月 29 日，中華民國大使館特命全權大使堀內謙介發給臨時代理外務大臣高綺達之助第 261 號電報，〈葉外交部長と会談の件〉，「日本・中華民国間外交関係雑件」（日本外務省保存

　　然而，觀察日本政府「政治動向」的臺灣部份新聞媒體，對於鳩山的「信義」依然存有疑問。堀內大使在 9 月 4 日以「關於鳩山首相給蔣總統親書當地一週間誌論評報告一事」為題的回訓書函寄給重光外相，該報告書中提及，關於石井團長親交給蔣總統的親筆信，在 8 月 25 日臺灣的週刊雜誌『新聞天地』批露，「鳩山首相在給蔣總統親筆信中，以日華兩國合作作為基調，說明兩國相互信賴的重要性。但是中共在日本的『商務代表』雖使其表面化，日本政府職員的『訪問大陸』卻持續不絕，同時鳩山表示自己有赴北平訪問的意願。如果這些全是『相互信賴』以外之事，很顯然鳩山的「信義」將毫無價值」。[339]

　　由堀內大使寄給外相的書涵中，可看出國府方面雖然得到鳩山親筆信的保證而提高對日期待，然而臺灣的部份新聞媒體仍然對日懷有不信任感的微妙氣氛是可見一般。

三、日華協力委員會的成立

　　由前述可知，日華協力委員會成立的發起構想是在 1956 年 8 月中旬，以時任自民黨總務會長的石井光次郎為團長的日本親善使節團，訪問臺灣時向總統的提案。在日華雙方都有意願成立新的（外交）交流軌道下，國府方面在同年 12 月 14 日邀集中華民國各界代表討論有關日華間「協力委員會」的相關事項，數日後國府方面將此委員會定名為「中日合作策進委員會」及其議決事項，託付駐日大使館轉告國策研究會常務理事矢次一夫。[340] 日本方面為呼應國府積極推動委員會的成立，亦在

記録第一四回公開，A'.1.2.1.7，リール番号：A'-0356），頁 302–303。

[339] 1956 年 9 月 4 日，中華民國大使館特命全權大使堀內謙介發給外務大臣重光葵台普第 953 號，〈鳩山首相の蒋総統あて親書に関する当地一週間誌論評報告の件〉，「日本・中華民国間外交関係雑件」（日本外務省保存記録第一四回公開，A'.1.2.1.7，リール番号：A'-0356），頁 304–305。

[340] 1957 年 1 月 29 日，國策研究會矢次一夫常任理事發給井口貞夫書信，關於日方委員第一次會談〈日本側委員だけの第一回打合会〉的附件，有關於國府方面的決定事項記錄如下。12 月 28 日，中華民國駐日大使館發給國策研究會矢次一夫常任理事書信，〈委員会設置に関する書類〉，「本邦

1957 年 2 月 5 日由矢次一夫招集日本方面的委員，在丸之內飯店舉行關於委員會設置事項的第一次討論會，並且矢次將該次會議經過報告書寄交井口貞夫，陳述內容有關雙方人選的交涉委員會的名稱、規約以及營運方針等相關事項。[341]

　　在矢次的報告書中值得注意的事，是有關人選的問題。日本親善使節團回國後，日華雙方各自對於這個委員會的成立積極協調，且已進入具體化階段。國府高層特別是總統希望此委員會不要侷限在文化委員會，應該要擴大包含政治和經濟的範疇；有關人選部分在同報告書中，有特別提到再國府方面，總統與張群秘書長共同希望，騰山愛一郎氏一定要加入成為日本方面的委員會成員，而駐日大使館方面則希望要加入日本前駐美大使井口貞夫氏，日本方面希望臺灣民間的有力人士，如林柏壽、許丙，而矢次則希望張厲生氏及臺灣大學校長等人也要加入國府方面的委員會成員。[342] 其中，國府方面認為因為藤山愛一郎氏財界不可或缺的重量級人士，所以希望藤山務必加入日本方面的委員；[343] 另外，

に於ける協会及び文化団体関係：日華協力委員会（第一卷）」（日本外務省保存記録第一四回公開，Ｆ.1.8.1.1-56，リール番号：Ｆ-0101），頁 1696–1697。

(1)　名稱定為「中日合作策進委員會」。

(2)　宗旨為促進中日兩國文化、政治、經濟之親善合作並先就前次日本訪問團來台時雙方所提出之問題及意見繼續加以檢討。建議兩國政府採擇實行。

(3)　會址設於東京、雙方各選委員十人、並各互選三人為常任委員、主席由雙方輪流擔任、經費由雙方平均負擔。

(4)　如日方將來另組中日親善永久性之團體、我方自當與之配合、切實合作。

[341] 同上註。

[342] 同上註。

[343] 「昭和 23（1948）年 12 月岸信介從巢鴨監獄服役完役期出監後，將近 1 個月的時間都在鄉里活動，之後回到東京。雖然已解除服公職禁令，也想回歸一般人的生活，甚至考慮經營河豚料理店，但是在腦海裡卻滿是回到政治圈的想法。其間老友藤山愛一郎也出自好意聘請岸擔任藤山所經營的日東化學公司重要的理事職務，同時身兼東洋パルプ公司和東京鋼材公司的理事等職務的收入，作為支應岸的生活費用。」前述之事皆記載於《岸信介の回想》這本回憶錄上。換言之，從岸的回憶錄上可知，岸與藤山之間的關係可說是非常深厚。我認為這也是何以國府方面一定要將藤山納入日本方面委員之緣故。岸信介、矢次一夫、伊藤隆著，《岸信介の回想》（東京：文芸春秋，1981 年），頁 91。

井口貞夫具有前日本駐美大使的經驗，可說是日本外交界的「老手」，因此即使被視為是民間層級的「協力委員會」，也可以作為與外務省橋接的重要「窗口」的關鍵人物。

日華雙方各自透過人事調整與協議，為了進一步在政治、經濟、文化等層面上提升合作關係，「日華協力委員會」於 3 月 11 日正式成立，且各自在臺北與東京發表成員各 12 人名單。[344] 在這委員會的名單上日本方面完全沒有納入政府官員，徹底將此委員會定位為「民間性質」，但是國府方面卻將時任教育部政務次長吳俊升，以及經濟部常務次長王撫州兩人列入，教育部與經濟部雖說是主管文化與經濟業務，然而國府想要透過此委員會強化與日本官界及政治圈關係的意圖亦是十分明顯。

數日後，日本方面委員上村健太郎為有關日華協力委員會國府方面委員訪問日本問題，親自拜訪時任外務省亞洲局第二課長小川平四郎，上村委員告以將國府方面委員訪日期間相關的經費與合作事項等，希望岸首相與外務省能加以「協助」，使之順利成行。[345] 上村並非希望日本政府積極出面活動，反而是希望政府儘量不出面，只從旁協助即可。

另一方面，18 日國府方面委員谷正綱拜訪日本駐臺北大使館，與堀內大使商談有關訪日行程以及出席委員的人數等事項，其中谷正剛向

---

[344]　「日華協力委員会決まる　来月初顔合せ」，《日本経済新聞》，1957 年 3 月 12 日。日華雙方的委員名單如下：日本側委員＝赤松要（一橋大教授）、井口貞夫（前駐美大使）、上村健太郎（前防衛廳航空幕僚長）、杉道助（大阪商工會議所會長）、藤山愛一郎（日商會長）、船田中（眾院議員）、堀越禎三（經團連事務局長）、細川隆元（評論家）、松岡駒吉（眾院議員）、御手洗辰雄（評論家）、矢部貞治（拓植大學校長）、矢次一夫（國策研究會常任理事）等十二名。國府側委員＝谷正綱（亞盟中國總會理事長）、張厲生（中國國民黨中央秘書長）、黃朝琴（中日文化經濟協會副會長）、陶希聖（中日文化經濟協會文化委員會主任委員）、鄭道儒（中日文化經濟協會經濟委員會主任委員）、胡健中（中央日報社社長）、林柏壽（台灣水泥公司董事長）、陳雪屏（臺灣大學教授兼正中書局董事長）、羅萬俥（彰化銀行董事長）、吳俊升（教育部政務次長）、王撫州（經濟部常務次長）、汪公紀（中日文化經濟協會總幹事）等十二名。

[345]　1957 年 3 月 15 日，〈日華協力委員会中国代表来日の件〉，「本邦に於ける協会及び文化団体関係：日華協力委員会（第一巻）」（日本外務省保存記録第一四回公開，I'.1.8.1.1-56，リール番号：I'-0101），頁 1633–1635。

堀內提及，為出席 4 月 3 日到 6 日在東京舉行的委員會第一次會議，國
府方面委員將在 4 月 1 日出發，此外這次會議張厲生與林柏壽兩名委員
確定不出席，陶希聖未定，訪問歐洲中的胡健中若時間允許也會出席，
其他成員則確定參加。翌日堀內大使將與谷正綱商談的內容以「關於參
加日華合作策進委員會中方委員一事」為題的報告書回訓給岸信介首相
（當時兼任外相）。[346] 一週後，國府方面再次向日方確定最新出席委員
名單，陶希盛確定缺席、胡健中決定出席，另有兩名口譯員（中日文化
經濟協會副總幹事余仲剛及第一銀行經理郭建英）隨行參加。[347]

　　這個以「民間性格」的團體做為日華間的「橋樑」角色，最終是
以「協力委員會」的方式面世。對於成立「日華協力委員會」在性質上
的意義為何？成員之一的矢次一夫認為，在推進國民與國民的親善合作
上，雖然也考慮日美協會或是日英協會的方式，若只是單純的社交機構
則不太有意義；另一方面，作為國家間的正式交流機構雖已有大使館，
但正因為是這種官方性質，所以不是一個可以暢所欲言推進親善的場
合。[348] 換言之，這個「日華協力委員會」在性質上可說是介於正式與非
正式之間的性質。

四、第一回總會

　　日華協力委員會國府方面成員在 4 月 1 日到 11 日期間訪問日本。
為強化日本與國府之間的合作，雙方委員於 2 日午後 3 點在工業俱樂部

[346] 1957 年 3 月 19 日，台北堀內謙介大使發給岸外務大臣台普第 303 號，〈日華合作策進委員会に参
加する中国側委員に関する件〉，「本邦に於ける協会及び文化団体関係：日華協力委員会（第
一巻）」（日本外務省保存記録第一四回公開，I'.1.8.1.1-56，リール番号：I'-0101），頁 1680–
1681。

[347] 1957 年 3 月 27 日，台北堀內謙介大使發給岸外務大臣台普第 346 號，〈日華合作策進委員会に参
加する中国側委員に関する件〉，「本邦に於ける協会及び文化団体関係：日華協力委員会（第
一巻）」（日本外務省保存記録第一四回公開，I'.1.8.1.1-56，リール番号：I'-0101），頁 1678。

[348] 矢次一夫，《わが浪人外交を語る》，頁 36–37。

第 6 會議室進行非公開委員會會議，商討決定協力委員會的規約，[349] 每年兩次相互在東京與臺北舉行會議，決定設置常任委員各 3 名（日本方面是上村健太郎、堀越禎三、矢次一夫，國府方面是黃朝琴、鄭道儒、陳雪屏），指定各自的事務所，議長由主辦國擔任，副議長則由參加國擔任，這次會議的議長由日方推舉藤山愛一郎擔任，副議長則由國府方面的谷正綱擔任。[350] 第二天會議移到赤坂王子飯店舉行公開懇談會，日本方面的藤山愛一郎、國府方面的谷正綱以下各委員會，及其他以觀察員身分與會如石井光次郎、蘆田均等政界重要人士，就有關政治、經濟、文化各方面的合作問題進行討論。4 日式非公開委員會，5 日再度舉行公開懇談會且發表共同聲明（附錄七）之後閉幕。[351]

在這個會議過程中，就政治、經濟、文化三個層面進行熱烈討論，討論結果日華雙方的基本立場與態度如下：

---

[349] 〈日華協力委員会、中日合作策進委員会　懇談会記録〉，「本邦に於ける協会及び文化団体関係：日華協力委員会（第六巻）」（日本外務省保存記録第一四回公開，I'.1.8.1.1-56，リール番号：I'-0102），頁 1281。此外也可參考，《経団連月報》第 5 巻第 5 号，1957 年 5 月，頁 17。日華協力委員会規約如下：

一、本會稱為「日華協力委員會」（國府方稱為「中日合作策進委員會」，英語名為 "The Committee for Promotion of Sino-Japanese Cooperation"）。

二、本會透過日華兩國間政治、經濟、文化各種問題，進行親善互助、共同合作。

三、本會是由日華兩國志同道合的民間人士所集結成的民間團體。

四、本會是由兩國志同道合的民間人士各自選出若干名委員組合而成。日華兩國的委員人數相同。

五、本會做為事務處理機關，由兩國委員各自互相選出若干名常任委員。

六、本會開會期間設置議長、副議長。
議長由主辦國委員選出，副議長由參加國委員選出。

七、本會原則上，每年兩次輪流舉辦會議。必要時，兩國可共同召開常任委員會。

八、本會的經費由兩國委員互相分擔。

九、關於本會的營運細則經本委員會討論另訂之。
本會事務所分別設於東京及台北市。

[350] 堀越禎三，「第一回日華協力委員会」，《経団連月報》第 5 巻第 5 号，1957 年 5 月，頁 14。

[351] 〈日華協力委員会、中日合作策進委員会　懇談会記録〉，「本邦に於ける協会及び文化団体関係：日華協力委員会（第六巻）」（日本外務省保存記録第一四回公開，I'.1.8.1.1-56，リール番号：I'-0102），頁 1263–1265。

首先、在政治方面，日方委員鍋山貞親以國共和平交涉、國府的反攻大陸及中共的和平攻勢等圍繞在國共對立問題提出質問。國府方副議長谷正綱答以：①是關於國共交涉一事斷然否定。②是蔣介石總統以「三分敵前、七分敵後」作為反攻大陸方針，這也可說是三分軍事、七分政治呈現出長期對抗態勢，在反攻時期雖屬軍事機密不能公開發表，但是選擇最佳時機進行反攻的立場是不變的。③是關於中華民國反攻態勢的宣傳不足雖也率直的承認，也質疑日本方面對這方面的報導是不夠的。[352]

其次、在經濟方面，日方委員堀越禎三就以下幾點表達意見：貿易方面雖可依照中日貿易協定來進行，但在通商層面國府方面有關旅行簽證的審查過於嚴格，開設銀行商社亦因難重重等的障礙，關於國際投資的發展亦非常緩慢，因有指定船舶等條件也無法順利的運作等情事。針對崛越的指摘，國府方面委員王撫州答以：因為中國目前仍在戰爭狀態下，包含日本與諸外國往來所受到的種種限制，今後再僅可能的範圍內將予以改善，另外雙方計畫將在東南亞開發共同市場，利用美國總統基金的經費進行開採臺灣煙煤（日本的技術、中國的人力、美國的資本等），也討論如同休曼計畫之亞洲經濟共同體制的創設等課題。[353]

此外，有關文化方面，前一年石井親善使節團訪問臺灣時有特別提到日文書籍、新聞雜誌等輸臺問題，國府委員陳雪屏答以：①不違反反共抗俄的國策，②不為匪宣傳，③不妨害善良風俗等三原則可以承認進口，但是進口與否的認定是由中國（中華民國）大使館進行審查。還有留日學生及輸臺日本電影等問題，陳雪屏表明同意雙方努力達成。[354]

---

[352] 同上註，頁 1268–1334。

[353] 同上註。

[354] 同上註。

　　從會議的總體來說，日華雙方達成幾項共識，在政治面確立反共與民主自由主義的基本立場，有關反共體制問題日華意見一致，在經濟面有關合作事業與振興貿易等具體意見亦趨向一致，而本次協定有加入臺灣米五萬噸的追加問題，松岡駒吉委員認為臺灣米追加問題不是單純的經濟問題，必須努力於政治性的解決，其他就經濟合作以及包含文化面等各種尚未議決相關事項，將移到同年 10 月在臺北舉行第 2 次全體會議時將以常任委員會決定的方式再進行討論。[355]

　　在這次的會談中最值得注意的課題，是有關共同開發東南亞合作計畫一事。日華雙方在非正式的會談場合中，以接近「密談」的方式進行協商。在 4 月 12 日外務省亞洲局第二課將入手情報以「日華合同東南亞訪問團計畫一事」為題編輯為內部參考資料分發給省內關係者。這份參考資料被視為是自民黨加藤氏訪問亞洲局第二課時「秘密對談」的資料。該文書中首先提及，大野伴睦派議員櫻內、福田、犬養、倉石、村上、西鄉、船田等八位議員，於 4 月 9 日晚上在神樂坂松之枝料亭，招待日華協力委員會中國方面代表胡建中、陳雪屏、羅萬俥、汪公紀四人（黃朝琴因滯留神戶所以不參加）和宋越倫。在會中，汪公紀（中日文化經濟協會幹事長、張群直系）提示有關日華合作東南亞訪問團計畫，日本方面亦表贊同，大野直系的村上勇議員開始計畫立案，透過岸派直系川島正次郎得到岸總理的贊同後，岸和大野兩氏也確定支持藤山愛一郎，國府方面汪公紀亦表示得到張群的了解。這個訪問團的成員預定有議員七名、經團連三名、中國方面五名，團長由砂田重政（總務會長）擔任，訪問時間預定在 6 月至 9 月上旬；另外，就實現成行的可能性來說，岸總理是經濟外交推動論者，所以對於東南亞訪問計畫是不會有異議，經團連對於臺灣的關心也將其作為親善之橋，所以能得到和東南亞華僑連

[355] 1957 年 4 月 8 日，〈多大の成果收めて日華協力委閉幕　政治、経済、文化に意見完全一致〉，「日刊日華通信第 1565 号」，「本邦に於ける協会及び文化団体関係：日華協力委員会（第一卷）」（日本外務省保存記錄第一四回公開，I'.1.8.1.1-56，リール番号：I'-0101），頁 1725。

結，應該也不會有異議。對國府方面而言，強調此種日華合作東南亞訪問團對其在華僑政策上是有助益的。[356]

　　從上述的參考資料得知，此時期日華兩國有積極協力共同開發東南亞的高度共識。對日本而言，岸首相在擔任石橋內閣的外相時，即力陳推動東南亞經濟外交的重要性，甚至在 1957 年 1 月下旬在亞洲太平洋外交代表機構主事會議時，亦高舉「東南亞區域是『日本外交的中心之地』」的口號，乃積極進行對東南亞外交構想的制定。[357] 雖然當時日本採取對中共貿易，但是因受到美國對亞洲的「封鎖政策」的影響及諸多限制下，與中共的貿易交流並無多大成長。另一方面，東南亞的資源與市場對日本而言，可說是非常具有魅力的「海洋亞洲」。因此，當岸外交正式登場後，具有魅力的「海洋亞洲」也就順勢被涵蓋在岸外交的射程範圍。但是，眾所周知，東南亞的經濟力有一半是掌握在中國裔的華僑（有時被稱為華人）手上，有一部分的華僑對於國府的處境是站在同情且支持的立場，相較於日本戰前因侵略過東南亞，所以當地反日情結相當強烈而且嚴重。為此，依照岸的外交構想，對於進出東南亞並沒有如此地簡單，岸所考慮是對東南亞進行經濟外交時，為緩和降低東南亞華僑的反日情結，必先尋求得到國府的支持。

　　另一方面，獨立後的日本，積極持續與中共進行經貿往來，這對國府而言是最不希望看到的結果。為此，國府方面苦惱日本對中共貿易一事，因而構想展開對於岸信介推行東南亞開發的合作計畫，努力使岸首相所關注的視線由中國大陸轉移到東南亞區域。再者，國府方面將推進東南亞共同開發合作計畫的政策決定是前一年的 6 月到 7 月初左右，當時國府外交部長葉公超及時任行政院新聞局長沈錡也相繼訪問視察東南

---

[356] 1957 年 4 月 12 日，〈日華合同東南亜訪問団計画の件〉，「本邦に於ける協会及び文化団体関係：日華協力委員会（第一巻）」（日本外務省保存記録第一四回公開，I'.1.8.1.1-56，リール番号：I'-0101），頁 1735–1736。

[357] 「あすからアジア太平洋公館長会議　新局面の外交を検討」，《朝日新聞》，1957 年 1 月 23 日。

亞諸國，國府高層也檢討他們的訪查報告，內容要旨如下：

> 在中共顯著的經濟攻勢下，即使反共的華商，為求生存亦不得不與中
> 共接近的現實情況愈是明朗。如果就此放任漠視的話，未來在東南亞
> 有號稱近 1 千 1 百萬的華商將倒向中共。值此之際，國府斷然祭出積
> 極的攻勢，放棄只宣傳「排斥中共製品」的作法，決定更務實地強力
> 推銷「臺灣製品」，在政治上把華商留在反共陣線，同時謀求與之貿
> 易往來的一石二鳥之策。[358]

由上述有關國府關注東南亞的視線，不難察知其重視華商動向的程
度，而且認為他們是反共的重要戰力。國府以經濟方面考量東南亞政策
是為對抗中共貿易傾銷的經濟侵略，可想而知這是一種無視生產成本的
「政治對價戰略」，這對於生產成本過高的日本製品將帶來很大的負面
效應。然而，若從國府的全體戰略來看，透過「日華合作」對東南亞共
同開發的合作計畫，依互惠原則實現日華合作，同時日華兩國皆屬自由
主義陣營，所以趁機推進強化亞洲反共體制的意圖是可見一般。

第三節　岸首相訪問臺北

一、為何會訪問臺北呢？

1957 年 6 月 2 至 4 日，日本首相岸信介到臺北進行三日行的中華民
國訪問。此乃 1912 年中華民國建國以來，首次有現任日本首相訪問的
情形[359]。而岸信介將訪問國府，作為訪問東南亞諸國行程的最後一站。

何以岸信介會將訪問東南亞與國府合併在一起呢？而岸信介訪問國

---

[358] 「国府、東南亜経済進出ねらう　中共品の排斥を目的」，《每日新聞》夕刊，1956 年 8 月 6 日。

[359] サンケイ新聞社，《蒋介石秘録（下）》（東京：サンケイ出版，1985 年"改訂特裝版"），頁
495。

府的目的為何呢？這些問題，應當先從岸信介要赴東南亞各國訪問開始探究起。

第二次世界大戰之後，美國為了擔心共產勢力滲透進亞洲，因此採取「圍堵」政策，遵循美國亞洲政策的日本並未與中共建交，因此失去了中國大陸的市場。而亞洲大陸除了中國以外擁有極大市場及資源，以及地緣上離日本最近的地區，除了東南亞之外別無二地。此外，正如前述所言，岸首相在擔任石橋內閣外相起，便積極推動與東南亞的經濟外交，而在亞太外交代表機構主事會議期間，便表明意欲訪問東南亞的意願[360]。因此，在同年 6 月中旬後，開始安排訪美等外交行程。岸首相在 6 月訪美之際，針對東南亞經濟開發的合作問題，與《日美安保條約》的修改、日本防衛能力的整備、沖繩與小笠原的領土問題等，並列為此次訪美的會談要項之一[361]。易言之，岸首相希望能讓美國高層理解到，對日本而言，與東南亞諸國的經濟合作乃是極為重要的問題，倘若可行，希望能得到美國提供日本對東南亞經濟合作的積極性援助。

岸首相對此意向的真實目的為何呢？根據《中央公論》1980 年 2 月所刊載的〈官界政界六十年〉為題之岸信介前首相的回憶表示：「本人在就任內閣總理時，便有訪美的想法，東南亞必須是捷足先登的地區，與美國交涉時，不能讓日本孤立，能夠代表亞洲的僅有日本而已，這正是我的想法。戰後無論何人就任日本首相，皆沒到過亞洲諸國。倘若與這些國家元首會面，來思慮亞洲未來，與美國的關係將會更加緊密。」[362]。針對岸信介的回憶，古川萬太郎在《日中戰後關係史》中，針對岸信介訪問東南亞的意圖，在下做個深度說明：

---

[360] 「岸外相、東南ア歷訪か」，《朝日新聞》，1957 年 1 月 26 日。

[361] 「岸訪米とその問題点　東南アジア經濟協力」，《每日新聞》，1957 年 4 月 12 日。

[362] 伊藤隆（インタビュー・構成）、岸信介、矢次一夫「官界政界六十年　石橋內閣から岸內閣へ：岸信介元首相連続インタビュー⑥」，《中央公論》第 95 卷第 2 号，1980 年 2 月，頁 303–313。

岸信介訪問東南亞意圖的基本構想，簡言之就是以美金為背景，讓日本協助東南亞的經濟開發，確立對東南亞的政治指導權，同時謀求日本企業進軍東南亞。而此真實的原因，就是日本一國對美國發言權極弱，假若日本能成為亞洲的盟主，將會強化日本對美國的影響力。[363]

　　基於岸的回憶及古川的解釋，岸的「代表亞洲的日本」乃是指，在日本回歸為「亞洲一員」的同時，也擁有「日本藉成為亞洲盟主，強化日本對美國的影響力」之意圖。也就是說，岸首相訪問東南亞各國的意圖之一，就是希望將來對美交涉時，打下一個有利的基石。易言之，岸信介希望在訪美前與東南亞各國元首會談，強化彼此之間的合作關係，並以扮演這些國家日後經濟發展的重要角色「亞洲中的日本」為基礎，希望向美國確立新的美日合作機制。[364]

　　另一方面，隨著日本的經濟發展，國際地位亦日趨上昇，日本國會亦有從美國「獨立自主」及批評安保體制等不滿聲浪日益高漲。岸信介外交構想的重要目標之一，就是希望藉由國內的政治情勢，達到修改《日美安保條約》的目的。因此，岸信介為了得到美國對修改《日美安保條約》的支持，勢必得修正鳩山內閣以降的親中共之對中方針。而岸信介藉由訪問臺灣的國府，表達與美國的亞洲政策—意即反共戰線立場一致的外交政策[365]。另外，在第二節已分析過，在岸信介致力於東南亞經濟外交時，為了降低東南亞華僑的反日情緒，必須要得到國府的支持。因此由以上事項可看出，岸信介訪問國府的日本對華政策，在岸內閣時期的亞洲外交中占有重要角色。

---

[363] 古川万太郎，《日中戦後関係史》（東京：原書房，1981 年），頁 135。

[364] 林茂、辻清明編者，《日本內閣史録 5》（東京：第一法規出版株式会社，1981 年），頁 390。

[365] 何思慎，《擺盪在兩岸之間：戰後日本對華政策 1945–1997》（臺北：東大圖書股份有限公司，1999 年），頁 58。

二、調整訪臺行程的經過

　　基於上述理由，岸首相希望能在訪美前進行訪問東南亞的外交行程，外務省便於 4 月 11 日開始針對岸信介的外交構想，調整出外國訪問計劃案[366]。該計劃案在翌日由岸首相兼外相向日本駐中華民國大使堀內發函一篇〈大臣訪問東南亞一案〉為題之訓令電報。該電報中表示：「本相在訪美之前將訪問東南亞各國，與各國領導人進行會談後，希望能儘速前往貴國訪問。期許在貴國行程允許之下，能夠儘速回電。此外，正式訪問將預定以別的訓令發函。」[367]。由岸信介的訓令電報可知，岸在訪美前希望能先訪問東南亞，在回程同時打算訪問國府一事，安排進外國訪問計劃案。

　　然而，岸信介意欲訪問國府並非在上述時機點首次表示，而是在中華民國外交部部長葉公超自聯合國總部回臺時，於 3 月月底進行訪日並於東京滯留兩天的時間裡[368]，便已經表明其想法。3 月 28 日上午，葉部長赴外務省訪問並與岸總理進行會談之際，葉部長即對岸首相表達邀訪國府之請。關於此會談內容，外務省亞洲二課對此編集一篇〈岸總理與外交部葉部長會談錄〉，並以「極機密」資料讓外務省相關人物閱覽。關於訪問國府的細節，將引用下述資料：

葉：本人已耳聞總理預定訪問美國與東南亞，那麼何地為優先訪問呢？

岸：目前暫定在 5 月 18 日國會休會之後才會進行訪問；但目前尚未決定要先訪問何地。倘若美方在 6 月左右方便的話，將預定先訪美；倘若秋季方便的話，將優先訪問東南亞。

[366]「岸訪米とその問題点　東南アジア経済協力」，《每日新聞》，1957 年 4 月 12 日。

[367] 1957 年 4 月 12 日，〈大臣東南ア歷訪の件〉，「岸総理第一次東南アジア訪問関係（1957.6）タイ、中華民国の部」（日本外務省保存記録第一三回公開，A '.1.5.1.3-3，リール番号：A'-0152），頁 99–101。

[368]「葉国府外交部長今夜入京」，《每日新聞》夕刊，1957 年 3 月 27 日。

> 葉：赴東南亞訪問時，請務必來臺灣訪問，本人代表中華民國政府邀
> 請總理閣下。

> 岸：萬分感謝葉部長的邀請。先前永野氏與唐澤氏前往貴國訪問時，
> 已收到蔣總統閣下的親筆信；但一直沒有訪問臺灣的機會，本人
> 對此深感遺憾，希望在訪問東南亞前，能夠先至臺灣進行國事訪
> 問。[369]

在該會談錄中，岸信介以「口頭」答應葉公超將赴國府訪問。兩週後，此「口頭約定」確實將訪問國府一事加進外國訪問計劃案，此事可謂是岸信介親華外交的重要意義。此外，外務省亞洲二課在會談兩天前，便在為岸總理與葉外長會談時所「應談論之話題事項」替岸外相進行準備。其中，關於日本基本對中政策，將在下述強調之：

> 我國（日本）做為自由陣營的一國，應該優先持續與中國建立永遠友好親善的關係，此事必須放在心上。特別是由地緣位置來觀察，遠東地區應當儘速安定下來。然而極為遺憾的是，我國即使到現在為止，亦從未有要承認中共的想法。此外在聯合國上，其他多數國家支持貴國政府的意志亦不會改變。

此要旨之中對於中國政策有二大意義，其一是強調以「聯合國動向」調整對中方針；另一項則是強調站在「自由主義陣營」的反共戰線立場之意識型態。意即岸政府對中政策是依「聯合國動向」為依據的同時，也藉由訪問國府一事，支持「自由陣營的一國」之立場，也向美國傳達保持對美協調的外交立場之意圖。[370]

---

[369] 1957 年 3 月 28 日，〈岸総理と葉外交部長会談錄〉，「日本・中華民国間外交関係雑件」（日本外務省保存記録第一四回公開，A'.1.2.1.7，リール番号：A'-0356），頁 340–342。

[370] 1957 年 3 月 26 日，〈岸総理と、葉外交部長会談において話題となりうべき事項（岸大臣応接要旨）〉，「日本・中華民国間外交関係雑件」（日本外務省保存記録第一四回公開，A'.1.2.1.7，リール番号：A'-0356），頁 337–339。

　　自從岸信介就任日本首相後，便積極與中華民國強化關係，此事可由岸首相訪問東南亞國事訪問計劃中，加入訪問國府一事了解。訪問國府的訊息正如上述，在 4 月 12 日向日本駐臺北大使堀內傳達。收到此訊息的堀內大使，在 13 日拜訪外交部與外交部部長葉公超會談之際，被委託將此訊息傳達給蔣介石總統。該日下午，堀內大使將此會談內容將〈大臣訪問東南亞一案〉為題之「急速」電報予岸信介。[371] 一週之後，決定調整訪問東南亞各國的行程，而岸信介亦發函堀內大使一篇〈岸總理訪問東南亞諸國之正式訓令一案〉為題之訓令電報，表示訪問時程將在 5 月 31 日（週五）14 時由曼谷出發、21 時 40 分抵達臺北 [372]。然而，由於訪問計劃行程有變，因此岸信介在 22 日發函〈大臣訪問東南亞行程變動一案〉之「特急電報」予堀內大使，並希望在正式申請電報到達之前，能夠有所相關安排。[373] 兩天後，該訪外行程變更案正式確定，岸信介發函了一篇〈岸總理訪問東南亞諸國行程之確定一案〉的訓令電報給堀內大使。其中說明變更原因是因「國會會期的關係，因此在 5 月 18 日由東京出發是極為困難。」，而也希望向國府再次說明，岸總理訪問國府的日期，將改至 5 月 31 日至 6 月 2 日。[374] 收到此「確定行程」訓電的堀內大使，便於 26 日前往中華民國外交部，並攜帶著同日的官方信函，向國府表達岸總理即將訪問國府，國府亦針對岸信介的到訪表達歡迎之意。翌日，堀內大使便將此通報狀況，發函一篇〈岸總理訪問東

---

[371] 1957 年 4 月 13 日，〈大臣東南ア歷訪の件」第五九号（至急）〉，「岸総理第一次東南アジア訪問関係（1957.6）タイ、中華民國の部」（日本外務省保存記録第一三回公開，A '.1.5.1.3-3，リール番号：A'-0152），頁 102。

[372] 1957 年 4 月 20 日，〈岸総理の東南ア諸国訪問に関し正式申入方訓令の件〉第七五号，「岸総理第一次東南アジア訪問関係（1957.6）タイ、中華民國の部」（日本外務省保存記録第一三回公開，A '.1.5.1.3-3，リール番号：A'-0152），頁 103–105。

[373] 1957 年 4 月 22 日，〈大臣東南ア訪問スケジュールに変更の件〉第七六号，「岸総理第一次東南アジア訪問関係（1957.6）タイ、中華民國の部」（日本外務省保存記録第一三回公開，A '.1.5.1.3-3，リール番号：A'-0152），頁 107。

[374] 1957 年 4 月 24 日，〈岸総理の東南アジア諸国訪問のスケジュール確定の件〉第七九号（大至急），「岸総理第一次東南アジア訪問関係（1957.6）タイ、中華民國の部」（日本外務省保存記録第一三回公開，A '.1.5.1.3-3，リール番号：A'-0152），頁 109–111。

南亞諸國之行程確定一案〉為題的回訓電報給予岸信介。[375] 由以上行程調整的經過來看，可知岸信介訪問國府成為訪問東南亞諸國的一環。

　　為了岸信介訪問國府準備的一環，4 月 25 日日本外務省便召見中國駐日大使沈覲鼎，並由外務次官大野勝巳說明岸總理訪問東南亞諸國計劃的經過，並向沈大使說明岸總理訪問國府的日期。然而，在會談之際，當時日華之間產生了情況「不順」的懸而未決之事，此乃即是日華通商會談中的臺灣米採購問題。針對此問題，沈大使便將國府立場告知予大野次官：

> 此問題倘若無法解決，岸總理來訪之際，恐怕會成為一大問題。儘管五萬噸臺灣米的報價問題，已由口頭約束加以解決；但日方可能會自中共購米，問題可能會變得更為雙重的困難。倘若無法購買臺灣米，則無購買日本肥料的外匯，對日華雙方貿易將產生重大問題。昨日在美國大使麥克沙的晚宴上，本人有與通產大臣水田同桌，因此有短暫會談，水田大臣對此事也理解，而本人也準備與農林大臣井出會談；但也必須在閣議加以研議。特別是此次岸總理訪臺前，一旦米的問題有了妥協，可能會在氣氛良好下得以進行訪問，相信對雙方是件極好的狀況。[376]

大野次官對沈大使的質問做出下述答覆：

> 本人針對米的問題，將向岸總理加以報告，外務省將命經濟局長加以研議。[377]

---

[375] 1957 年 4 月 27 日，〈岸総理の東南アジア諸国訪問のスケジュール確定の件〉第七五号，「岸総理第一次東南アジア訪問関係（1957.6）タイ、中華民国の部」（日本外務省保存記録第一三回公開，Aʼ.1.5.1.3-3，リール番号：A'-0152），頁 125。

[376] 1957 年 4 月 25 日，〈沈中国大使に岸総理の台湾訪問通報の件〉，「岸総理第一次東南アジア訪問関係（1957.6）タイ、中華民国の部」（日本外務省保存記録第一三回公開，Aʼ.1.5.1.3-3，リール番号：A'-0152），頁 112–122。

[377] 同上註，頁 122。

　　由此次的會談可知，日本積極調整岸信介訪問國府的行程，在日華通商會談上因為購買5萬噸臺灣米的問題，引發日華之間友好關係的「不快」。而此問題在第二節約略說明。然而國府方面針對此「不快」的氣氛，表示日本以豐收為由不需進口臺灣米為擋箭牌；但對是否會從中共進口稻米一事表達強烈不滿與疑感。[378] 意即此「不順」的情況並非單純的經濟問題，而應該定位在兩國外交層級的政治問題。由此見解而言，由於購買臺灣米的問題成為日華之間懸而未決之事，在岸總理訪問國府期間與蔣總統進行「元首會談」時，臺灣米對日出口問題想必會成為一大議題。

三、事前準備作業

　　日本決定訪問國府行程後，接下來將著手準備聲明及致意的草案。外務省大野次官與中國駐日沈大使會談後，同日大野便向岸信介報告與沈大使的會談內容，岸信介為了掌握國府方面的希望與當地情勢，便決議聽取堀內的意見，並針對訪問事項進行事前準備，並以訓令電報發函予駐臺北大使堀內。該訓電之中，除了岸信介訪問國府之際的聲明及致意的草案，除應考量當地的氣氛外，亦要求針對國府可能提及事項的議題與質問內容一事做出回答要點。[379]

　　收到岸信介訓令要求的堀內大使，在十天之內開始進行調查作業，於5月5日發函三封回訓電報給岸信介。首先，將一篇〈關於岸總理與國府元首會見一案〉為題的第81號「極機密」回訓電報送交給岸信介，此回訓內容主要是針對日華關係的重要問題加以說明。此內容將在下述簡言之：

---

[378] 「東南アジアの国々（5）"反共戦力"華商を重視」，《朝日新聞》，1957年5月19日。

[379] 1957年4月25日，〈岸総理の東南ア旅行に関し、挨拶案等の準備に関する件〉，「岸総理第一次東南アジア訪問関係（1957.6）タイ、中華民国の部」（日本外務省保存記録第一三回公開，A'.1.5.1.3-3，リール番号：A'-0152），頁173–175。

蔣介石在準備中共當面攻擊的同時，也抓緊時機伺機反攻大陸，以回復國權為目標。因此在充實軍備的同時，亦參照三民主義積極建設臺灣，並整頓其自給自足體制，希望成為日後復國後統治大陸的據點。而美國對此方針全面支持，締結相互防衛條約並設置臺灣防衛司令部，亦配備第七艦隊與第十三航空隊，並給予年平均 3 億 2,500 萬美金的軍事經援。因此國府暫且要準備樹立政戰兩面，而蔣總統早已認知日本政策動向將對國共平衡有極大影響，務必將日本留在自由陣營，而希望維繫此考量與支持。而日本參加亞非集團、日蘇復交、促成與中共貿易、在野黨的言論等，將抱持著逐漸靠攏共產勢力而走向中立主義的懷疑。而右述將透露各種機會，而日本為了確立經濟自立與國防安全，勢必與美國等自由國家進行合作，因此可理解與國府關係的立場，並給予適當的經濟援助，而為了消除此疑慮，在加深對日信整感的同時，並以此為槓桿，強化日本對中立場。同時，透過國府而利用華僑的經濟勢力，而東南亞諸國亦是促成日本經濟合作與有助日本經濟補給線的確保，乃是上策。此時與國府元首會談乃是由上述大局觀點加以思考。[380]（注點為筆者所加）

綜合上述，國府得到來自美國的軍事與經濟的支援援助；但國府依舊對日本抱持著不信任感，在日本希望留在自由陣營的同時，亦為了消除國府的疑慮與加深對日本的信任感，日本對此採取的對應提供其意見。而給予國府適當的經濟合作，並透過國府而利用華僑的經濟勢力，而東南亞諸國亦是促成日本經濟合作與有助日本經濟補給線的確保之內容，亦被書寫進去。

另外，堀內在 5 日的〈關於岸總理訪問東南亞諸國一案〉為題的第82 號「極機密」回訓電報給岸信介。該電報表示出堀內的見解：「日本

---

[380] 1957 年 5 月 5 日，〈岸総理の国府首脳と会見に関する件〉第 81 号（極秘），「岸総理第一次東南アジア訪問関係（1957.6）タイ、中華民国の部」（日本外務省保存記録第一三回公開，A＇.1.5.1.3-3，リール番号：A'-0152），頁 230–232。

一直表示堅持反共政策，並與自由諸國進行安全的合作，而日本與國府的經濟合作是日華合作與東南亞通商有所關連。此外為對抗中共傾銷等經濟攻勢，而中國方面以華僑為立足點進行日華合作，此乃是日本的希望，因此期許能儘速達成具體合作政策。」[381]

與此同時，堀內大使在 5 日的〈關於岸總理東南亞之行與各國的致意案等準備一案〉中，針對此次會談內容進行預想的試案之第 83 號「極機密」回訓電報給岸信介。該試案當中，堀內大使表示日本意圖推動與中共貿易之際，關於中共通商代表的派駐與中共旗幟等政治性活動表示，「日本在國際條約範圍內進行民間交易，即便承認中共通商代表，亦不得承認外交特權或其他官方資格。」而當蔣總統質問日本有關「兩個中國」相關言論時，必須以「至此我方密切注意」加以回應。而關於聯合國的國府地位，亦需表明「日本承認國府為唯一的正當政府，並一如以往地給予支持。」此外也可能預測國府會詢問「岸總理訪問東南亞諸國之印象」。[382]

自 6 日至 15 日，堀內大使一共發了 3 封〈岸總理與國府元首會見一案〉、3 封〈關於岸總理東南亞之行與各國的致意案等準備一案〉、1 封〈總理抵達臺北之官方聲明案〉、1 封〈關於岸總理訪臺時致意等一案〉，以及送交當地情勢與國府希望的報告。[383]

---

[381] 1957 年 5 月 5 日，〈岸総理東南アジア諸国訪問に関する件〉第 82 号（極秘），「岸総理第一次東南アジア訪問関係（1957.6）タイ、中華民国の部」（日本外務省保存記録第一三回公開，A '.1.5.1.3-3，リール番号：A'-0152），頁 233–235。

[382] 1957 年 5 月 5 日，〈岸総理の東南ア旅行に関し各国における挨拶案等の準備に関する件〉第 83 号（極秘），「岸総理第一次東南アジア訪問関係（1957.6）タイ、中華民国の部」（日本外務省保存記録第一三回公開，A '.1.5.1.3-3，リール番号：A'-0152），頁 176–179。

[383] 1957 年 5 月 7 日，〈岸総理の国府首脳と会見に関する件〉三通、〈岸総理の東南ア旅行に関し挨拶案等の準備に関する件〉三通、〈総理台北到着の際のステートメント案の件〉一通、「岸総理の訪台に際しての挨拶等に関する件〉一通，「岸総理第一次東南アジア訪問関係（1957.6）タイ、中華民国の部」（日本外務省保存記録第一三回公開，A '.1.5.1.3-3，リール番号：A'-0152），頁 180–190，230–239。

　　此報告在說明「確保國家及國民的自由，以及經濟文化的建設，乃是今日亞洲各國共同面對的目標與使命。在與蔣總統等國府高層會談的機會上，能夠針對國際情勢的研擬與日華合作，坦率地交換意見，期許能夠強化日華友好合作」的同時，也預想到會針對日本對中共態度、日華合作及東南亞經濟合作放進議題之中。伴隨著此事前準備，可推測日本在進行對中方針的調整。由此可知，日本依然在中共政策採取「政經分離」的態度，對國府政策也有些許的變化。此時機點的日本對華政策，並非全然以國共敵對關係的視角來看，並與岸的東南亞經濟外交結合，希望藉由東南亞共同開發的日華合作，將國府對中共政府的敵對態勢，移轉到對有「海洋亞洲」之稱的東南亞地區的經濟合作。在上述日本駐臺北大使所送之當地情勢與國府期望相關報告，可說是反映出一部份日本對華政策調整的參考依據。

四、日華元首會談

　　岸首相一行人經過約兩週的東南亞國是訪問後，便按照既定行程在6月2日23時抵達臺北進行最後的的訪問。抵達臺北之際，岸首相在松山機場舉行短暫的記者會，並發表「中華民國諸位國民在英明睿智的蔣總統閣下指導之下，為了捍衛自由、建設文化與經濟，終日精進努力，本人對此抱著極大的敬意。今日本人得到親身前往貴國的機會，本人對此由衷欣慰」之官方聲明（附錄八）。[384]

　　翌日上午，岸總理一行人拜訪蔣介石總統、陳誠副總統、行政院俞鴻鈞院長、外交部葉公超部長等國府高層，3日16時10分與4日上午10時舉行兩次日華元首會談的訪問行程。在此，將介紹岸首相與蔣總統元首會談的經過會談錄。

---

[384] 1957年6月2日，〈台北到着に際しての岸総理大臣の声明〉，「岸総理第一次東南アジア訪問関係（1957.6）タイ、中華民国の部」（日本外務省保存記録第一三回公開，A '.1.5.1.3-3，リール番号：A'-0152），頁200–201。

（一）岸蔣首次元首會談

　　岸總理在3日16時10分於士林官邸與蔣總統進行約2小時的會談。兩國的出席者分別為：日方有內閣官房副長官北澤直吉、外務省政務次官井上清一、外務省亞洲局局長中川融、日本駐中華民國大使堀內謙介；國府方面則有副總統陳誠、外交部部長葉公超、行政院院長俞鴻鈞、總統府祕書長張群、中華民國駐日大使沈覲鼎、中華民國駐日大使館參事官宋越倫等人，雙方的政府高層皆同席。在首次會談中，將以日本外務省所公開的昭和32年6月的第13回保存紀錄文書之岸總理大臣訪問東南亞訪問紀錄第四號「總理大臣與中華民國蔣總統會談錄」為依據，而首次會談的要點如下所述：

　岸：日本所要走的道路有三項。第一即是聯合國中心主義，遵循《聯
　　　合國憲章》對世界和平做出貢獻；第二是自由主義、民主主義，
　　　與相同理念的國家強化其合作，日本亦反對共產主義，不採中立
　　　主義；第三則是以亞洲國家的一員，與亞洲諸國進行緊密關係的
　　　合作，沒有繁榮的亞洲就沒有亞洲的和平。本人是抱持著上述觀
　　　點訪問東南亞五國，……日華兩國保持著緊密的合作乃是極為重
　　　要之事。然而不幸的是，貴國與共產黨相爭的結果，導致今日的
　　　結果。說起經濟或通商的問題，經濟上的安定對亞洲的安定乃是
　　　不可或缺，日本希望在能力所及的範圍提供協助。關於通商問
　　　題，日華兩國在地緣位置上相近，可互相做為互補。特別是米的
　　　問題，尚未看出兩國之間意見完全的一致，日本希望儘可能地做
　　　出讓步而努力，日本的商社也必須做出表示。促進亞洲的經濟開
　　　發而有亞洲開發基金的構想，第二則是有技術訓練中心的構想。
　　　關於文化交流，日華合作促進委員會也做了很多努力，希望能考
　　　慮引進日本的報紙與電影。最後本人想針對禁止核彈實驗一事表
　　　達意見，日本的廣島、長崎在二戰末期深受其害，其後又在比基
　　　尼環礁深受其害，中止核彈實驗的聲音乃純粹是國民情感的聲

浪，日本政府的想法是「基於管理原則應當禁止」。以上是本人的淺見，希望能聽聽蔣總統的高見。

蔣：本人十分理解日本人對中止核彈實驗的想法。……也了解日本主張本問題的理由；但不知為何印度在此時也提及此問題。岸總理所言之三大基本方針，本人深有同感。縱觀現今亞洲的狀況，如印度即有可能成為亞洲盟主；但印度在政經或文化上尚未有此實力，因此亞洲的中心即是日本與中國，不幸的是今日中國卻面臨如局面。而本人對日本驚人的復興表現，正是表示日本才是亞洲的領頭羊。

岸：本人代表日本深感感謝。……日中兩國擁有古老文化，日中相互合作方為亞洲的中心。倘若日、華、美三國相互理解與合作而連結，對亞洲的將來，本人認為是可抱著期待。

蔣：本人深有同感。……日本在數十年來的軍部大陸政策，可謂失敗收場，日本必須要有新的大陸政策。此大陸政策乃是援助大陸人民，並以此為合作政策。近年日本將眼光投向東南亞，根本做法應將眼光放在中國大陸；但只要大陸被中共支配統治，新大陸政策就無法成形。本人認為日本應與自由中國合作，合作來解放大陸，方為日本的新大陸政策。……岸總理明確以民主自由為基礎，明確表達出反共態度，希望能對解放中國盡貴國的力量。日本國會現今是貴黨的實力較強。就以本人來看，岸總理一定能實現遠大的新政策。

岸：蔣總統對共產黨有極深的體驗。日本在戰後失去自信，為了贏回力量，保守勢力便集結起來。……今後集結的保守黨勢力將推動對共產黨的對策。中共問題不僅是中國問題，也是亞洲問題。日本國民對蘇聯與中國的情感不同，日本對中國擁有親愛的情感，

大陸如今被中共占領，對日本而言並非是他國的問題。[385]

（二）岸蔣第二次會談

　　由於前日會談已超過預定時間，因此蔣總統提議 4 日上午再度舉行會談。而岸總理亦於 4 日上午 10 時前往士林總統官邸拜會蔣總統，舉行第二次元首會談。此次會談出席僅有岸信介總理與蔣介石總統，並由總統府祕書長張群擔任翻譯。下述將介紹岸首相與蔣總統第二次元首會談的經過：

蔣：吾等一定要恢復中國大陸，並有著自由中國的信念，也有此決心。為此，中日合作是有其必要性，此外美國能夠加入，達到三國合作亦有其必要性。

岸：本人在訪美之際，即欲修正日美之間的誤解與不正確的理解，並連結強而有力的關係。日美之間所要調整的諸項問題，在此先做個說明。日本是採取堅決反共立場。我國目前感到最大的問題即是韓國問題與中共問題，日韓交涉時，我方對李承晚總統的堅持立場感到困擾。而日本人也對中國抱有一種鄉愁。但是，在貿易關係上並無與政治上有任何連結，完全沒考慮要承認中共的代表權。

蔣：李承晚總統的確非常頑固，有機會的話，本人將從旁協助。中共問題無需再提起；但承認通商代表對我方是個難題，想必此乃為基石而進行。關於與美國的關係，美國對岸內閣深感期待。保守黨內閣倘若明確採取反共政策，想必諸多問題對日本都是有利的結果。希望今後日華兩國能夠緊密來往，本人親自訪日可能有困

---

[385]〈1957 年 6 月岸総理大臣東南ア訪問記録第四号〉，〈総理大臣と蔣中華民国総統との会談録〉，「岸総理第一次東南アジア訪問関係」（日本外務省保存記録第一三回公開，A '.1.5.1.3-5，現物公開）。

難；但將派遣張群等有力人士赴日訪問。此外，希望中日合作促
進委員會強力活動；但日本報紙卻大篇幅報導中共的消息，卻對
臺灣的消息沒什麼報導，本人深感困擾。[386]

　　此二回的日華元首會談可看出，亞洲的國際情勢、對東南亞的經濟
開發、日華合作及中共問題等諸多議題進行廣泛的討論，其中備受矚目
的即是中共問題。蔣介石在第一次會談中表示「日本應與自由中國合作，
共同合作解放大陸。本人認為此乃日本的新大陸政策。」在第二次會談
中則表明「恢復中國大陸，乃是自由中國所擁有的信念與決心。」易言
之，蔣介石藉由此次的日華元首會談，明確地向岸信介暗示「恢復中國
大陸」與「解放大陸」等「反攻大陸」的意志；但岸信介卻對蔣介石的
暗示並無直接答覆，僅以「反對共產主義，不採中立主義」及「完全沒
考慮要承認中共在政治的代表權」強調日本的反共政策，向蔣介石解釋
自身的立場。

　　然而，6 月 4 日的《朝日新聞》卻報導岸蔣會談中，對於蔣介石的
中共問題及日華關係之發言，岸信介卻表示「讓大陸回復自由，日本對
此深有同感。……倘若恢復大陸的話，本人認為這是不錯的事」。[387] 本
節所引用的乃是日本外務省的昭和 32 年 6 月的保存紀錄文書「總理大
臣與中華民國蔣總統會談錄」，岸的對中問題之相關報導乃是更加露骨。
但是，日籍研究者古川萬太郎基於《朝日新聞》的報導，在其著書《日
中戰後關係史》第 138 頁中提及「支持『反攻大陸』」的副標。古川基
於新聞報導的「事實」來解讀岸信介對華政策的「認知」，此次岸蔣會
談中，岸將中國視為對我國（日本）的「威脅」，支持「恢復自由大陸」

---

[386] 同上註。

[387] 「岸 "進んで経済協力" 蔣 "反共を徹底せよ"、三日の会談」，《朝日新聞》，1957 年 6 月 4 日。
此外，同日的《日本經濟新聞》的新聞報導表示：岸信介表示「以日本人為例，對俄羅斯與對中
共情感是大不相同。……就某種意義而言，中共比俄羅斯可惡。因此此意義認為應當解放中國本
土。」「中立政策とらず　核実験反対は国民感情から　岸首相、蔣総統と会談」，《日本経済
新聞》，1957 年 6 月 4 日。

並在日臺合作之下，可能會顛覆北京政權的存立。[388] 而古川也認為岸信介的發言，是想在擴大對中貿易的同時，也不想刺激國府，因此對蔣介石可能施以一種口惠的方式。[389]

綜合上述內容，古川強調，岸的發言僅不過對蔣的一種空頭支票罷了；但岸的發言是否贊成「反攻大陸」的意義？筆者因與古川蒐集的史料不同，因此有不同的見解。

那麼，關於筆者與古川持有不同見解這點，岸信介本人是如何考量呢？在 1981 年 6 月所出版的《岸信介的回想》中，針對岸信介對國府境遇與中國問題做出下述回想：

> 岸君，我等並不會長久居住於此，終有一日一定要回去中國。但臺灣人已長久定居於此，如果讓他們離開臺灣一定會無法生活。跟著我從中國來的人們，他們所有一切皆在大陸，我也了解對他們極為不公平；但我們不會長居於此，一定要給予他們一定的補償。

> 是以，用軍事力量逼迫大陸投降，我認為在實務上這是天方夜譚。因此，在臺灣構建起王道樂土，並以自由制度提昇國民生活，以此為模範展現給中國大陸看。總統閣下方才沉默一會，但也說了「岸君的穩健說法將加以參考，但並無除了軍事以外的解決方案。」[390]（注點為筆者所加）

根據岸信介本人的回憶，岸信介判斷蔣介石的軍事性「反攻大陸」政策無異是天方夜譚。因此向蔣介石傳達，與其「恢復大陸」，不如建設臺灣為自由制度與提高國民生活的「王道樂土」。易言之，岸信介的真實意義，應當是不希望國府「反攻大陸」。

---

[388] 古川万太郎，《日中戦後関係史》，頁 138–140。

[389] 同上註，頁 140。

[390] 岸信介、矢次一夫、伊藤隆著，《岸信介の回想》，頁 176–177。

　　岸首相在6月2日至6月4日，進行訪問中華民國（國府）的三天行。在臺北期間，岸首相與蔣總統等國府高層或領導人進行會談，兩國針對關切的問題坦率地交換意見。此會談在極為友好融洽的氣氛中進行，兩國元首也充分了解兩國政府的立場。4日中午，日本國總理大臣岸信介與中華民國行政院院長俞鴻鈞發表共同聲明（附錄九）：

- 兩國元首將依照《聯合國憲章》原則處理國際問題，並決意在聯合國緊密合作。

- 兩國共同合作，確保亞洲的自由，以及自由國家在經濟及文化的合作。

- 兩國首相確信將強化兩國之間的友好關係。[391]

　　該日華共同聲明強調「聯合國中心」、「自由主義陣營」、「亞洲的一員」，也就是以岸信介外交理念為中心，同時將增進兩國關係的日華合作框架灌輸進去。岸在下午16時從臺北出發，於晚間21時左右回到東京，結束訪問東南亞六國的外交行程。

　　此外，在此有一點值得注意，就是此次華日元首會談中臺灣米的購買問題。岸在問國府前的行程調整中，就是因為臺灣米的購買問題，成為華日兩國之間的「懸而未決之事」，並讓兩國關係陷入「不快」的氛圍。[392] 在3日的首次會談上，針對通商問題，岸信介向蔣介石做出了讓步的態度，表示「特別在米的問題上，兩國尚未達成一致的共識，日本方面將儘可能地，努力做出讓步」。而岸信介一行人也在訪問東南亞六

---

[391] 1957年6月4日，〈岸日本国総理大臣及び中華民国行政院長共同コミュニケ〉，「岸総理第一次東南アジア訪問関係（1957.6）タイ、中華民国の部」（日本外務省保存記録第一三回公開，A'.1.5.1.3-3，リール番号：A'-0152），頁167–169。

[392] 臺灣米購買在經過數月的日華通商會談後，岸信介在訪國府前為了日華兩國的友好關係，決定持續購入前年度所剩餘的5萬噸臺灣米，因此此對峙局面獲得暫時的解決。中華民國經濟部 編「民國四十六年度中日貿易計劃的簽定及其展望」，《經濟參考資料》第135期，民國46年9月16日，頁4。

國團歸國後，便積極處理臺灣米的購買問題。6 月 5 日，岸內閣在臨時閣議上決定，在該（1957 年）年度購買 15 萬噸的臺灣米。[393]

此次岸的國府訪問將是讓日華兩國友好關係更加緊密，針對購買臺灣米的問題也隨之解決，此外也看出岸內閣時期的「反共」、「對美協調」等基本外交政策。

第二節　第四次日中貿易協定對日華關係影響

一、藤山外相登場與藤山構想（通商代表設置與指紋問題）

1955 年 5 月所締結之第三次貿易協定中協議的核心，即是確立設立通商代表部與官方銀行間相互支付方式。然而，第三次日中民間貿易協定於 1956 年 4 月決議延長一年；但 1957 年 5 月就已過了期限，將呈現 5 月後無協定的狀態。因此，岸首相在訪問美國與東南亞後的外交行程中，第四次日中民間貿易協定乃是岸內閣必須面對的重要外交課題之一。

訪問美國歸國後的岸信介，於 7 月 11 日首次改組內閣，改變以往延續石橋前內閣政策的「首要階段性任務」，亦命藤山愛一郎接任岸信介本人兼任的外相，此內閣可謂是名副其實的岸內閣。[394] 就任外相的藤山在日美關係上自不在話下，在日本與中共關係上亦備受矚目，而即將到來的第四次日中民間貿易協定，乃是日中之間重要的「政治性」節骨

---

[393] 該年度的臺灣米購買量，日本政府當初決定 12 萬噸，此線在該年度的規約。對此，臺灣對日本前年的貿易規約預定不購買 15 萬噸，僅購買 10 萬噸，因此主張該年度加上上年度共計應購買 20 萬噸，貿易協定談判因此無進展。5 日的內閣閣議決定，政府購買臺灣的方針如下：①本年度的購買量將加上上年度剩餘的 5 萬噸，共計 15 萬噸。②上期為 5 萬噸，下期為 10 萬噸；但下期的 10 萬噸是以本年度內地米的收成為更改。③進口價格為 1 噸 147 美元。（FOB）。「台湾米十五万トン買付」，《日本経済新聞》，1957 年 6 月 6 日。

[394] 「岸改造内閣発足す」，《日本経済新聞》，1957 年 7 月 11 日。

眼。此貿易協定依然有高度「政治性」指標，可由設置通商代表部上知
曉。設置通商代表部的重要事項，即是職員按押指紋問題，[395] 此問題在
6 月已逐漸浮上檯面。易言之在 1957 年 6 月，便為了準備 1957 年秋季
預定在名古屋與福岡舉辦的中共商品貿易展覽會，中共方面希望中國國
際貿易促進委員會展覽部副部長張子泉等三人訪問日本，並藉由日中貿
易促進議員聯盟、國際貿易促進協會、日中進出口協會等三大團體，著
手入境日本手續相關事宜；但法務省卻正式向三團體發函表示：「不配
合按押指紋將無法承認入境」。[396] 意即日本政府對按押指紋的底線絲毫
無退讓之意。而此指紋問題將成為日中之間的課題，而備受注目。

　　然而，第一屆岸內閣首次改組後，日本的姿態似乎有放軟的傾向。
內閣改組 5 天後，外務大臣藤山、通產大臣前尾、法務大臣唐澤與自民
黨池田正之輔展開會談，針對第四次日中民間貿易協定中的重要課題—
通商代表職員按押指紋一事展開會談協商。會談的結果，基於先前社會
黨國會議員訪問中共之際，對於指紋問題將全面接受中共的主張；但政
府基於國際信用，須與執政黨黨內協商，決定在可退讓的底線上以民間
方式處理。[397] 由此可看出，日本官方政府與執政黨黨內對中共貿易有稍
微放軟的意圖。

　　但是，日本政府的做法依舊是以非友好與曖昧的意圖為基礎，中共
方面即表明對此不滿。25 日，中共首相周恩來接見訪中的日本民間廣播
使節團時，嚴正譴責岸內閣的態度，表示岸首相在臺灣發表對中共極為
不友好的談話，在日中貿易上採取按押指紋一事乃是對中共的侮蔑，甚

---

[395] 關於指紋問題，依據《外國人登錄法》第 14 條，原則上滯留在日本超過 60 日以上的外國人，皆要按押指紋。「外人登錄法改正へ　滯在期間延長　見本市に便法」，《每日新聞》，1957 年 8 月 10 日。

[396] 「"入国には指紋とる"法務省が通告、中共見本市の関係者」，《日本経済新聞》，1957 年 6 月 11 日。

[397] 「指紋問題、讓れる線を近く決定」，《日本経済新聞》夕刊，1957 年 7 月 16 日。

至在通商代表部的交換上顯得消極。[398] 數日後，中共決定不承認北京、天津等中國重要城市的日本商社駐員的延長滯留期限之方針，並向各駐員通告。[399] 更甚者，中共貿易促進委員會主席雷任民發表談話，表示因日本政府的從中阻撓，將中止今年秋季於名古屋與福岡舉辦的中共商品貿易展覽會之準備作業。[400] 中共方面採取此一連串的態度，乃是反映出周恩來首相談話為首的一連串對日強硬方針。

面對中共強硬對日態度的藤山外相，針對日中貿易與指紋問題有何見解呢？ 31 日，首次出席眾議院外務委員會的藤山，在面對戶叶議員的質詢時表示：

> 關於擴展增進與中共貿易，本人已說明過，希望日後在範圍之內能採取必要措施；但指紋問題容易與此問題產生混淆，如果要處理的話可能有些麻煩。本人認為指紋問題必須視為是另一種問題。……按押指紋問題並非單單僅限中共的問題，而是法律規定，滯留於日本 2 個月以上的外國人皆須按押指紋，所有外國人皆一視同仁，倘若中共因特例而無須按押指紋，本人有其困難性。[401]

二日後，即 8 月 2 日，藤山在參議院工商委員會上，針對參議員相馬助治對中共貿易與指紋問題的質詢明確表示：「指紋問題應與貿易分開解決。按押指紋並非單純針對中共，歐美人士也是採取同樣措施。」[402]

由上述答辯中可知藤山外相對於指紋問題的見解，藤山認為指紋問

---

[398] 「資料 39 日中関係に関する周恩来総理の日本新聞記者団に対する談話」，《日中関係基本資料集 1949–1997》（東京：財団法人霞山会，1998 年），頁 118–121。

[399] 「中共、在外商社に通告 駐在員の滞在延長を認めず」，《日本経済新聞》，1957 年 7 月 31 日。

[400] 「見本市の準備を中止 中共貿促委発表」，《毎日新聞》，1957 年 8 月 3 日。

[401] 《第二六回衆議院外務委員会議事録第二六号》，1957 年 7 月 31 日，頁 16–17。

[402] 《第二六回参議院商工委員会議事録閉五号》，1957 年 8 月 2 日，頁 6。

題應與貿易問題應該分開解決，而且按押指紋是法律規定，如果中共可免除按押指紋有難度。

　　另一方面，外務省、法務省等相關事務當局表示指紋問題並無事務性的權宜之計；但岸首相、藤山外相為了促進與中共的貿易，判斷有政治性權宜之計的必要性。因此，為了打破阻撓日中貿易關係的指紋問題採取對策，藤山外相在 9 日的記者會上表示：「設立通商代表部的狀況，不按押中共代表的指紋依現行法律規定，是承認對方為公務員的身分，而因為有承認中共問題，因此極難儘早解決，而代表設置問題也無法儘早決定。但是，本人認為貿易展覽會的情形，有權宜之計的解決方法。」[403] 易言之，日本政府高層意圖以政治手段的權宜之計，來找出其解決對策。

　　然而幾天後，外務省依照藤山外相的指示，在大野次官為首的各局長幹部會上，針對中共貿易展覽會與設立通商代表部所伴隨而來的，中共相關入境者的採集指紋問題進行協議。結果，事務當局以現行法律的外交辭令及其他外國人的關係，得出「採取權宜之計目前是有困難」的結論，並向藤山外相要求政治性的判斷。[404]

　　因此在 20 日，藤山外相收到外務省幹部會所得出的結論後，在閣議後的外務省記者會上表示「政府並非尚未決定關於通商代表部的想法；但也希望好好聽取執政黨黨內的意見。」，意即政府意欲對此事態採取靜觀其變的態度。[405] 翌日，自民黨日中貿易促進特別委員長池田正之輔與自民黨幹事長川島，針對日中貿易交涉展開會談，結果自民黨亦派遣池田之外的兩位人員出席。而池田在同日下午與藤山外相針對交涉內容

---

[403]　「政府、指紋問題に解決案　外人登録法改正へ　滞在期間延長見本市に便法」，《每日新聞》，1957 年 8 月 10 日。

[404]　「指紋問題、便法は困難　外務省幹部会結論」，《日本経済新聞》，1957 年 8 月 13 日。

[405]　「政府はなお事態静観　藤山外相語「中共代表部の承認」，《日本経済新聞》夕刊，1957 年 8 月 20 日。

進行協議；但最大的癥結點依舊是指紋問題，因此決定在 9 月代表團出發前得到結論。[406]

　　結果一週之後，日本政府決定在閣議發表《對於貿易展覽會當事人特別措施一案》。日本政府考量貿易展覽會意義與國際政治的特殊性，即使當事人滯留日本超過 2 個月，並不強制登錄及按押指紋。因此，日本政府勢必要調整伴隨中共開辦貿易展覽會的指紋問題的情況；但此次閣議並未觸及通商代表部指紋問題。[407] 藤山希望在縱觀諸多情勢後，採取靜觀其變的政策。

　　然而在 29 日，藤山在大阪工商會議所所召開的關西財界人士懇談會上表示：「政治與經濟必須做出明確的區別，本人正在思索，避免通商代表部有其政治上的意義，以達到通商的效果。」藤山甚至提出「藤山構想」表示，希望不要使用通商代表部之名，而是在日本設立中共的經濟團體事務所的形式，來處理純經濟的問題。假設以此種純經濟的處理方針，日本因設置事務所；但實際擔綱貿易業務的人員就可視為是準公務員，也可免除按押指紋的手段，同時也能解決中共的面子問題，並達到實質貿易的效果。[408]

　　換句話說，藤山希望通商代表部問題能夠與承認中共的政治關係完全脫勾，代表部的幾位職員視之等同為公務員，可免除按押指紋。[409] 然而，外相的通商代表部構想立即傳達給國府與美國知曉，而通商代表部問題實質進入解決階段，是在藤山外相自聯合國總會結束回國之後。

---

[406] 「"指紋"来月初め結論　日中貿易」，《每日新聞》，1957 年 8 月 22 日。

[407] 「指紋問題に措置　見本市当事者猶予を二週間延長　閣議決定」，《日本経済新聞》夕刊，1957 年 8 月 27 日。

[408] 「通商代表部に代え　実務機関を認可か　日中貿易、藤山構想」，《日本経済新聞》，1957 年 8 月 30 日。

[409] 「『事務所』ならよい　中共通商代表部外相、解決策語る」，《每日新聞》，1957 年 8 月 30 日。

二、第一次（9月21日至1月1日）貿易協定交涉與張群特使團訪日

　　第四次日中民間貿易協定在 8 月 27 日，由中共國際貿易促進委員會主席南漢宸向日方三大日中貿易團體發函「歡迎三大團體派遣通商使節團赴中，協議第四次第四次中日貿易協定問題。」之電報，正式展開交涉。[410] 9 月 14 日，通商使節團以池田正之輔為團長，率領由日中貿易三大團體（日中貿易促進議員聯盟代表、國際貿易促進協會代表、日中進出口協會代表）所組成的 11 名代表、9 名專門委員的日本代表團，由東京出發至北京，21 日於北京正式展開交涉。[411] 在此之前，岸首相於 12 日召見池田團長，向池田提出代表政府與執政黨的「常設民間貿易事務所」之指針。[412] 此提示的主要要點，雙方相互於駐在地設置民間貿易事務所，意即貿易代表部是屬於民間性質，因此不立國旗與國徽。此外，

---

[410] 1957 年 8 月 27 日，「本邦対中共貿易関係民間貿易協定第四次日中貿易協定（昭三三年）」（日本外務省保存記錄第一三回公開，E'.2.5.2.2-1-1，リール番号：E'-0212），頁 1281。

[411] 1957 年 10 月 23 日，〈第四次日中貿易交渉に関する経緯の件〉，「本邦対中共貿易関係民間貿易協定第四次日中貿易協定（昭三三年）」（日本外務省保存記錄第一三回公開，E'.2.5.2.2-1-1，リール番号：E'-0212），頁 1283。

[412] 常設民間貿易事務所的規定如下：
　一、日中雙方相互於東京與北京設置常設民間貿易事務所，處理貿易事務。
　二、雙方事務所名稱分別為中國進出口公司東京事務所（China National Import and Export Corporation, Tokyo Office）、日中輸出入組合北京事務所（Nicchu Exporters and Association, Peking Office）。
　三、雙方事務所要員，包含駐在員及助理，各自為 5 名成員。而家人（僅限妻子、兒女，不包含堂表兄弟姊妹。）屬於人數範圍外。
　四、雙方事務所的機能，僅限於貿易協定所規定之各事項實施之聯絡、介紹本國市場狀況、兩國之間通商貿易相關之調查及資料蒐集，個自並非為進出口當事人。而雙方事務所及其人員不得參與一切政治活動。
　五、雙方事務所職員，必須遵守駐在國法令，並無外交官與領事館的特權。旅行限制以相互主義為之。電報僅以私人電報處理，不得使用商業暗號以外的暗號。
　六、雙方事務所（為避免不必要的糾紛），不得立國旗與國徽。
　七、除助理以外的駐在員及其家人，在日本可免除《外国人登錄法》之登錄（按押指紋）。
　1957 年 9 月 12 日，〈常設民間貿易事務所について〉，「本邦対中共貿易関係民間貿易協定第四次日中貿易協定（昭三三年）」（日本外務省保存記錄第一三回公開，E'.2.5.2.2-1-1，リール番号：E'-0212），頁 1281-1282。

雙方事務所駐在員不給予外交特權，人數原則上以 5 名為限，並不得參與一切政治性活動，按押指紋可免除。易言之，該指針是在向即將出發至北京的池田團長暗示，暗示政府與執政黨對於第四次日中民間貿易會談中有關雙方貿易代表部的基本立場。

而對即將到來的日中貿易會談而深感不安的國民政府，也開始採取對此事牽制的態勢。在 6 月岸信介訪問國府時，蔣介石正如前所言表示：「期許今後日華兩國之間的往來能夠更加緊密。然而個人親身訪日有其困難性，因此希望派遣張群等有力人物赴日訪問。」而國府方面為了作為岸信介訪臺的回禮，便派遣總統府祕書長張群為總統特使赴日，進行自 9 月 16 日起為期兩週的訪問。然而傳言中皆表示，張群此次訪日有身負特別的任務，張群本人在其回憶錄表示：「蔣介石並無授與本人特別任務，單單希望就政治、經濟等方面，與日本進行意見上的交換。」[413]

另一方面，在張群特使團抵達東京的兩天後，日本駐臺北臨時代理大使八木便開始針對張群的訪日行，蒐集臺灣報紙的報導與反映等資訊，並將此以〈關於張群祕書長赴日之各報報導〉為題，將當地情報彙整起來，發送電報給岸信介。其中，*China News* 表示，從日華之間的現狀來看，並非是要解決特殊的懸案之目的，重要的則是訪日的時機點，在岸首相、藤山外相及政府高層對中共承認問題曖昧其辭，一旦對中共貿易代表團讓步，此時應注意日本有何種傾向才是最重要的事。[414]

根據張群的回憶錄與八木的情報，很難想像張群訪日帶有特殊目的。但選在池田訪中貿易使節團從日本出發的兩天後進行赴日訪問，此時機點有著兩種微妙的意義在其中。第一，國府希望藉由張群的訪日行，達到直接對池田一行與日本政府之間動靜的「牽制」；第二，藉由張群

---

[413] 張群著、古屋奎二譯，《日華・風雲の七十年》（東京：サンケイ出版，1980 年），頁 161。

[414] 1957 年 9 月 18 日，〈張群秘書長の訪日に関し各紙報道振りの件〉，「アジア諸国特派使節及び親善使節団、本邦訪問関係：中華民国の部張群総統府秘書長関係（第一巻）」（日本外務省保存記録第一一回公開，E'.1.6.1.2-1-1，リール番号：E'-0139），頁 119–121。

特使團的訪日，並藉由日本傳媒的報導，讓日本人與日本社會再次感受到「蔣介石的四大恩」與「國府的存在感」為目標。易言之，張群選在微妙的時機點訪日，不難看出上述兩大目標，要說此乃張群訪日的主要目的，也並非言過其實。

此次的貿易協定交涉自 24 日起開始針對通商代表部、支付方式、商品分類等三項分類召開；但雙方特別對通商代表部的人數與指紋問題產生嚴重對立的見解，因此交涉於 28 日暫時中斷，而開始陷入停滯。[415] 然而經過約四十天左右的交涉後，終於達成第四次貿易協定草案。不過，針對貿易（支付方式、商品分類）協定已談妥；但雙方主張依舊大相逕庭的最大的爭議點，仍是草案中貿易代表部的「政治性」待遇。關於通商代表部問題，池田團長在出發前，基於岸大臣所提出政府與執政黨的方針，提出日本方面的條件，如限定代表部員 5 名免除按押指紋、不給予外交特權、使用暗號僅限於商業暗號、名稱改為中國進出口公司東京辦事處等。[416]

然而，中共無法同意上述日本所提出的條件，因此交涉陷入停滯不前的狀況。一個月後的 10 月 28 日深夜，為了達到日中貿易交涉的最終結論，在池田・雷任民會談上，池田團長提出了下列提案：

（一）兩國尚無針對通商代表部的人數與安全保障達成一致意見，希望在國會臨時會而使交涉暫且中止而回國後，能夠儘速解決而努力。

（二）除第一項以外之達成意見點，相互交換備忘錄。[417]

---

[415]「中共『指紋』で強硬　日中通商交涉早くも難航」，《日本経済新聞》，1957 年 9 月 28 日。

[416] 1957 年 10 月 25 日，〈第四次日中貿易交涉に関する経緯の件〉，「本邦対中共貿易関係民間貿易協定第四次日中貿易協定（昭三三年）」（日本外務省保存記録第一三回公開，E'.2.5.2.2-1-1，リール番号：E'-0212），頁 1283–1284。

[417]「一致点で覚書を交換　池田・雷会談日中貿易交涉中断へ」，《日本経済新聞》夕刊，1957 年 10 月 29 日。

對此，中共的雷任民團長回應：「本人同意日本的提案。雙方於 29 日起召開會議而開始整理問題，努力於 31 日前交換備忘錄。希望相同的成員能前往中國，讓交涉能夠順利談妥。」[418] 此也宣告第四次日中貿易協定的交涉已實質完結。

翌日，雷任民團長於日中貿易交涉全體會議上，針對第四次貿易協定提出中共的最終方案。此中共案可分為協定本文、備忘錄、共同聲明等三類，其中協定本文共有 15 條，相較於第三次　定中的 13 條，追加了技術合作、長期契約兩條項。此外，日中貿易交涉的問題焦點，依舊是通商代表部的設置問題與備忘錄的草案。[419]

日中貿易的最終交涉於 31 日黃昏進行。日方針對代表部人數及其工作的必要性之中共備忘錄草案，提出人數因應職務的需求經雙方協議決定之修正案。中共對此表示要研議，因此會談暫時中斷。[420] 31 日晚間 23 時左右，會議再度召開，中共提出協定備忘錄最終案，該案的焦點依然是代表部人數問題之研議。中共除了代表數人數原則外，其餘日本提案完全接受，針對代表部人數堅持「雙方基於職務上的必要而決定，代表部成員與其眷屬不得按押指紋」的原則絲毫不退讓。關於此點的日方最終案「雙方基於職務上的必要而決定」，雙方的主張依然不相交。

---

[418] 同上註。

[419] 「『代表部』除き讓步　中共、四次協定で最終案」，《日本経済新聞》夕刊，1957 年 10 月 30 日。此外，協定本文的內容如下：①各自進出口為 3,500 萬鎊；②商品分類以日本要求，分為甲（40%）與乙（60%）兩類；③結帳以民間兌匯銀行締結客戶契約；④商品檢查遵循過去的方式，檢查各自以出口檢查機關為準；⑤商事仲裁同意日本案。此外，通商代表部的內容為①相互在對方國家設置通商代表部；②人數基於工作必要而決定之；③代表部分別設於東京與北京；④政府同意對於對方國代表部的安全保障與工作上的必要，給予便宜行事、；⑤代表部的任務如下：i.協定實行中發生的問題之聯絡與處理；ii.介紹本國市場狀況；iii.駐在國之貿易及市場之相關調查；iv.對工商業者的交易活動與貿易上的往來之合作；v.技術交流之聯絡與促成；vi.其他貿易相關事務。1957 年 10 月 31 日，〈第四次日中貿易交涉に関する経緯の件の後記〉，「本邦対中共貿易関係民間貿易協定第四次日中貿易協定（昭三三年）」（日本外務省保存記録第一三回公開，E'.2.5.2.2-1-1，リール番号：E'-0212），頁 1288–1289。

[420] 「代表部の人数で最後の折衝　日中貿易交渉」，《日本経済新聞》，1957 年 11 月 1 日。

而日方亦於 1 日凌晨 0 時半暫時中止會談，並協議使節團最終立場，最後決定拒絕中共案的最終立場。約莫凌晨 1 時後，會議再度召開。池田提案將回去日本與三團體、政府協議，中止交涉並繼續審議，中共對此表示同意。最終結果，雙方立即起草共同聲明，日中相互經過幾度的修正，並經過審議案文之後，於 1 日上午 5 時半正式簽署。[421] 由此交涉的經過觀之，中共是否對此接受同意仍有疑問。而通商代表人數與按押指紋問題暫且擱置，僅以共同聲明的形式結束此次的日中貿易交涉。

第四次協定交涉的最大爭議點，即是通商代表部的設置與政府確保對協定保障。中共之所以會重視此點，乃是因第三次貿易協定時，鳩山一郎對此有「政府的支持與合作」的口頭保證，在鳩山、石橋內閣有其積極化的方向的日本對中政策；但在岸內閣時大幅度地倒退之印象。

三、第二次（2 月 27 日至 3 月 5 日）貿易協定交涉與簽署

雙方在第二次交涉時，也開始針對第一次未解決的問題開始處理。第二次交涉於 1958 年 2 月 27 日起，於北京正式召開。在此之前，中共紅十字會訪日親善使節團於 1957 年 12 月下旬展開訪日行程。12 月 26日，日中貿易促進議員聯盟的池田正之輔、勝間田清一與紅十字會訪日親善使節團副團長廖承志等三人，於東京泰特飯店展開第四次日中貿易協定非官方會談。此會談除了希望雙方在第四次貿易協定能早日締結外，中共方面清楚表明下述三項原則：①中共絕對無法承認通商代表部

---

[421] 關於日中共同聲明之內容，訪中日本通商使節團與中國國際貿易促進委員會在平等互惠的基礎上，針對兩國貿易促進之相關問題進行討論，兩國的貿易經濟合作發展進行協商。雙方對於中共所提案的第四次日中貿易協定草案進行討論，可知全體會議的結果後意見一致。雙方對於常駐民間通商代表部之相互設置，特別以備忘錄製作之，而同意此備忘錄是協定文不可分割的一部份。日本則表明此備忘錄所記載之民間通商代表部相互設置的一部分問題，將有必要回國檢討之，因此提案休會，中共方面則基於日本的要求同意之。「貿易交涉を休止　日中共同声明に調印」，《日本経済新聞》夕刊，1957 年 11 月 1 日。

的人數限制。②期望業務上必要人數經由相互信賴而交換。③中共並非無限制派遣人員，實際上希望能派遣少數人員，未來也不會增加人數。[422]對此，池田表示無限制派遣代表部的人數，並達成協定有其困難性，將與日本政府與執政黨協議研究後，此會談正式告終。[423]

此次會談中，池田表示中共通商代表部人數的三項要點「同意事項」外，亦表明日本方面困難的立場。易言之，通商代表部的外交待遇問題，屬於「政治性」層級的問題，必須經過政府與執政黨之間的協調與合意。另外，藤山外相對中共貿易的動向亦備受矚目。1958 年 2 月 6 日的眾議院外務委員會上，眾議員松本俊一針對暫時中斷的日中貿易交涉問題，質詢岸政府的方針時，藤山外相做出下述表示：

> 對於與中共之間的關係上，政府認為在現今的國際情勢中，無法給予中共在政治上的承認；但在經濟問題上，日本在立場上儘可能地與中共進行貿易，本人認為有其必要性。……先前在第四次協定中，與實力派民間人士針對金額、數量達成協議；但希望在底線上沒有異議。然而，代表部人數尚未意見共識。本人期待與實力派民間人士共同解決此問題，在不久的將來能夠圓滿解決此問題。[424]

藤山依舊堅持日方在與中共關係上，採取政經分離的原則，同時亦並表示期待解決第四次貿易協定交涉之政府積極立場。翌日，自民黨日中貿易促進委員會針對促進第四次日中貿易協定交涉召開會議，並研擬《外國人登錄法》之修正案，讓交涉使節團儘早派至中共展開會談。[425]

---

[422] 1957 年 12 月 26 日，〈池田（正之輔）、勝間田及び廖承志三者会談の申合せ〉，「本邦対中共貿易関係民間貿易協定第四次日中貿易協定（昭三三年）」（日本外務省保存記録第一三回公開，E'.2.5.2.2-1-1，リール番号：E'-0212），頁 1446。

[423] 「代表部問題で話合い　池田氏らと中共使節団　無制限派遣せず　人数は相互の"信頼"で中共側言明」，《日本経済新聞》夕刊，1957 年 12 月 26 日。

[424] 《第二八回眾議院外務委員会議事録第一号》，1958 年 2 月 6 日，頁 13–14。

[425] 「20 日ごろ使節団派遣　自民特別委で決定」，《日本経済新聞》，1958 年 2 月 8 日。

　　數日後，池田正之輔、植木庚子郎、自民黨幹事長川島等黨務要員，與外相藤山、法相唐澤、官房長官愛知、法制局長官林等政府要員會面，針對第四次日中貿易協定交涉交換政府與執政黨之意見，調整日本的最終方針，進行通商代表部人數與修正《外國人登錄法》等問題之協議。結果，執政黨提出對中共讓步的「通商代表部待遇，將相互給予準領事館的待遇。」之提案；但外務、法務兩部會對此問題如何寫進協定文中，表達慎重的態度。此外，針對執政黨內給予通商代表部「準領事館」的主張，主張不承認拒絕搜查權乃是外交慣例，因以從維持治安的立場，對代表部做出犯罪搜查權，並以此說服法務省。。[426]

　　另外，在政府與執政黨進行會談的同日，眾議院法務委員會開始審議《外國人登錄法》修正案（免去採集指紋的時間，由過去的 60 日延長至一年。）在委員會上，眾議員橫井太郎質詢法相唐澤關於中共通商代表職員的處置措施時，唐澤表示：「關於中共通商代表職員的適當措施，最終與外務省達成無需按押指紋的協議。而現行《出入境管理令》之行政措施規定免押指紋者，係以準用「日本政府所承認之外國政府或國際組織帶有公務者」（外交特權），而通商部代表職員視同準公務員，而免去按押指紋。」[427]

　　由上述可知，政府機關的外務、法務兩省對於執政黨的提案採取慎重的見解；但經過政府與執政黨的協調後，大致承認前年 11 月日中兩國的協定備忘錄之意見，而開始針對字眼的修正進行修正並達成協議。日本開始針對通商代表部人數與修改《外國人登錄法》，開始邁向一致向中共讓步的方向。

　　翌日，日中貿易三團體與自民黨池田開始針對代表團出發日期達成

---

[426] 「日中の両代表部は領事館に準じた待遇 池田氏ら政府側と協議」，《日本経済新聞》，1958 年 2 月 14 日。

[427] 「指紋を，『外交特権』で免除」，《日本経済新聞》，1958 年 2 月 14 日。另可參照《第二八回 衆議院法務委員会議事録第四号》，1958 年 2 月 13 日，頁 2。

協議；但由於中共遲遲未回覆希望早日訪中的日方申請，因此決定於 22
日下午出發訪中。[428] 然而，在出發的前日，自民黨外交調查會向自民黨
黨三役（幹事長、總務會長、政調會長）與促進日中貿易議員聯盟的池
田、植木兩氏提出意見，表示在通商代表部備忘錄內容中，對「懸掛國
旗之權利」及「安全保障條項下中共之審判管轄權」做出對中共讓步的
方針，表達反對意見。[429] 亦即在 21 日，自民黨外交調 會高層與黨三役、
池田等人的集會中，期望在第四次日中貿易協定交涉上，協議出日方的
立場；但外交調查會對此備忘錄是對中共事實上的承認，表達出強烈反
對意見而未得出結論。

因此，在同日夜晚，岸首相與經濟企劃廳長官河野、自民黨黨三役
（幹事長川島、政調會長三木、總務會長佐藤）等黨務高層針對此課題
調整做出努力，研議出池田與最終立場。最終結果決定，①將努力修正
在備忘錄中，給予承認中共的誤解。②具體而言，完全委託池田氏的方
針，乃是整合黨內意見決定之。[430] 易言之，基於執政黨黨內協調結果，
黨務高層們表示在備忘錄中給予承認中共的想像，今後在與中共的交涉
上，將努力修正，而修正方針將委由池田氏整合黨內意見決定之。

在自民黨池田正之輔擔任訪中通商使節團首席代表後，針對 22 日
自民黨所提出的備忘錄要求事項，並未做出代表團內部最終意見的調
整，而在同日夜晚搭機赴中共。[431]

---

[428] 「日中交涉 22 日出發か」，《日本経済新聞》夕刊，1958 年 2 月 14 日。

[429] 「使節団、出発延期か　日中協定、覚書で話合いつかず」，《日本経済新聞》夕刊，1958 年 2
月 21 日。

[430] 備忘錄中的問題乃是「安全保障條項」與「通商代表部立國旗」等點，而黨務高層與池田採取以
下態度：1. 通商代表部員的身分保障應給予準領事官的待遇；但在協定文中並不會明文書寫之。
2. 希望向中共傳達，「擁有立國旗的權利」之條文會給予承認中共的印象，因此希望刪除。3. 備
忘錄前文中有「政府的承認……」；但解釋為無承認中共之含義。協定文在締結後，將考慮以外
相談話發佈等具體承認方法。「『覚書』修正を交渉　日中通商使節団　予定通り今夜出発」，《日
本経済新聞》，1957 年 2 月 22 日。

[431] 「中共へ通商使節団出発　正式交渉 27 日ごろ」，《日本経済新聞》，1958 年 2 月 23 日。此外，

　　訪中通商使節團在出發的五天後，亦即 27 日，池田代表在北京與中國國際貿易促進委員會副主席雷任民展開首次官方個別會談。席間池田表示自民黨所提出的國旗問題、審判權問題、政府同意問題、備忘錄及協定分開問題等四項目，表達希望能修正備忘錄之內容。對此，中共雷任民表明「閣下被稱為使節團，即是為了簽署協定；但如今卻提出要修改內容一事，本人感到極為為難。」之見解。[432] 易言之，中共表明拒絕日方所提出之備忘錄內容的文字修正之意涵。

　　2 月 28 日，池田與雷任民再度舉行兩小時的第二次會談。池田團長提出前日日方四項目的文字修正案；但除了國旗問題外，其餘三項文字修正皆讓步做出，以謀求中共方面的合作。[433] 然而，雷任民強烈拒絕日方要求的對備忘錄的部分文字進行修正，日中貿易步入了嚴峻的階段。[434] 3 月 1 日，池田與雷任民持續召開第三次會談。在會談之中，池田團長要求加進協定的文字修正，而相對地承認檯面下的同意事項。對此申請案，雷任民並無直接答覆，日本所提出的四項目修正意見之人數問題，馬上就面臨新的難題。[435] 3 月 2 日，第四次會談於下午 16 時至晚間 19 時召開，針對前日的四項目持續進行討論。其中，前日池田針對去年年底在東京會談時的相關約定，雷氏卻推翻其發言，表示此話有耳聞。但是，針對池田質問是否承認東京會談的約定時，雷任民並未明確表達承認或否認。

　　自民黨的希望事項為：1.關於審判權將以各自駐在國國內法為原則，並明確表示無給予外交官特權。2.刪除承認立國旗之權利。3.構成人員人數在業務上以必要最小限度之。4.民間協定的場面話上，須明確表示要有「本國政府同意」之條件。1958 年 3 月 6 日，亞洲局第二課「第四次日中貿易協定交涉再開日誌」，「本邦対中共貿易関係民間貿易協定第四次日中貿易協定（昭三三年）」（日本外務省保存記録第一三回公開，E'.2.5.2.2-1-1，リール番号：E'-0212），頁 1317。

[432] 「池田・雷会談開く　中共側「書修正はせぬ」日中貿易交渉」，《日本経済新聞》，1958 年 2 月 28 日。

[433] 「辞句修正強く反対　日中貿易交渉、国旗掲揚にしばる」，《日本経済新聞》夕刊，1958 年 2 月 28 日。

[434] 「池田氏、雷主席と懇談　貿易協定」，《日本経済新聞》，1958 年 3 月 1 日。

[435] 第三次會談針對代表部人數問題上，池田表示去年與中共代表廖承志在東京會談時，將減少相互交換的代表部人員之約定；但雷任民卻表示未聞此事。「辞句修正、裏面了解で　日中貿易交渉 池田・雷会談で要請」，《日本経済新聞》夕刊，1958 年 3 月 2 日。

此外，中共依然拒絕四項目「同意事項」，在貿易協定交涉時也持續擺出強硬姿態。[436] 因此，池田在當初預定三日之內即可簽署的希望落空。日中貿易交涉的前途開始陷入危機。易言之，雙方針對備忘錄的文字修正問題及代表部人數問題交涉失敗，交涉可謂完全陷入觸礁的狀態。

第四次日中貿易協定交涉中，池田團長在 1 日所提出的四項目同意事項，可說是走入了死胡同，池田團長為了打破此難關而持續努力。3 月 4 日，池田與雷任民舉行第五次會談，池田在會談上再度對雷任民提出日方的「文字修正問題」與「人數問題」兩大要求。[437] 同日下午，訪中貿易使節團召開全體會議，針對是否簽署第四次日中貿易協定研擬最終立場。結果，池田團長在 4 日的記者會上表示訪中貿易使節團的最終立場，5 日上午日中兩代表團將召開全體會議，針對簽署後的協定實施所伴隨的問題，具體地做出接洽，倘若順利的話，將在下午舉行簽署儀式，也許依照狀況，可能會採「無修正簽署」。[438]

另一方面，日本政府對此希望能遵守黨的意向，並且慎重對應。池田團長在決定貿易使節團最終立場的同日下午，在參議院預算委員會上，參議員吉田法晴對岸首相提出質詢，表示自民黨藉由池田團長要求做出四項目的文字修正；但是是否日中貿易協定最終無法成形？岸首相對此表示：「吾等始終將此視為民間的通商代表部；但中共政府的代表亦擁有準外交官的特權，或許不承認擁有治外法權的底線，甚至對此交涉談判。在可能的範圍內，吾等將依循這底線，與中共及諸位議員團說

---

[436] 「『人員の約束聞いた』雷副主席、前言をひるがえす」，《日本経済新聞》，1958 年 3 月 3 日。此外，同意事項內容在通商使節團成員之一的社會黨 勝間田所作成之妥協案中可知，四項目的基本觀點如下：1. 辭句的修正為翻譯上辭句的修正，將統一後簽署協定與備忘錄。2. 雙方的意思要力求疏通。3. 針對協定與備忘錄的具體實行方法協商之。4. 協定與備忘錄的疑問點（包含自民黨所提出的四項目修正意見）要解釋清楚。「『了解事項』も拒否貿易協定交渉　中共側、強硬態度続く」，《日本経済新聞》，1958 年 3 月 3 日。

[437] 「覚書修正あきらめず　きょう池田・雷第五回会談」，《日本経済新聞》夕刊，1958 年 3 月 4 日。

[438] 「場合により、"無修正" で　きょう最終的結論出す」，《日本経済新聞》，1958 年 3 月 5 日。

明。我等衷心期望此協能夠早日締結。」意即岸首相再度明確表明日本政府的基本底線，也就是通商代表部屬於民間性質，並不承認準外交官的外交待遇與治外法權。

然而，此貿易交涉 3 日至 4 日面臨絕裂或妥協的重大分歧時，池田團長遵循訪中貿易使節團的全體決議，決意簽署第四次日中貿易協定。結果在 5 日，在日本通商使節團的讓步下，備忘錄原案幾乎無修正的情形下，決議通過「無修正簽署」第四次日中貿易協定[439]。該貿易協定案簽署後，以池田團長為首的通商使節團緊接著在同日下午，開始展開與中共協商協實施後的諸項問題。結果，日方從東京出發前，自民黨高層所提出的修正四項目（審判權、國旗問題、代表部人數、政府的同意），中共方面也達成理解。[440]

易言之，此次的日中貿易協定，乃是北京對日本的政治要求更加強硬。特別是代表團的讓步，備忘錄基於協定第 11 條的規定，具體要求明文規定通商代表部及所屬人員的安全保障、旅行的自由、暗號電報的使用、國旗權、貿易協定為不可分割的一部分。甚至在協定第 13 條，雙方將邀請各自本國政府，儘速就日中貿易問題展開兩國政府之間的交涉，努力締結協定。

四、日華兩國的對應與對日華關係的影響

對國府而言，此協定是 日中關係更加緊密化。另外，也可看出日中雙方也以此協定為契機，以「疊積木方式」發展其「政治」關係。然而，第四次貿易協定生效需要有雙方政府同意為前提，因此岸內閣的態度就備受矚目。在第四次貿易協定正式簽署的同一日，在參議院預算委

---

[439]「日中貿易協定に調印　事實上、無修正で貿易發展に第一步」，《日本経済新聞》，1958 年 3 月 6 日。

[440]「日中貿易協定に調印　四項目、了解成る」，《日本経済新聞》，1958 年 3 月 6 日。

員會上，參議員八木幸吉對於第四次日中貿易協定的國旗權利等文字提出質詢，岸信介答覆道：「日中第四次貿易協定所附屬的備忘錄中，加入懸掛國旗之權利的文字並不妥當。」此外，也再度闡述政府的態度，意即「即使要簽署協定的話，必須要有政府的同意為條件。而政府的承認在此時是極為困難之。」翌日，自民黨也對此協定表示立場，意即自民黨召開總務會針對第四次日中貿易協定表示其立場，做出「簽署協定並非意味承認中共，央求政府妥善處理之」之決議。[441] 四天後，自民黨外交調查會召開第四次日中貿易協定之會議，外交部會對於此協議的態度，最終並無修正協定與備忘錄，即便有同意事項；但無法無條件承認。意即外交調查會認為倘若協定無法刪除「政治條件」的條件的話，將無法給予承認。易言之，自民黨立場呼籲政府應當慎重處理。

然而，岸政府表示現階段從無考慮要承認中共政府；但也明確表明並無放棄維持與中共的貿易關係。因此在 12 日，政府與自民黨對日中貿易協定與備忘錄的承認問題究竟要採取何立場而展開聯合會議，最後政府一致表示，對貿易協定不使用「**同意**」之字眼，而是以「**給予支持與合作**」的字眼表達政府的態度。[442] 換句話說，政府避免使用「同意」之表現，而是對該協定採取「支持合作」的表現，可謂政府無修正協定全文，而採事實承認的方針。因此在短短一週以內，岸政府對貿易協定問題，從過去的「承認困難」到「支持合作」，可謂是變成親中共的態度。

另一方面，岸為了得到美國與國府對此協議結果的諒解，是採取說服並靜觀其變的立場。根據岸信介的回憶錄表示，「**本人是無法同意協定內容；但藉由支持與合作讓中共理解的同時，也要藉由此措施傳達此事無關承認中共政權，以化解美國及國府的疑惑。為了確認這些反應，政府只能暫時對事態採取靜觀其變的態度。**」[443]

---

[441] 「協定は中共承認意味せず　自民総務会決議」，《日本経済新聞》夕刊，1958 年 3 月 6 日。

[442] 「政府は，『支持協力』　あす中にも態度表明」，《日本経済新聞》，1958 年年 3 月 12 日。

[443] 岸信介，《岸信介回顧録：保守合同と安保改定》（東京：広済堂，1983 年），頁 410–411。

然而，國府對第四次日中貿易協定交涉保持其警戒的態度，也對岸信介對協定的態度馬上提出嚴正抗議。國府駐日大使沈覲鼎在協定簽署之前，即針對日本通商代表部給予中國代表外交待遇的可能性，經由外交途徑向日本外務省提出抗議與交涉，試圖阻止日本政府對此民間貿易協定的批准。[444] 在此協定簽署的一週後，沈覲鼎大使親赴首相官邸拜會岸首相，並將蔣介石總統的親筆信函交給岸首相與藤山外相，蔣介石在其信中強調，日本政府如承認中共國旗飄揚，將對日華親善產生不好的影響。[445] 翌日，國府方面依舊視此日中貿易協定為「政治問題」，因此由外交部次長沈昌煥召見日本駐臺北臨時大使八木表示關於日中貿易協定，日本政府將給予中共代表外交特權、立國旗的權利等行為，是否為承認「兩個中國」一事？希望八木向岸政府傳遞此國府方面的重大關切。[446]

易言之，針對中共旗幟在東京飄揚的可能性，亦不允許承認「兩個中國」一事的國府，向岸政府表達其不滿。翌日，國府開始進行對日本政府進行抗議行動，外交部亞東司吳司長將八木臨時大使召見進外交部，對於日本民間人士與中共之間締結的「貿易協定」，在日本政府方針在明確化的期間，以口頭表達國府將延期當時在臺北交涉的日華貿易會談之意圖。[447] 同日，日本政府也針對對國府方針進行說明，由藤山外相發函一篇〈關於日華貿易會談一案〉的訓令電報給八木臨時大使，此內容要點主要有以下五項：①不改變對中共不承認之外交方針；②「通

---

[444] 沈覲鼎，「使日鴻爪（五）：對日往事追記（四一）」，《傳記文學》第 33 卷第 2 期，1978 年 8 月。

[445] 1958 年 3 月 13 日，〈中共貿易問題に関し国民政府申入れの件〉，「本邦対中共貿易関係民間貿易協定第四次日中貿易協定（昭三三年）」（日本外務省保存記録第一三回公開，E'.2.5.2.2-1-1，リール番号：E'-0212），1496 頁。另可參照「蒋総統からメッセージ　国旗問題で、岸首相に」，《日本経済新聞》，1958 年 3 月 13 日。

[446] 1958 年 3 月 13 日，〈中共貿易問題に関し国民政府申入れの件〉，頁 1495。

[447] 1958 年 3 月 14 日，〈日華貿易会談に関する件〉，「本邦対中共貿易関係民間貿易協定第四次日中貿易協定（昭三三年）」（日本外務省保存記録第一三回公開，E'.2.5.2.2-1-1，リール番号：E'-0212），頁 1495。

商代表部」僅是民間層級，並無官方資格；③不承認立國旗的權利；④外交特權之限制；⑤使用暗號僅限定於一般用商業暗號。[448] 收到外務省訓令的八木臨時大使於 15 日，親赴外交部會見部長葉公超，向其說明第四次日中貿易協定簽署之相關日本政府觀點。[449]

然而，對於日本政府上述的說明，國府亦依舊不滿意，特別是第 3 點懸掛國旗的權利。數日後，國府外交部次長沈昌煥在立法院表示：「我中華民國政府決定，在日本政府尚無明確表達對第四次日中貿易協定的立場之前，將暫時中止與日本一切的商業貿易。」正式發表對日本經濟上的抵制。[450] 由此可知，國府對採取「經濟斷交」的立場絲毫不猶豫，意欲堅決阻止日本政府對日中第四次貿易協定的承認。

另外，美國也對日華雙方「經濟斷交」問題，表示極度關切。14 日，美國國務卿杜勒斯與助理國務卿羅伯森等人到達臺北，由美國駐國府大使多拉姆萊特陪同拜會蔣介石總統及國府高層，發表支持國府的「美國將持續支持國府在防堵共產勢力擴大中，起到重要的作用」之聲明。[451] 同日，美國駐日大使赫斯亦於外務省與副外相大野進行會談，表示「在此日中貿易交易中，關於懸掛國旗一事，豈非日本政府事實上承認中共政府嗎？」的見解，並表達其關切，亦向大野副外相表達美國政府對日本政府「友好的忠告」之立場。[452] 數日後，美國駐日大使麥克阿瑟急赴臺北，與國府高層協議其對策。[453] 麥克阿瑟大使在臺北的期間，與八木臨時大使進行會談。麥克阿瑟大使向八木臨時大使表示，窺測蔣總統有

---

[448] 同上註，頁 1501–1503。

[449] 「葉外相を訪問　台北駐在の八木參事官」，《日本経済新聞》，1958 年 3 月 16 日。

[450] 「対日商取引を中止　日中協定問題で国府発表」，《日本経済新聞》，1958 年 3 月 19 日。

[451] 「ダ長官・蔣総統会談」，《日本経済新聞》，1958 年 3 月 15 日。

[452] 1958 年 3 月 14 日，〈日中民間貿易に関し在京米国大使館よりの申入りに関する件〉，「本邦対中共貿易関係民間貿易協定第四次日中貿易協定（昭三三年）」（日本外務省保存記録第一三回公開，E'.2.5.2.2-1-1，リール番号：E'-0212），頁 1292。

[453] 「政府、国府に困惑　説得工作に全力つくす」，《日本経済新聞》，1958 年 3 月 20 日。

「情感上的危機」（dangerously emotional），將視日本的態度，可能訴求做出斷絕外交關係之重大手段，八木得到此重要情報後，立即拍了一張〈關於日中民間貿易問題一案〉的特急電報給藤山外相。[454] 表示美國為解決因「兩個中國」問題的懸掛國旗問題，並解決國府與日本之間的紛爭，已開始著手「檯面上與檯面下」的工作。

此外，日本方面為了改善因中共通商代表部是否得以設旗，與國府關係嚴峻化的情形，岸政府的執政黨高層會談上，認為已經到了對政府懸掛國旗問題決定方針的階段。19 日，日本為了國府對策與貿易協定一事，岸首相與副總理石井、自民黨副總裁大野、自民黨幹事長川島、自民黨政調會長三木舉行五人會談，意即召開政府與執政黨的聯合會議，協議出新對策。結果，為了對國府的了解工作，日本駐中華民國大使堀內帶著岸首相的親筆書信，除注意國府的動向外，亦向國府表示對政府答覆日中貿易三團體之協議，已達成意見一致。岸的親筆書信中亦再度強調，政府對協定實施的支持與合作，並不意味承認中共政府，亦說明懸掛國旗僅限定於年假與特殊節日。此外，政府對三團體的回答中，大多數政府與執政黨高層並不想碰觸立懸掛國旗的問題。[455]

然而，儘管新政策已明確修正為親國府的態度；但就國旗懸掛僅「限定於年假與特殊節日」的讓步，這樣的立場依舊無法得到國府方面的諒解。

日本外務省在給八木臨時代理大使的公電中，也對事態極度憂慮，期待在堀內大使回臺就任之前，得出明確的結論。20 日，藤山外相在收到八木送來的重要情報後，便召開以藤山為中心的外務省幹部會議，開

---

[454] 1958 年 3 月 18 日，〈日中民間貿易問題に関する件〉，「本邦対中共貿易関係民間貿易協定第四次日中貿易協定（昭和三三年）」（日本外務省保存記録第一三回公開，E'.2.5.2.2-1-1，リール番号：E'-0212），頁 1514。

[455] 「国旗は祝祭日だけ、『日中協定』の了解を求む　蒋総統あての岸親書」，《每日新聞》，1958 年 3 月 20 日。

始討論對國府說服工作將如何進行。結果，依舊在是否允許懸掛國旗一事上打轉，並表示既然國府無法默認懸掛國旗的立場，做出政府應當先明確解決對國府與對中共的基本方針之意見。[456]

然而，國府對此依舊在翌日強調，倘若無法得到日本政府對日中貿易協定之國府抗議上，得到滿意答覆，將在 3 月月底前全面抵制日貨，[457]此外亦向日本表明，將呼籲東南亞的在外華商等一千萬人，參加抵制日貨的計劃。[458] 同日，親國府派的日華合作委員會常任委員矢次一夫，親赴岸首相在東京涉谷的私人宅邸，勸諫岸首相對國府政策應謹慎為之，「政府對國府作法極為粗糙，應該盡速恢復親善關係，並積極地恢復友好關係。」[459]

而在三日後，日中貿易三團體代表池田正之輔向官房長官愛知提出請求書，表示期望得到政府對第四次日中貿易協定的實施的同意。此事對於面臨與國府關係極度惡化的岸·藤山外交可謂是雪上加霜。特別是日本政府在第四次日中貿易協定問題中，表達其支持與合作的立場，亦默認通商代表部在懸掛國旗的立場一事，國府對此採取強硬指施，並清楚表示在對日經濟斷交上，絲毫不猶豫的立場。此外，國府對日本默認中共代表部懸掛國旗一事除了憤慨之外，亦表達將全面中止與日本的貿易交易，並呼籲東南亞的華商參予抵制日貨的運動。意即第四次日中貿易協定使日華關係惡化，亦對日本的東南亞市場產生影響。因此不可諱言，日本的對「中」外交，甚至是對亞洲外交產生了大危機。

岸內閣的外交方針在 1957 年 9 月所公佈的《外交白皮書》已清楚表明，強調①聯合國中心②與自由主義陣營之協調③堅守亞洲一員的立場

---

[456] 「明確な方針打出せ　外務当局"国旗"で政府に望む」，《日本経済新聞》，1958 年 3 月 22 日。

[457] 「日本品、全面的に締出しか　国府」，《日本経済新聞》，1958 年 3 月 22 日。

[458] 「日本品排斥に華商を動員　国府が計画？」，《日本経済新聞》，1958 年 3 月 22 日。

[459] 「対国府政策、慎重に　矢次氏、岸首相に進言」，《日本経済新聞》夕刊，1958 年 3 月 21 日。

等外交三原則。然而，由於日華關係的惡化，將使日本在東南亞市場產生影響一事，給予岸信介外交三原則的沉痛影響。對於與自由主義陣營之協調及堅守為亞洲一員的外交原則，將給予岸內閣對「中」外交的重大衝擊。面對因懸掛國旗問題而引發「兩個中國」問題的岸・藤山外交而言，可謂成了國府與中共之間的夾心餅乾。此事呈現了岸政府外交三原則的矛盾，而關於日本對中政策的基本方針，也成了岸外交的危機。[460]

面對此重大外交危機，日本政府高層再度強調重視對華外交關係，同時亦表示並無改變日中貿易協定的方針。25 日的眾議院預算委員會上，岸總理面對社會黨眾議員的質詢表示，再度重申不承認中共通商代表部懸掛國旗的權利，亦對國府強硬抗議一事表示，期望以政府身分努力及以十足誠意向國府說明及取得理解。[461] 之後，藤山外相在閣議後的記者會上表示政府的處理方針，表示政府從未改變日中貿易協定處理之方針，亦努力向國府了解日本的立場，而在日本駐國府大使堀內了解日本情形後，將帶著岸首相的親筆書信返臺。[462]

然而，國府的立場卻意外強硬，岸政府在回答三團體時針對國旗懸掛問題，試圖讓國府的態度軟化。在日本政府表明立場的同日，再度舉行執政黨與政府的會談，自民黨政調會長三木與外務省政務次官松本瀧藏針對立旗問題展開協議。三木向松本表示，日中貿易協定終究是民間協定，政府並不承認懸掛國旗的權利，而對於國旗之相關法規在《刑法》第 92 條有關於損毀外國國旗的規定；但此僅限定適用於所承認的獨立國家之大使館，中共代表並無適用此條項，希望將此項執政黨方針能傳達給國府知曉。[463] 易言之，政府與執政黨調整其方針並達成意見一致，向國府傳達即使讓中共通商代表部懸掛國旗，亦無國家應有的權利。

---

[460]　「中共・国府の板ばさみ　三原則の矛盾を露呈」，《日本経済新聞》，1958 年 3 月 25 日。

[461]　《第二八回衆議院予算委員会議事録第一七号》，1958 年 3 月 25 日，頁 7–8。

[462]　「日中貿易協定への方針は変らぬ　藤山外相語る」，《朝日新聞》夕刊，1958 年 3 月 25 日。

[463]　「国旗掲揚権は認めぬ　政府、三団体への回答に明記」，《日本経済新聞》，1958 年 3 月 26 日。

　　翌日，外務、大藏、通產、法務等相關部會事務當局，針對國旗懸掛問題舉行聯絡會議。此聯絡會議乃是各部會事務當局，針對於國內諸法範圍內給予三團體支持與合作之政府回答案，以及對於日本國內事項，進行對國府說服的官房長官會談要旨，進行政府對應政策的商談；[464]但結果是無法同時得到國府、中共滿意的「折衷案」，也表示「兩岸」政府的比重孰重孰輕，應仰賴政府高層政治性的判斷。[465]

　　另一方面，國府針對日方對於是否讓中共懸掛國旗的態度不明確，向日本表示不滿，並採取強硬的態度。27 日，前陸軍少將兼蔣介石軍事顧問富田直亮[466]趁著休假回日本之際，前去拜會張群。張群對富田表示，蔣介石總統對日本政府國旗懸掛問題的微妙立場極為激動，甚至可能會堅決執行召回中華民國駐日大使。[467]易言之，國府方面暗示日本，在國旗問題上無得到滿意答覆的情形下，兩國「外交」關係恐有更加嚴峻影響之虞。

　　為了打破日華之間的「政治」明確化危機，岸首相於 29 日召見外

---

[464] 1958 年 3 月 26 日，〈三団体に対する政府回答案〉，「本邦対中共貿易関係民間貿易協定第四次日中貿易協定（昭三三年）」（日本外務省保存記録第一三回公開，E'.2.5.2.2-1-1，リール番号：E'-0212），頁 1463、1469。

[465] 「関係各省対策ねる」，《每日新聞》，1958 年 3 月 26 日。

[466] 此軍事顧問團又名為「白團」，乃是 1949 年 9 月 10 日於東京高輪的某家小旅館上，日本與國民政府雙方成員共計 16 名集結於此。席間，國府的曹士澂少將（陸軍士官第四○期畢業）與陳昭凱大佐，向日本的岡村寧次大將（終戰時為支那派遣軍總司令官）與小笠原清中佐（支那派遣軍參謀），以及後來稱為「17 人幫」的富田直亮少將（第二三軍參謀長）為首席，以白團的盟約相互交換，曾經出現在歷史舞台的覆面軍事顧問團「白団（バイダン）」誕生此後持續廿年之久。可參閱中村祐悦，《白団—台湾軍をつくった日本軍将校たち》（東京：芙蓉書房出版，1995 年 6 月），頁 14–16。白團的事蹟亦可參照小笠原清，「蒋介石をすくった日本将校団」，《文芸春秋》第 49 巻第 10 号，1971 年 8 月，頁 158–166、林照真，《覆面部隊—日本白團在臺史》（臺北：時報文化出版，1996 年）、楊碧川，《蔣介石的影子兵團：白團物語》（臺北：前衛出版社，2000 年）等。近年關於白團最新著作可參考野島剛，《ラスト・バタリ？オン 蒋介石と日本軍人たち》（東京：講談社，2014 年）。

[467] 1958 年 3 月 27 日，〈日中民間貿易問題に関し張群談話の件〉，「本邦対中共貿易関係民間貿易協定第四次日中貿易協定（昭三三年）」（日本外務省保存記録第一三回公開，E'.2.5.2.2-1-1，リール番号：E'-0212），頁 1531。

相藤山、官房長官愛知、日本駐國府大使堀內等人，進行對國府外交方針的會談。席間，堀內大使向岸首相直勸諫：「替臺灣顧面子是有其必要性，因此可以首相親筆書信清楚表明，日本現今並無考慮承認中共的想法。而此書信希望委由本人負責。」[468] 會談的結果，昨日各省廳事務當局除了針對國府的憂慮一事的協議案討論之外，也達成了意見的一致，岸首相以要給蔣總統親筆信的形式，說明了日本對於國旗問題的立場；而在首相親筆信交給蔣總統後，馬上對中共貿易三團體清楚回答了政府對於第四次協定的立場。意即在這個時機點上的日本政府對應方針，即是藉由堀內大使向國府親自遞交首相親筆書信，並以政府回答文向三團體表示立場。[469] 易言之，即是在不刺激中共的前提下，以親筆書信遞交給蔣總統，來迴避官方正式立場的表明，而日本政府為了防止損及國益，也以首相親筆信及政府回答文的兩手策略，意圖同時讓「兩岸」滿意的方式，可謂昭之若揭。

此會談後，背負著舒緩日華緊張關係使命的堀內大使，帶著岸首相要給蔣總統的親筆書信，以及藤山外相要給外交部部長葉公超、總統府祕書長張群的書信，於 30 日凌晨 2 時自羽田機場出發赴臺北，而堀內亦於 30 日下午與當日深夜，與外交部部長葉公超進行兩次的會談。

而日華之間的紛爭在此時也步入最終調整階段。在最初的會談上，堀內向葉公超展示了岸信介親筆書信的複寫本，除了強調重視日華親善關係之外，也表示對於禁止懸掛中共國旗「將嘗試在適切的時機，做出十足的努力。」，在中共通商代表部來日時期經過數月後，將在國會大選安定後努力的做說明；但葉公超並非如此簡單接受。葉公超除了表示蔣總統採取非常強硬的態度，也要求適當的藉口與保證。意即葉公超向

---

[468] サンケイ新聞社編，《堀内謙介回顧録—日本外交 50 年の裏面史—》（東京：サンケイ新聞社，1979 年），頁 115。

[469] 「国府了解工作決まる　蔣総統に首相親書、国旗問題堀内大使が説明」，《日本経済新聞》夕刊，1958 年 3 月 29 日。

堀內要求①對三團體的政府回答之中，除了有「諸項法令的範圍之內」後，加入「且在無任何國際關係的阻礙」之文字；②在親筆書信中即便有說到努力云云外；但希望總理的意向以文書做出補充說明。堀內大使將堀內與葉公超的同意事項，意即國府的動向告知藤山外相了解。[470]

對於堀內的報告，藤山外相了解到國府與日本政府的立場，並向堀內發函〈關於日中民間貿易協定一案〉為題之「特急」電報。[471] 對於堀內與葉部長所同意的底線，藤山外相表示：「倘若在『諸項法令的範圍之內』後，加入『且在基於不承認中共的事實上，考量其一目瞭然的國際關係』」，自然是有接受的可能性。此外，堀內大使致葉部長的非正式外交文書形式一事表示，假使非以親筆書信或文書公佈的話，以文書形式向國府給予保證是能被接受之。

堀內在收到藤山訓令的翌日下午，便向張群與葉公超親手遞交藤山的回答文。葉公超則向堀內請求，在日本政府對三團體的回答日期，希望與國府協商、事前了解而定案，並能稍微延期。[472]

堀內在將葉公超的請求告知給藤山的同時，亦於 4 月 1 日上午訪問蔣總統，並將岸總理的親筆書信交給蔣介石。席間，蔣介石談及過去「日中」關係時，也向堀內述說，倘若日本允許懸掛中共國旗，對自身而言是有多難受。[473] 堀內在之後馬上與葉公超進行第四次會談，堀內在席間意

---

[470] 1958 年 3 月 31 日，〈岸総理親書に関する件〉，「本邦対中共貿易関係民間貿易協定第四次日中貿易協定（昭三三年）」（日本外務省保存記録第一三回公開，E'.2.5.2.2-1-1，リール番号：E'-0212），頁 1538–1539。

[471] 1958 年 3 月 31 日，〈日中民間貿易協定に関する件〉，「本邦対中共貿易関係民間貿易協定第四次日中貿易協定（昭三三年）」（日本外務省保存記録第一三回公開，E'.2.5.2.2-1-1，リール番号：E'-0212），頁 1544–1545。

[472] 1958 年 3 月 31 日，〈岸総理親書に関する件〉，「本邦対中共貿易関係民間貿易協定第四次日中貿易協定（昭三三年）」，頁 1541–1542。

[473] 1958 年 4 月 1 日，〈岸総理親書に関する件〉，「本邦対中共貿易関係民間貿易協定第四次日中貿易協定（昭三三年）」（日本外務省保存記録第一三回公開，E'.2.5.2.2-1-1，リール番号：E'-0212），頁 1550–1551。

圖說服葉公超，日本政府並無意變更對三團體的回答案；但葉公超則表示，蔣介石總統強力反對日本政府強調尊重「日中貿易協定」的精神之文字內容，亦希望在回答案中加入「且尊重我國與中華民國的關係」之文字，請求日本政府能同意上述請求。[474] 同日夜晚，藤山外相針對通商代表部國旗懸掛問題表示「在適當的方法下，做必要且充分的努力。」之日本政府立場，並以此發函〈關於總理親筆信函一事〉之特急訓電。[475]

翌日，堀內大使基於外務省的訓令，與葉公超部長針對中共旗幟問題，舉行自上午 9 時半經歷三小時以上的第五次會談。席間，堀內除了向葉公超表示日本政府絕對無法同意國府提案外，亦希望雙方對三項妥協案協商談判，此三項妥協案內容如下：（一）對三團體的政府回答案加入「且基於不承認中共的事實，考慮現實存在的國際關係。」之文字；（二）官房長官談話要旨案第三段末段的「關於此交易的民間團體之經營」後，加入「共同尊重我國與中華民國及其他各國的國際關係」之文字；（三）岸總理親筆書信補充的堀內書信說明的後段「將盡必要與充分的努力」後，加入「沒有日本政府的話，將會無法實現。」之文字。[476]

另一方面，為了打破日華兩國之間緊張的局面，以及避免事態惡化，3 日黃昏於首相官邸舉行協議，針對政府與執政黨對於第四次日中貿易協定之對華處理方針進行協議。針對堀內的請訓，決定出「三項妥協案僅能同意第一項及第二項的內容；但第三項的補充說明，我方很難答應。」之最終方針案，並向堀內發函表示，要向國府表達的訓令。[477]

---

[474] 同上註，頁 1549。

[475] 同上註，頁 1547。

[476] 1958 年 4 月 2 日，〈岸總理の親書に関する件〉，「本邦対中共貿易関係民間貿易協定第四次日中貿易協定（昭三三年）」（日本外務省保存記錄第一三回公開，E'.2.5.2.2-1-1，リール番号：E'-0212），頁 1554–1555。

[477] 1958 年 4 月 3 日，〈日中貿易協定に関する件〉，「本邦対中共貿易関係民間貿易協定第四次日中貿易協定（昭三三年）」（日本外務省保存記錄第一三回公開，E'.2.5.2.2-1-1，リール番号：E'-0212），頁 1560–1563。

繼先前的會談後，3日與4日分別舉行第六次、第七次葉·堀內會談；但國府面對日本曖昧的立場依舊不滿，對日本以更加強硬的立場逼迫，而雙方的爭議點即是補充說明案。意即關於中共旗幟問題上，國府堅持日方的保證「有效的方法」之文字加進妥協案中，對此日方仍表明維持「充分努力」之文字的立場。[478] 就此各自立場來觀察，呈現日華雙方的交涉依然無法達成意見一致的徵兆，因此陷入了死胡同。而堀內大使在4日前，與葉公超部長舉行了七次會談；但在此期間，即便如何交涉，雙方依舊無法退讓，各自集中在對己方有利的文字討論上，結果即是日華雙方無法達成合意之結果。

此種結局對日本而言，可謂最不利的結果。圍繞在第四次日中貿易協定的日本政府，將得受到來自國府及中共政府的強烈譴責，同時也將做日華關係瀕臨危機。但在日華紛爭惡化的情形下，美國恐怕無法是只能做個旁觀事態惡化的袖手旁觀者。第二次世界大戰後，美國對援助日本投入了大筆的資金，迄今日本對美依賴仍舊很大。倘若日本自自由主義陣營脫離的話，美國當然要重新考慮一下對日政策。基於此項認知，美國在扮演「中立者」角色的同時，也開始進行日華之間的調停工作。美國國務院向美國駐國府大使多拉姆萊特指示，即使岸信介在日華合意成立前，便進行對三團體的政府回答下，也有發揮所有影響力，對無法下定決心做出日華斷交的國府做出一切努力。[479] 7日黃昏，多拉姆萊特大使拜訪外交部部長葉公超，針對因日中協定問題而導致日華之間的紛爭，開始進行調停的工作。[480]

在此時機點，被逼進嚴峻對華外交困境的日本，為了打破此狀態，

---

[478] 1958年4月3日〈総理親書に関する件〉及4月4日〈日中貿易協定に関する件〉，「本邦対中共貿易関係民間貿易協定第四次日中貿易協定（昭三三年）」（日本外務省保存記録第一三回公開，E'.2.5.2.2-1-1，リール番号：E'-0212），頁1560–1563，1567–1573。

[479] 陳肇斌，《戦後日本の中国政策：一九五〇年代東アジア国際政治の文脈》，頁296。

[480] 「米大使、葉部長会談」，《毎日新聞》，1958年4月8日。

政府與執政黨積極地展開了會談。同日下午 3 時起，在院內針對懸掛中共國旗問題及三團體的回答案等重大事項進行協議，出席者有政府與執政黨的相關人士，如外相藤山、官房長官愛知、外務次官山田、外務省亞洲局局長板垣、自民黨幹事長川島、自民黨政調會長三木、池田正之輔等人。結果，對於政府回答案，將依循過去方針，清楚表明「為了擴大與中共之間的貿易，政府將對第四次協定的實施，給予支持與合作」之立場。但回答案並未觸及國旗問題，僅在官房長官談話當中，以「在中共通商代表部懸掛之國旗，並不承認有其外交上的權利。」明確表明政府立場，並確認其方針。此外，亦達成「與國府的交涉，依舊保有表現上微妙的點；但政府在這兩、三日裡，除進行與三團體的回答，也將持續對國府進行交涉」之一致意見。[481] 同日深夜，藤山外相將前述妥協案及承諾困難的結論，包含政府與執政黨的共識彙整起來，向堀內大使發佈訓電。[482]

堀內基於本國的訓電，於 8 日夜晚 21 時半至 23 時半前往外交部部長官邸與葉公超舉行第十次會談。席間，堀內告知日本政府與執政黨高層對國府最後的條件強力反對，就連要提出補充說明的書面也有反對聲浪。日方最後的讓步，是承認將「日方」改為「日本政府」，並表明日方最後的態度，即絕對不同意「為達目的之有效方法」之表現字眼，而是維持日方原案「不使之懸掛國旗之適當方法」。對此，葉公超部長同意日本的主張，對堀內所提出之非正式外交文書草案達成意見一致。[483] 綜言之，基於政府與執政黨會議之合意，岸政府決定最終讓步之意志。

---

[481] 「日中貿易三団体への回答　政府二、三日中に渡す、国府折衝は継続　国旗問題は，『談話』で表明」，《每日新聞》，1958 年 4 月 8 日。

[482] 1958 年 4 月 7 日，〈日中貿易協定に関する件〉，「本邦対中共貿易関係民間貿易協定第四次日中貿易協定（昭三三年）」（日本外務省保存記録第一三回公開，E'.2.5.2.2-1-1，リール番号：E'-0212），頁 1582–1583。

[483] 1958 年 4 月 9 日，〈日中貿易協定に関する件〉，「本邦対中共貿易関係民間貿易協定第四次日中貿易協定（昭三三年）」（日本外務省保存記録第一三回公開，E'.2.5.2.2-1-1，リール番号：E'-0212），頁 1595。

經過堀內大使與葉公超部長相互交涉後，在 8 日前日華雙方達成意見一致的共識，對於中共懸掛國旗問題而觸礁的日本與國府交涉，於 9 日上午 10 時半至 12 時半的第十一次葉・堀內會談上成功解決，堀內以等同非正式外交文書的備忘錄之書面形式，親手遞交給予葉公超。[484] 而為了取得國府方面的了解，於 9 日下午 15 時 40 分，岸首相召見三團體代表池田等人，並親手將日本政府對三團體的正式回答文交給渠等（附錄十），內容宗旨為「為達成擴大貿易的目的，將給予支持與合作」。此外，針對懸掛中共國旗之問題，在同日下午 16 時，以愛知官房長官談話的形式表明日本政府的立場（附錄十一），內容宗旨為「第四次日中貿易協定乃是日中雙方民間團體之協定，並非政府官方間之協定。政府的立場，期望能夠擴大貿易的精神並尊重之……既然不承認中共的前提下，則無法承認懸掛國旗之權利。」。[485] 由此形式之決定，可知岸・藤山的官方正式對中政策是「政經分離」，意味著將此政策設定「兩岸政府」雙方及外交路線。

對於日本政府採取日中貿易協定態度感到滿意的國府，於 9 日晚間發表相關聲明表示：「日本政府對中共民間通商代表部不承認其官方地位或任何特權，以及說明不承認通商代表部立旗之相關權利。相信日本政府會依循岸首相對民間三團體之回答及愛知官房長官之談話，以此原則適切實行之」。[486]

日本政府以對三團體的政府回答文、愛知官房長官談話、岸總理補充說明等草稿形式，並在事前與國府方面進行交涉，取回國府的信賴感，而因日中民間貿易協定而導致日本與國府之間的紛爭也告一段落。因此，國府亦表明將重啟對日本有限制的貿易。10 日，國府行政院院會決定，隨著日華交涉的完成，將中止對日「經濟斷交」之措施。外交部對

---

[484] 同上註，頁 1597。

[485] 同上註，頁 1601–1603。

[486] 同上註，頁 1610–1611。

經濟部與臺灣銀行發出指示，表示解除對日信用狀停止開設之措施與解除日本進口禁止措施。[487] 而基於國府的通告，自 15 日起重啟暫時中斷的日華貿易會談。[488] 由於國府的措施，3 月 18 日中止對日購買、19 日停止開設信用狀；但由於日華交涉的解決，而相隔三週後，對日經濟關係也開始正常化。

然而，中共方面對於日本政府對三團體回答文及愛知官房長官談話，表明其強烈不滿。13 日夜晚，中共國際貿易促進委員會主席南漢宸表示「由於日華間的合意因美國的介入，日本政府實際上已實現『兩個中國』之承諾」，發表對日譴責說明，表示「吾等堅拒回答，而在障礙未排除前，將不實施此協定。」並將此抗議書信送交日中貿易三團體。[489] 而中共之所以採取對日譴責之措施，則是因日華之間解決的事態上，倘若中共做出了承諾的回答，擔心會衍生「兩個中國」的存在及其效果之虞。

翌日，面對中共對日譴責的嚴重事態，日本政府採取「此次中共的回答有極多誤解與曲解……並非採取妥協的立場，而是靜觀當前並以既定方針應對」之態度。[490] 此外，自民黨在院內召開自民黨幹事長川島、自民黨政調會長三木、自民黨國會對策委員長村上、官房長官愛知，與參議院自民黨幹事長伊能、國會對策委員長石原召開會議，針對中共政府拒絕回答問題展開協商，自民黨方面表示：「政府・執政黨的方針，

---

[487] 1958 年 4 月 10 日，〈中華民国外交部公式声明要旨〉，「本邦对中共貿易関係民間貿易協定第四次日中貿易協定（昭三三年）」（日本外務省保存記録第一三回公開，E'.2.5.2.2-1-1，リール番号：E'-0212），頁 1616。

[488] 「15 日から再開　日台貿易会談」，《每日新聞》夕刊，1958 年 4 月 12 日。

[489] 1958 年 4 月 14 日，中共情報第二〇七号「日本政府回答に对する中共声明について〉，「本邦对中共貿易関係民間貿易協定第四次日中貿易協定（昭三三年）」（日本外務省保存記録第一三回公開，E'.2.5.2.2-1-1，リール番号：E'-0212），頁 1472–1482。

[490] 1958 年 4 月 16 日，亞洲局第二課「中共の对日非難に对するわが方对処方針〉，「本邦对中共貿易関係民間貿易協定第四次日中貿易協定（昭三三年）」（日本外務省保存記録第一三回公開，E'.2.5.2.2-1-1，リール番号：E'-0212），頁 1483–1486。

已經由政府回答形式清楚表明，因此將按照原有既定方針進行。」[491] 充分表明支持政府的立場。

與中共方面的反應相同，國府也擔憂日本藉著日中貿易協定，給予代表部設置與國旗懸掛問題等官方權利，等同事實上承認中共，讓世人有「兩個中國」存在的印象，而對日中親近一事，持續採取警戒態勢。

國旗懸掛問題所引起的日華之間紛爭，表面上因美國的調停而看似解決；但此次紛爭依舊所產生國府對日本殘留的不安感。之後，正如國府方面所擔憂，觸動日本、國府、中共三者神經的事件，即是 5 月 2 日的長崎國旗事件。

4 月 30 日至 5 月 2 日這段期間，由日中友好協會長崎分部所主辦的「中國郵票、織、剪紙展示展銷會」，於長崎市東濱町濱屋百貨公司四樓舉辦。而在此會場正中央，有懸掛中共國旗。對此，在開幕初日，國府駐長崎領事常家鎧前往長崎市市公所拜會，表示「懸掛中共國旗是非法的，將對日本與國府的友好關係產生不好影響，因此希望能將中共國旗取下來。」但主辦方的日中友好協會分部理事荒木德五郎亦採取「為了日中友好無法答應」之強硬態度。然而，在最後一日的下午 16 時 20 分左右，日本的兩位右翼青年趁著店員不注意時，突然將百貨公司展覽會場所懸掛之中共國旗扯下。[492] 之後，荒木理事前往長崎警察署，並要求追出現行犯的「背後關係」；但長崎警察署署長福田卻表示：「此乃是國際關係，必須與地檢署協議並謹慎處理之。」結果在同日夜晚 21 時 40 分左右，長崎警察署將兩位現行犯訊問後，便以《毀損器物罪》將兩位青年釋放。[493]

---

[491] 「激しい中共の、『拒否』　三団体きょう協議、紛糾を予想」，《每日新聞》，1958 年 4 月 15 日。

[492] 1958 年 5 月 1 日，亞洲局第二課「長崎における中共旗掲揚阻止方申入れる件」，《国旗侮辱事件雑件》（日本外務省保存記録第一八回公開，O'-2308）。

[493] 1958 年 5 月 7 日，亞洲局第二課，中共情報第二二二号「長崎における中共旗引下ろし事件」，《国旗侮辱事件雑件》（日本外務省保存記録第一八回公開，O'-2308）。

然而，扯下國旗可能會發展成重大外交問題，因此日本政府無論採取任何措施，都是燙手山芋的課題。同日，國府外交部發言人也傳達對日不滿的意向，並表示「為了抗議懸掛中共國旗一事，將向中華民國駐日沈大使與駐長崎領事以訓電表示抗議」。[494] 但此次國府僅向傳達對日不滿的意向外，並無做出嚴重的抗議措施。不如說國府是在觀察日本的親中共團體對懸掛中共國旗一事，來探究日本政府立場的意圖。之後，日本外務省針對此事件僅表明「不適用日本《刑法》第 92 條」的法令適用性，並以消極的態度回應處理之。

一週後，中共副總理兼外交部部長陳毅對日本政府的處置，表達極為不適切的談話，同時強烈批判岸內閣的對中立場，「岸內閣容忍暴徒，在長崎做出對中國國旗羞辱之事，已無法容許敵視中國的岸內閣之態度……岸信介氏破壞貿易協定，即便中日貿易陷入無協定狀態，對兩國貿易發展產生阻礙並非天方夜譚……」。[495] 翌日，岸信介針對陳毅的談話做出下述反駁：

> 吾等不能無視與臺灣的國府之友好關係，而立即承認中共。中共政府應當冷靜思考國旗問題……國旗毀損罪乃是僅適用於相互承認之獨立國家之間，此點中共政府做出此舉行為，是否意圖要對日本政局做出影響？[496]

岸信介基於現實的情勢考量，在此時機點做出反駁陳毅的談話，一方面擔心國府在政治上的舉措，另一方面則是面臨即將到來的國會大選，儘可能降低對執政黨產生不好的影響。

11 日，中共方面表示無法接受岸的見解。中共外長陳毅在一場駐北

---

[494] 同上註。

[495] 1958 年 5 月 9 日，「資料 51　長崎国旗事件に関する陳毅外交部長の談話」，《日中関係基本資料集 1949 年～ 1997 年》（東京：財団法人霞山会，1998 年），頁 140–142。

[496] 《朝日新聞》，1958 年 5 月 11 日。

京的外籍記者會上表明：「吾等決定自 5 月 11 日起，斷絕中日之間所有經濟與文化的交流。」[497] 陳毅的發言等同是官方正式見解，日中的所有「民間」交流已正式中斷。

由此事態的發展，使得岸首相的對「中」方針—意即「政經分離」的方式已徹底崩解。對於此結果，岸信介在其回憶錄中，有做出相關說明：

> 本人的觀點，乃是暫且主張中共有表面上的權利；但應該以實際利害關係來進行貿易，而國旗問題本來就無預期會執行下去。因此在發表愛知聲明後，並未預想到會導致第四次協定破局的結果。[498]

易言之，當時岸的對中構想在愛知聲明發表後，並未想到會使日中貿易協定破局的局面。然而，國旗問題可說是國共內戰的延長，意即中國代表權之爭，很容易預想到「國」「共」兩政府徹底高舉「一中」的口號。易言之，在 1950 年代的嚴峻的冷戰體制及美國對中「圍堵」政策框架下，岸內閣試圖以「政經分離」的形式，在「國」「共」兩政府之間占有一席平衡且有利的戰略地位；但在陳毅的五一一發言後，1952 年 6 月開始實施的所有日中「民間」交流一切中斷，伴隨而來的是岸信介的對「中」政經分離構想邁入破局的結果。

小結

本章乃是討論岸信介內閣時期的對中構想。1957 年 9 月《外交白皮書》所揭櫫的岸內閣外交方針，亦即①聯合國中心②與自由主義陣營之協調③堅守亞洲一員的立場之三原則。然而，因第四次日中貿易協定所引發與國府關係急速冷卻化，連帶影響日本的東南亞市場，也為日華關

---

[497] 古川万太郎，《日中戰後関係史》（東京：原書房，1981 年），頁 157。

[498] 岸信介、矢次一夫、伊藤隆，《岸信介の回想》，頁 211。

係帶來了重大危機。

　　由此次日華紛爭的交涉過程觀之，國府在交涉上是極為困難的立場。此點在國府外交部部長葉公超在立法院外交委員會的祕密會上，關於此次交涉時，國府是困難的立場上，做出下述理由表示：

（一）國府在國際的地位上日益薄弱，經濟上並須依賴日本。

（二）對於日本擴大貿易是有絕對其必要性，在對美及東南亞的通商亦是如此。今日，對中共貿易乃是國民希望，國府難以反對。

（三）美國是支持日本的保守政權，且如果扼止中共貿易，日本商品更會大舉傾銷美國，因此在某種程度上，必須做出承認的態度。[499]

　　然而，由於日中交流的中斷，是否可謂國府對日外交的勝利？就現階段而言很難評論。在日華紛爭之際，國府採取中止日華貿易會談、停止對日購買、抵制日本商品及電影等一連串強硬手段的經濟斷交，甚至還高唱政治斷交的意圖，結果因美國的調停而必須有某種程度的妥協。國府妥協的理由，可由 1958 年 4 月 10 日的《每日新聞》中得到推測：

第一是美國擔憂因日華交涉而使亞洲反共陣營崩解與國府孤立，而積極說服國府；第二則是國府方面的問題，國府從大局來判斷，一旦岸內閣陷入窮途末路，中共將是最雀躍的一方，而自民黨會在接下來的國會大選失去民氣，結果將對國府本身不利。[500]

　　由上述可知，國府的妥協反映了一項真實。意即撤退至臺灣的國府，與恢復獨立的日本之間，存在著「弱化的戰勝國與強化的戰敗國」的關係。

---

[499] 1958 年 4 月 14 日，〈日中民間貿易協定に関する葉外交部長発言の件〉，「本邦対中共貿易関係民間貿易協定第四次日中貿易協定（昭三三年）」（日本外務省保存記錄第一三回公開，E'.2.5.2.2-1-1，リール番号：E'-0212），頁 1621。

[500] 「大局から妥協　だがシコリ残る」，《每日新聞》，1958 年 4 月 10 日。

　　另一方面，岸為了執行「政經分離」，支持日華合作委員會的成立，甚至岸信介進行國府官方訪問，試圖表示對華親善的立場；但在日中貿易協定的國旗懸掛問題上，卻引發「兩個中國」的問題。面對此嚴重事態的岸・藤山外交苦於成為國府與中共之間的夾心餅乾，經常陷入進退兩難的窘境。然而，即使發表愛知官房長官談話，明確表示正式的中國政策，即「政經分離」的模式，卻因岸內閣無法處理長崎國旗事件的發生，引發國府抗議與中共不滿，最後引起陳毅五一一發言，最後在 1952 年 6 月起所實施的所有日中「民間」交流不得不中斷。結果，岸內閣所打出的對中構思「政經分離」可謂邁入破局的道路，也因此破局，稍微緩和了日華之間的對立情勢。

結　論

　　本書係以 1950 年代日本對中政策的摸索觀點，來重新審視日華外交的動向。由於國際冷戰與國共內戰的影響，導致出現臺日／日華的雙層結構，因此日華外交在國際政治史上占有特殊地位。基本上，美國的亞洲政策及對日、對臺政策係以冷戰架構加以成形，東亞區域境內的情勢，至今持續不斷變化。

　　1949 年 10 月後，中國由於發生國共內戰，而被共產黨擊敗的國民黨政府撤退至臺灣，形成分裂的「國」、「共」兩政府在爭逐中國「正統」政府的地位。此因乃是受到美蘇冷戰的對立，以及韓戰等東亞境內國際情勢變動的影響，臺、日、美、中之間形成了複雜且微妙的關係。美國為了防範共產主義國家的威脅，逐漸展開「封鎖」政策；而日本基於國家經濟、軍事利益的考量，成為扮演美國亞洲政策合作者的角色。然而，日本外交基本路線是維持對美協調外交；但中國問題卻藉由「經濟手段」發展出「獨有」的外交構想，此乃可由對中華民國的政策反映出來，亦是本研究所探究的重點。

　　本書乃是以既有的國際關係史及外交史等研究成果，並更新的研究觀點加以重新評價，且以日本戰後各屆內閣「獨自」探索中國政策的動向，透過此種探索而連動的日華關係變化為目標。如同序章所言，由於受到冷戰體制等國際環境的限制，1950 年代初期的吉田內閣採取「經濟先行，政治承認」的戰後日本外交型態，此種對外關係下的「政經分離」關係，正是戰後日本外交的「典型」。除此之外，1950 年代日本外交下的日華、日中關係之「政經分離」及「兩個中國」概念間是否有必然的關連性，作者以日本外務省外交史料及相關資料加以研究佐證。

　　換言之，本書乃立基「經濟先行，政治承認」，亦即（先經後政）的觀點，闡明 50 年代日本對「中」政策的摸索以及日華關係的成形與發展過程。乍看之下，此觀點與以往研究的「政經分離」概念類似；但

其目的及定義完全無法一概而論。當時在全球冷戰架構的國際環境下，日本政府在對「中」政策上，面臨難解的政治問題，則是先致力於建立「經濟關係」為主要方針的方式。在《對日和約》簽署及回復主權獨立前後的時間點，先建立「經濟關係」，便扮演著日本重新建構對外關係的戰略設計，特別是因賠償問題而產生與亞洲各國建立新關係的「重要橋樑」。日本首先利用通商貿易的方式與各國維持「經濟關係」，並在最佳時機建立起「政治關係」的戰略目的，乃是戰後日本在制訂對外政策的典型模式，而本書所舉日本對「中」政策即為顯例。

事實上，至 1950 年 1 月月底前，由於 GHQ 放寬貿易管理體制，日本得以貿易協定或金融協定等形式與各國建立經濟關係，該年 9 月簽署《日臺通商協定》。在依照上述戰後日本外交模式下，《對日和約》生效之後，日本亦與各國建立起正式的外交關係，對中華民國亦是採取同樣方式。1952 年 4 月，受到美國「外部壓力」的影響，時任日本首相吉田茂選擇退守臺灣的國民政府做為中國合法政府的代表，此點在本書的第一章與第二章有詳述。對當時的日本而言，與中華民國之間建立外交關係，對日本實質回歸國際社會占有重要意義。

是以在嚴峻的冷戰體制框架之下，針對「分裂國家」之兩方，因國際政治現實環境而面臨能否建立「政治關係」的難題之際，致力於「經濟先行」的方針乃是聰明的選擇。這也可以說是一種戰後日本對「中」外交的基本模式。

基於「先經後政」觀點，本書各章將深入分析 50 年代日本對「中」政策及日華關係的發展，重點摘要彙整如下：

第一章及第二章將介紹戰後日華關係形成過程中重要且決定性的「階段」，將探討 1950 年 9 月 6 日簽署的《日臺通商協定》、1952 年 4 月 28 日簽署的《日華和平條約》。此時期日本是在 GHQ 的占領體制下，無法行使關於外交等「主權」的象徵。然而，受到冷戰、國共內戰、

韓戰的影響，美國勢必得因應東亞複雜的情勢，調整對日占領政策。因此，GHQ採取放寬貿易管理體制下之附帶限制的民間貿易。此外，由於韓戰的爆發，美國也調整對臺政策，力促《日臺通商協定》的締結；而中共也因參與韓戰，使美國不得不放棄對中共「狄托化」的期待，並轉達希望日本能支持撤退至臺灣的國民政府為代表中國的正統政府。日本在經歷1950年簽署的《日臺通商協定》時無外交權的「觀察員」階段，1952年4月簽署《日華和約》的「政治承認」。此時期正是《對日和約》簽署後，正如本書所強調之「先經後政」的日本戰後外交模式，日本與國民政府建立關係。此外，由於（與《日華和約》簽署同日的）《對日和約》生效，日本得以回復國家主權，1953年與國府的日華貿易交涉完全脫離GHQ的「陰影」，成為交涉談判的「主角」。《對日和約》簽署之後，GHQ逐漸將國家機能移轉給日本政府，通商與外交機能亦逐漸擴大，日本在與各國的通商貿易或關於國家間更高層級的政治活動之重要事項交涉上，逐漸由「配角」轉變為「主角」的角色。另外，必須注意的一點，美日兩國雖然皆承認中華民國；但在安全保障上對臺灣的定位卻未必保持同一態度。

　　第三章將介紹吉田內閣時期的對「中」外交，由「等距離外交」轉變為「政經分離」。戰後日本對「中」政策的制定，深受美國亞洲政策變動所影響。吉田內閣將日本對中政策定位於僅次於對美協調中心的外交路線，作為日本戰後外交的基礎。然而，吉田當初意圖利用美英之間的矛盾獨自發展出對「中」構想，但隨著「吉田書簡」的出現，不得不放棄對「中」等距離外交的構想。在經濟層面上，隨著《日華和約》的締結，日中民間貿易交流的「政經分離」構想成為日「中」關係的新「接觸點」。由於「政經分離」乃是吉田內閣時期對「中」外交上如同「謎」般的構想，因此必須解明其真相。第三章針對「小川提倡案」、「池田證言」及「自由黨外交調查會報告書」等三項例證加以分析。「政經分離」可否說是吉田為實現「兩個中國」的戰略目的，在未有更明確的證

據之前無法得出結論。儘管吉田對「中」方針的原點—「等距離外交」的構想受到挫敗，吉田內閣後期的「政經分離」可謂「等距離外交」的延長。無論如何，吉田政府對「中」方針想方設法積極擴大與中共之間的經貿交流，促進雙方之間的關係；此外在促進與國府之間經濟關係的同時，卻在政治關係上採取「若即若離」消極的外交態度。

　　第四章則介紹鳩山內閣時期的「自主外交」路線與日華關係。鳩山內閣由戰後初期的吉田對美「追隨外交」政策轉變為「自主外交」為主軸，展開獨有的對「中」外交方針，以此作為一個獨立國家可以稍微脫離美國的陰影，摸索出「自主外交」的道路。鳩山內閣目標乃是獨立的日本能夠回歸國際社會，此前提之下回復與中共、蘇聯的邦交乃是一大重點，特別鳩山本身曾提及的「蔣中正政府與毛澤東政府皆是偉大獨立國家的政權」，此「二個中國」論皆引起華府與國府的恐懼。根據外務省外交紀錄文書所述，國府方面也表達一連串的「質疑」與「不滿」，即便日華雙方的外交單位在交涉過程中，外相重光葵也僅不過是不斷重覆與國府之間的關係「不會產生任何變化」，並採取消極的「政黨外交」途徑，利用……使節團前來，以避開政府間對話的可能性。自民黨黨公職的政治家邀請國府的訪日親善使節團前來。第四節探討的訪日交涉過程中可知：對國府外交上，政府層級採消極態度，政黨層級則採取積極態度的「黨政分離」的模式在此時期交互運用。意即，可看出鳩山內閣時期的對「中」「自主外交」有兩項戰略佈局—對中共採取「政經分離」；對國府則採「黨政分離」的對中政策基本模式。

　　第五章則探討岸內閣時期的「親華」外交。岸信介為了遂行「政經分離」政策，除了大力支持日華合作委員會的成立，也進行首次官方訪臺（國府）等對華親善的態度；但第四次日中貿易協定的交涉中發生設立「通商代表部」及給予外交特權等問題，亦波及到日華之間的政治問題，甚至因長崎國旗事件而引發「兩個中國」問題，此事件亦使岸、藤山外交在國府與中共之間成為夾心餅乾，陷入絕大的困境。然而，官房

長官愛知的發表談話，即便明確地提出官方的中國政策「政經分離」，卻因長崎國旗事件的發生引發國府抗議與中共不滿，而使岸內閣的應對顯得進退失據。此外，由於陳毅的五一一發言，而使自 1952 年 6 月起的日中「民間」交流不得不中斷。結果，岸內閣對中構想的「政經分離」不得不走向破局的命運，此破局也暫使日華之間的對立情勢稍加緩和。

　　藉由以上的研究，本書已探討 1950 年代的日本對中政策的摸索與日華關係的展開等相關課題，並且關於以往先行研究的「兩個中國」得出下述結論。

　　第一，50 年代的日本對中政策，並非以「兩個中國」為戰略目的。此點可由吉田首相對中政策的基本態度中理解，吉田茂的回憶錄《回想十年》中明確表明：「就我個人來說，希望能與臺灣之間修復關係，並深化經濟合作；但倘若想要進一步深入關係，勢必得採否認北京政府的立場。[503]。在發展與臺灣之間「修復友好」及「經濟」關係的同時，亦保留日後「承認中共的空間」，推測這正是吉田茂本人的「真意」。然而，隨著冷戰體制架構的成型，日本在美國脅迫的「外在壓力」下，以「限定範圍」的方式承認退守至臺灣的國民政府，並簽署《日華和約》承認國府為唯一代表中國的政府。不可諱言，這樣的結果並不是吉田的本意。因此，在《日華和約》締結的一個月後—即 1952 年 6 月 1 日首次簽署《日中貿易協定》，吉田本人雖未出席，看似吉田採取消極態度，卻也是嘗試摸索對中共接近的戰略設計。即便吉田於 1950 年代中期後卸任首相一職，也並未改變藉由日中貿易的「經濟」先行方式進而發展日中「政治」關係的外交期待。「經濟先行，而後政治承認」（亦即先經後政）的外交模式，使日中雙方得以藉由經貿等接觸而擴大交流，並邁向「政治承認」，才是戰後日本對中（北京）政策的真正戰略目標。

　　第二，「政經分離」的概念並非為了實現「兩個中國」的方法。「政

---

503 吉田茂，《回想十年 第三卷》，頁 72。

經分離」的概念、方法、何時、何人所提出，各種疑問接踵而來。本書認為，對於「政經分離」的定義與內容倘若有異，那麼也會產生不同的答案。如上述所言，日中之間的交流與往來，日本是採取「經濟先行，而後政治承認」（亦即先經後政）的外交模式，在與臺灣的國民政府發展「政治關係」的同時，也與中國大陸發展「經濟關係」的局面，實際上此種「經濟先行，政治承認」的外交模式，乍看之下容易產生「政經分離」的誤解。正如第三章第二節所述，本書曾對「政經分離」的定義與內容，探討「小川提言案」、「池田證言」、「自由黨外交調查會第六分科會報告書」等三項例證。將上述三項例證彙整的內容如下：「小川提言案」提出下述諫言，限制擁有國家公務員資格的往來，以民間交流促進開展與中國大陸的貿易市場；「池田證言」則表示，中共總理周恩來提倡以「政經分離」的方法，促進與日本在經濟方面的官方交流，並邁向「政經不可分」的方向；「自由黨外交調查會第六分科會報告書」則針對中共外交方針採取不承認中共政權、反對「兩個中國」；但經濟上力促擴大日中貿易交流，近乎「政經分離」的論調。易言之，吉田內閣時期的「政經分離」的各種說法及目的，皆非以「兩個中國」的目標之主張；相反的，在當時日中雙方，相互以「民間層級」的交流方式保留日中之間未來政治承認的「餘地」，對 1950 年代的日本而言，才是進行「經濟交流」的重要目的。

　　國家之間的外交交流，經濟占有重要的一席之地。即便因經濟利益而被稱為經濟主義，其背後有一定的國際環境架構做為前提。[504] 1950年代日本對「中」外交方針的轉換，在東亞地區國際關係的變化的歷史發展軌跡上，「經濟先行」可說是日本戰後外交行動模式的典範。本書針對50年代初期《日臺通商協定》的簽署與東亞國際情勢的關聯性，《日華和平條約》的締結過程、以及吉田內閣至岸內閣之對「中」外交方針的轉換與日華關係的變動等課題，利用日本已公開的外交紀錄檔案進行

504 山本滿，《日本的經濟外交》（東京：日本經濟新聞社，1973 年），頁 22–24。

爬梳與整理，加以分析 50 年代日本對「中」政策的過程，並檢視國際冷戰結構下「戰後日華關係」的發展軌跡，提供了新的研究視角，這對研究 1950 年代日本外交史，以及東亞國際關係而言深具重要意義。

參考文獻

【未公刊史料】

＊中文

《外交部檔案》（臺北：外交部檔案資訊處）

檔號：012‧6—「日本政府擴展外交權及設置駐臺海外事務所案」—

「關於盟總准許日本外務省自 1951 年 3 月 15 日起執行部分外交事務一
　　案說帖」

民國 40 年 9 月 29 日付「關於商洽日本派遣海外代表來臺一案」

民國 40 年 10 月 6 日付「關於日本在臺設立事務所事」

民國 40 年 9 月 18 日付「關於日本政府設置駐臺事務所及擬任木村四郎
　　七為該所所長一案」

＊日文

「日本外務省保存記録」（東京：外務省外交史料館）

第七回公開：リール No. B'-0009—「第三次ダレス来訪関係」B'.4.0.0.8—

1951 年 12 月 12 日付〈井口次官、ダレス会談要録〉

1951 年 12 月 13 日付〈吉田総理、ダレス会談要録〉

1951 年 12 月 13 日付〈日本国政府と中華民国国民政府との間の正常関
　　係設定に関する協定案（要領）〉

1951 年 12 月 24 日付〈総理のダレス宛書翰〉

1952 年 1 月 16 日付〈中国問題に関する総理発ダレス顧問あて書簡公
　　表問題〉

第八回公開：リール No. B'-0033—「日華平和条約関係一件」第一巻
　　B'.4.1.2.3—

昭和 27 年 1 月 24 日付第 17 号、木村事務所長発吉田外務大臣宛〈葉

外交部長との会談の件〉

昭和 27 年 1 月 29 日付至急極秘第 8 号、吉田外務大臣発台北中田所長代理宛〈国府派遣使節に関する件〉

昭和 27 年 1 月 30 日付大至急極秘第 26 号貴電第 8 号に関し、中田事務所長代理発吉田外務大臣宛〈国府派遣使節団に関する件〉

昭和 27 年 1 月 31 日付至急極秘第 9 号貴電第 26 号に関し、吉田大臣発在台北中田事務所長代理宛〈国府派遣使節に関する件〉

昭和 27 年 1 月 31 日付至急極秘第 10 号、吉田大臣発台北中田所長代理宛〈台北派遣使節に関する件〉

昭和 27 年 2 月 16 日付〈外務大臣より河田全権に対する訓令〉

昭和 27 年 2 月 12 日付極秘至急第 19 号、外務大臣発木村所長宛〈日華条約交渉に関する件〉

〈日本国と中華民国との間の平和条約〉

1952 年 3 月 1 日付〈日華条約第二回会議議事録〉

第八回：リール No. Bʼ-0023—「日華貿易及び支払取極関係一件」Bʼ.5.2.0.J/C(N)1—

〈日本台湾間通商協定締結に関する件〉

1950 年 8 月 28 日付〈日台通商会談（最終回）報告〉

1950 年 8 月 28 日付 "TAIWAN-OCCUPIED JAPAN TRADE PLAN (1 July 1950—30 June 1951)"

1950 年 9 月 6 日付 "FINANCIAL AGREEMENT FOR TRADE BETWEEN TAIWAN AND OCCUPIED JAPAN", "TRADE AGREEMENT BETWEEN TAIWAN AND OCCUPIED JAPAN"

1950 年 9 月 6 日付 "Consolidation and Liquidation of Open Accounts and Escrow Credits"

1951 年 6 月 29 日付 "Extension of the Taiwan – Occupied Japan Trade Plan"

1951 年 12 月 7 日起草、12 月 26 日付決裁〈台日貿易協定の延長に関

する件〉

1952 年 1 月 11 日付〈日台通商会談開催の件〉

1952 年 1 月 26 日付〈日台通商会談に関する件〉

1952 年 3 月 31 日起草、4 月 7 日付決裁〈平和条約の効力発生後における日台間の貿易・金融関係に関する書簡交換に関する件〉

1952 年 4 月 9 日起草、4 月 10 日発送日付〈連合国総司令部と中華民国との間の貿易金融協定の条項の適用に関し閣議請議の件〉

1952 年 4 月 9 日起草、4 月 10 日発送日付〈連合国総司令部と中華民国との間の貿易金融協定の条項の適用に関し閣議請議の件〉

1952 年 9 月 27 日付〈新日台貿易協定に対する国府側態度に関する件〉

1952 年 12 月 11 日付〈日華貿易協定附属貿易計画に関する件〉

1952 年 12 月 12 日付〈日華貿易交渉に関する件〉

1953 年 1 月 9 日付〈日華貿易交渉に関する件〉

1953 年 2 月 5 日付、外務省情報文化局発表〈日華貿易会談開始について〉

1953 年 2 月 7 日付〈日華貿易交渉に関する件〉

1953 年 6 月 2 日付〈日華貿易会談議事録（第七回）〉

1953 年 6 月 12 日付外務省〈閣議決定（案）〉

1953 年 6 月 12 日付の閣議決議案〈貿易計画―中華民国の日本国への売却見積額〉

1952 年 4 月 24 日付外務省情報文化局発表〈平和条約の効力発生後における日本と台湾との間の現行協定の暫定的延長について〉

第一一回公開：リール No. A'-0139―「日本・中華民国間外交関係雑件」A'.1.6.1.2 － 1―

1956 年 2 月 6 日付在台北堀内大使発重光大臣宛第二六号電報〈国府立法院委員の日本招待説〉

1956 年 3 月 1 日付重光大臣発在台北堀内大使宛第三九号電報、往電第二六号に関し、〈国府立法院委員の日本招待説〉

1956 年 3 月 26 日付アジア二課〈国府要人の招待計画についての一情報〉

1956 年 3 月 28 日付重光大臣発在台北堀内大使宛第六九号電報、往電第三九号に関し、〈中国要人招待の件〉

1956 年 4 月 3 日付在台北堀内大使発重光大臣宛第一〇七号電報、貴電第六九号に関し、〈中国要人招待の件〉

1956 年 4 月 5 日付重光大臣発在台北堀内大使宛第七九号電報、貴電第一〇七号に関し、〈中国要人招待の件〉

1956 年 4 月 10 日付在台北堀内大使発重光大臣宛、台秘第四一〇号、〈立法院長等訪日親善使節団に関する件〉

1956 年 5 月 11 日付在台北堀内大使発重光大臣宛、台普第五三四号、〈中華民国各界日本親善訪問団名鑑送付の件〉

1956 年 4 月 27 日付外務省アジア局第二課〈中華民国各界代表訪日親善使節団の滞日中における言動に関する報告書〉

1956 年 5 月 11 日付重光大臣発在台北堀内大使宛第二一四号〈中華民国各界日本親善訪問団の来日に関する件〉

第一一回公開：リール No. A'-0139—「アジア諸国特派使節及び親善使節団、本邦訪問関係：中華民国の部張群総統府秘書長関係(第一巻)」A'.1.6.1.2-1—

1957 年 9 月 18 日付〈張群秘書長の訪日に関し各紙報道振りの件〉

第一三回公開：リール No. A'-0152—「岸総理第一次東南アジア訪問関係（1957.6)タイ、中華民国の部」A'.1.5.1.3-3—

1957 年 4 月 12 日付〈大臣東南ア歴訪の件〉

1957 年 4 月 13 日付第五九号（至急）〈大臣東南ア歴訪の件〉

1957 年 4 月 20 日付第七五号〈岸総理の東南ア諸国訪問に関し正式申入方訓令の件〉

1957 年 4 月 22 日付第七六号〈大臣東南ア訪問スケジュールに変更の件〉

1957年4月24日付第七九号（大至急）〈岸総理の東南アジア諸国訪問のスケジュール確定の件〉

1957年4月27日付〈岸総理の東南アジア諸国訪問のスケジュール確定の件〉

1957年4月25日付〈沈中国大使に岸総理の台湾訪問通報の件〉

1957年4月25日付〈岸総理の東南ア旅行に関し、挨拶案等の準備に関する件〉

1957年5月5日付第81号（極秘）〈岸総理の国府首脳と会見に関する件〉

1957年5月5日付第82号（極秘）〈岸総理東南アジア諸国訪問に関する件〉

1957年5月5日付第83号（極秘）〈岸総理の東南ア旅行に関し各国における挨拶案等の準備に関する件〉

1957年5月7日付〈岸総理の国府首脳と会見に関する件〉三通
　　〈岸総理の東南ア旅行に関し挨拶案等の準備に関する件〉三通、
　　〈総理台北到着の際のステートメント案の件〉一通、
　　〈岸総理の訪台に際しての挨拶等に関する件〉一通

1957年6月2日付〈台北到着に際しての岸総理大臣の声明〉

1957年6月4日付〈岸日本国総理大臣及び中華民国行政院長共同コミュニケ〉

第一三回公開：現物公開—「岸総理第一次東南アジア訪問関係」
　　A'.1.5.1.3-5—

1957年6月岸総理大臣東南ア訪問記録第四号〈総理大臣と蔣中華民国総統との会談録〉

第一三回公開：リール No. E'-0212—「本邦対中共貿易関係民間貿易協定第四次日中貿易協定（昭三三年）」E'.2.5.2.2-1-1—

1957年8月27日付〈中国国際貿易促進委員会主席南漢辰発日中貿易三団体宛書簡〉

1957 年 10 月 23 日付〈第四次日中貿易交渉に関する経緯の件〉

1957 年 9 月 12 日付〈常設民間貿易事務所について〉

1957 年 10 月 25 日付〈第四次日中貿易交渉に関する経緯の件〉

1957 年 10 月 31 日付〈第四次日中貿易交渉に関する経緯の件の後記〉

1957 年 12 月 26 日付〈池田（正之輔）、勝間田及び廖承志三者会談の申合せ〉

1958 年 3 月 6 日付アジア二課〈第四次日中貿易協定交渉再開日誌〉

1958 年 3 月 13 日付〈中共貿易問題に関し国民政府申入れの件〉

1958 年 3 月 14 日付〈日華貿易会談に関する件〉

1958 年 3 月 14 日付〈日中民間貿易に関し在京米国大使館よりの申入りに関する件〉

1958 年 3 月 18 日付〈日中民間貿易問題に関する件〉

1958 年 3 月 26 日付〈三団体に対する政府回答案〉

1958 年 3 月 27 日付〈日中民間貿易問題に関し張群談話の件〉

1958 年 3 月 31 日付〈岸総理親書に関する件〉二通

1958 年 3 月 31 日付〈日中民間貿易協定に関する件〉

1958 年 4 月 1 日付〈岸総理親書に関する件〉三通

1958 年 4 月 2 日付〈岸総理の親書に関する件〉

1958 年 4 月 3 日付〈日中貿易協定に関する件〉

1958 年 4 月 3 日付〈総理親書に関する件〉

1958 年 4 月 4 日付〈日中貿易協定に関する件〉

1958 年 4 月 7 日付〈日中貿易協定に関する件〉

1958 年 4 月 9 日付〈日中貿易協定に関する件〉三通

1958 年 4 月 9 日付〈中華民国外交部公式声明要旨〉

1958 年 4 月 10 日付〈中華民国外交部公式声明要旨〉

1958 年 4 月 14 日付中共情報第二〇七号〈日本政府回答に対する中共声明について〉

1958 年 4 月 14 日付〈日中民間貿易協定に関する葉外交部長発言の件〉

1958 年 4 月 16 日付アジア二課〈中共の対日非難に対するわが方対処方針〉

第一三回：リール No. E'-0046—「中華民国経済関係雑件第一巻」E'.3.1.1.1—

昭和 23 年 8 月、管理局総務課作成〈旧領土関係事情調査資料第二号、台湾経済概観―附録：対日貿易の再開と台湾〉

第一四回公開：リール No. A'-0356—「日本・中華民国間外交関係雑件」A'.1.2.1.7—

1955 年 2 月 17 日付重光葵外相発在台北大使芳沢謙吉宛〈中国問題に関する件〉

1955 年 2 月 17 日付在香港伊関総領事発重光外相宛電報第二七号〈中共承認に関する鳩山総理言明報道に関する件〉

1955 年 4 月 21 日付在中華民国特命全権大使芳澤謙吉発重光葵外務大臣宛〈中国問題に関する鳩山総理発言に対する国府側の抗議の件〉の別添 B、1955 年 4 月 5 日付芳澤大使発重光大臣あて電報要旨〈国会における鳩山総理の中共問題答弁の件〉

1955 年 4 月 13 日付重光外相発在台北芳澤大使宛電報第九〇号〈国会に於ける鳩山総理の中共承認問題答弁の件〉

1955 年 4 月 21 日付在中華民国特命全権大使芳澤謙吉発重光葵外務大臣宛〈中国問題に関する鳩山総理発言に対する国府側の抗議の件〉

1955 年 4 月 21 日付在中華民国特命全権大使芳澤謙吉発重光葵外務大臣宛〈中国問題に関する鳩山総理発言に対する国府側の抗議の件〉の別添甲号、1955 年 4 月 18 日付中華民国外交部長葉公超発在中華民国特命全権大使芳澤謙吉宛書簡

1955 年 4 月 21 日付在中華民国特命全権大使芳澤謙吉発重光葵外務大臣宛〈中国問題に関する鳩山総理発言に対する国府側の抗議の件〉の別添乙号、1955 年 4 月 21 日付在中華民国特命全権大使芳

澤謙吉発中華民国外交部長葉公超宛書簡

1955 年 5 月 19 日付重光大臣発在台北芳澤大使宛電報第一二一号〈総理の議会答弁に関する件〉

1955 年 5 月 19 日付重光外務大臣発在台北芳澤大使宛電報第一二二号、往電第一二一号に関し〈総理の議会答弁に関する件〉

1955 年 6 月 1 日付〈重光大臣・董中国大使会談記録〉

1955 年 6 月 15 日付〈董中国大使・次官会談要旨〉

1955 年 6 月 24 日付重光外務大臣発在台北芳澤大使宛書簡〈日本の対中共政策に関し在日中華民国董大使との会談の件〉の（別添甲号備忘録）

1955 年 7 月 15 日付在台北芳澤大使発重光外務大臣宛書簡〈加瀬大使の記者会見に対する中国側の抗議に関する件〉

1955 年 7 月 16 日付〈中国大使館楊公使と会談の件〉

1955 年 7 月 15 日付中華民国大使館発外務省宛口上書公信番号日大（44）政字第 2326 号〈加瀬国連大使の言明に対する解明方要求の件〉

1955 年 7 月 18 日付〈中共問題等の論議に関し注意喚起の件〉

1955 年 7 月 22 日付在中華民国大使館特命全権大使芳澤謙吉発外務大臣重光葵宛台普第六二二号、先方に手交せる口上書写別添の口上書外第 138 号〈中華民国政府の加瀬大使談話問題に関する外交部宛口上書送付の件〉

1955 年 7 月 25 日付在中華民国大使館特命全権大使芳澤謙吉発外務大臣重光葵宛書簡

1955 年 8 月 21 日付「極秘」資料（下田記）〈『二つの中国』の問題の解決策〉

1955 年 12 月 22 日付在中華民国大使堀内謙介発外務大臣重光葵宛〈葉外交部長及び張群秘書長との会談の件〉

1955 年 12 月 22 日付在中華民国大使館特命全権大使堀内謙介発外務大

臣重光葵宛、台普第 116 号〈本使着任状況報告件〉

1956 年 1 月 7 日付在中華民国特命全権大使堀内謙介発外務大臣重光葵
　　宛〈首相及び外相の談話に対する中国紙論評報告の件〉

1956 年 1 月 13 日付在中華民国特命全権大使堀内謙介発外務大臣重光
　　葵宛第八号電報〈日本、国府関係に関する件〉

1956 年 1 月 23 日付重光大臣発在米井口大使、在国連代表部加瀬大使
　　宛〈日本、国府関係に関する件〉

1956 年 1 月 25 日付重光大臣発在台北堀内大使宛第十三号電報〈日本、
　　国府関係についての蒋総統傳言の件〉

1956 年 1 月 27 日付在台北堀内大使発重光大臣宛第十四号電報〈国府
　　外交部長内話の件〉

1956 年 8 月 17 日付在中華民国大使館特命全権大使堀内謙介発外務大
　　臣臨時代理高崎達之助宛書簡〈日本各界親善訪問団の来台に関す
　　る当地新聞論調の件〉

1956 年 8 月 29 日付在中華民国大使館特命全権大使堀内謙介発外務大
　　臣臨時代理高崎達之助宛第 261 号書簡〈葉外交部長と会談の件〉

1956 年 9 月 4 日付在中華民国大使館特命全権大使堀内謙介発外務大臣
　　重光葵宛、台普第 953 号〈鳩山首相の蒋総統あて親書に関する当
　　地一週間誌論評報告の件〉

1957 年 3 月 28 日付〈岸総理と葉外交部長会談録〉

1957 年 3 月 26 日付〈岸総理と、葉外交部長会談において話題となり
　　うべき事項（岸大臣応接要旨）〉

**第一四回公開：リール No. I'–0101—「本邦に於ける協会及び文化団体
　　関係：日華協力委員会（第一巻）」I'.1.8.1.1–56—**

1956 年 12 月 28 日付中華民国駐日大使館発国策研究会矢次一夫常任理
　　事宛書簡〈委員会設置に関する書類〉

1957 年 1 月 29 日付国策研究会矢次一夫常任理事から井口貞夫への書
　　簡〈日本側委員だけの第一回打合会に関する件〉

1957 年 3 月 15 日付〈日華協力委員会中国代表来日の件〉

1957 年 3 月 19 日付在台北堀内謙介大使発岸外務大臣宛、台普第 303 号〈日華合作策進委員会に参加する中国側委員に関する件〉

1957 年 3 月 27 日付在台北堀内謙介大使発岸外務大臣宛、台普第 346 号〈日華合作策進委員会に参加する中国側委員に関する件〉

第一四回公開：リール No. I'-0102—「本邦に於ける協会及び文化団体関係：日華協力委員会（第六巻）」I'.1.8.1.1-56—

〈日華協力委員会、中日合作策進委員会　懇談会記録〉

1957 年 4 月 8 日付〈多大の成果収めて日華協力委閉幕　政治、経済、文化に意見完全一致〉日刊日華通信第 1565 号

1957 年 4 月 12 日付〈日華合同東南亜訪問団計画の件〉

第一八回公開：CD-R No. D'-59—「国旗侮辱事件雑件」O'-2308—

1958 年 5 月 1 日付アジア第二課〈長崎における中共旗掲揚阻止方申入れる件〉

1958 年 5 月 7 日付アジア二課、中共情報第二二二号〈長崎における中共旗引下ろし事件〉

【公開資料・資料集・年表・國會議事錄等】

＊日文

《History of the nonmilitary activities of the occupation of Japan, 1945–1951 = 日本占領 GHQ 正史；v. 52》（東京：日本図書センター，1990 年）。

日本国際問題研究所中国部会，《新中国資料集成 第 3 巻》（東京：日本国際問題研究所，1969 年）。

外務省アジア局中国課監修，《日中関係基本資料集：1949 年–1997 年》（東京：財団法人霞山会，1998 年）

外務省特別資料課編，《日本占領及び管理重要文書 第一巻　基本篇》

（東京：東洋経済新報社，昭和 24(1949) 年）。

外務省特別資料部編，《日本占領及び管理重要文書 第四巻　経済篇
　　II》（東京：東洋経済新報社，昭和 25(1950) 年）

外務省編，《わが外交の近況 第 1 号》（東京：外務省，1957 年）。

外務省編纂，《日本外交文書　平和条約の締結に関する調書第一冊》
　　（外務省発行，2002 年）。

石川忠雄、中嶋嶺雄、池井優編，《戦後資料・日中関係》（東京：日
　　本評論社，1970 年）。

伊原吉之助，《台湾の政治改革年表・覚書（1943–1987）》，帝塚山
　　大学教養学部，1992 年。

竹前栄治監修，《GHQ 指令総集成　第 15 巻（SCAPIN 2051–2204）》
　　（東京：株式會社エムティ出版，1993 年）。

竹前榮治・中村隆英監修，《GHQ 日本占領史 第 2 巻 占領管理体制》（東
　　京：日本図書センター，1996 年）。

竹前栄治・中村隆英監修，石堂哲也・西川博史訳，《GHQ 日本占領
　　史第 52 巻　外国貿易》（東京：日本図書センター，1997 年）。

国立国会図書館所蔵，《自由党外交調査会報告書》（東京：自由党外
　　交調査会発行，1954 年 9 月）。

財団法人輸出繊維統計協会刊，《通商産業省　第二次通商白書》（東
　　京：財団法人輸出繊維統計協会，昭和 25(1950) 年 5 月 29 日発表）。

経済安定本部貿易政策課編，《海外市場の現況と日本貿易》（東京：
　　東洋経済新報社，1951 年版）。

朝日新聞社刊，《通商産業省　通商白書》（朝日新聞社刊，昭和
　　24(1949) 年 9 月 20 日）。

《第十二回衆議院平和条約及び日米安全保障条約特別委員会国会議事
　　録第三号》，1951 年 10 月 18 日。

《第十二回参議院平和条約及び日米安全保障条約特別委員会国会議事
　　録第五号》，1951 年 10 月 29 日。

《第十二回參議院平和条約及び日米安全保障条約特別委員会国会議事録第六号》，1951 年 10 月 30 日。

《第二一回衆議院外務委員会議事録第二号》，1954 年 12 月 16 日。

《第二一回衆議院本会議議事録第五号》，1954 年 12 月 17 日。

《第二二回衆議院予算委員会議事録第四号》，1955 年 3 月 28 日。

《第二二回參議院外務委員会議事録第二号》，1955 年 4 月 11 日。

《第二二回衆議院外務委員会議事録第六号》，1955 年 5 月 14 日。

《第二六回衆議院本会議議事録第十三号》，1957 年 2 月 27 日。

《第二六回參議院本会議議事録第九号》，1957 年 2 月 27 日。

《第二六回衆議院外務委員会議事録第二六号》，1957 年 7 月 31 日。

《第二六回參議院商工委員会議事録閉五号》，1957 年 8 月 2 日。

《第二八回衆議院外務委員会議事録第一号》，1958 年 2 月 6 日。

《第二八回衆議院法務委員会議事録第四号》，1958 年 2 月 13 日。

《第二八回參議院予算委員会議事録第四号》，1958 年 3 月 4 日。

《第二八回參議院予算委員会議事録第五号》，1958 年 3 月 5 日。

《第二八回衆議院予算委員会議事録第一七号》，1958 年 3 月 25 日。

＊中文

中華民國重要史料初編編集委員會編，《中華民國重要史料初編—對日抗戰時期第七編　戰後中國（四）》（中國國民黨中央委員會黨史委員會，1981 年 9 月）。

中華民國外交問題研究會編，《金山和約與中日和約的關係　中日外交史料叢編（八）》（臺北：中華民國外交問題研究會，1966 年）。

中華民國經濟部編，「民國四十六年度中日貿易計畫的簽定及其展望」，《經濟參考資料》第 135 期，民國 46 年 9 月 16 日。

中國共產黨中央委員會毛澤東選集出版委員會編、北京人民出版社譯，《毛澤東選集 第 4 卷》（北京：北京外文出版社，1972 年）。

李永熾監修，《臺灣歷史年表　終戰篇 I（1945–1965）》（臺北：張

榮發基金會國家政策研究資料中心，1990 年）。

張暄編著、楊正光主編，《當代中日關係四十年（1949–1989）》（北京：
　　時事出版社，1993 年）。

孫平化、肖向前、王効賢監修、田桓主編，《戰後中日關係史　1945–
　　1995》（北京：中國社會科學出版社，2002 年）。

【日記・回憶錄・自傳・當事人著作等】

＊日文

サンケイ新聞社，《蔣介石秘録（下）》（東京：サンケイ出版，1985
　　年“改訂特装版”）。

サンケイ新聞社編，《堀内謙介回顧録―日本外交 50 年の裏面史》東京：
　　サンケイ新聞社，1979 年）。

ディーン・アチソン著、吉沢清次郎訳，《アチソン回顧録 1》（東京：
　　恒文社，1979 年）。

Douglas MacArthur 著、津島一夫訳，《マッカーサー回想記〈下〉》（東
　　京：朝日新聞社，1964 年）。

下田武三，《戦後日本外交の証言（上）》（東京：行政問題研究所出
　　版局，1984 年）。

小笠原清，「蔣介石をすくった日本将校団」，《文芸春秋》，1971 年
　　8 月号。

石井光次郎，《回想八十八年》（東京：カルチャー出版社，1976 年）。

吉田茂，《大磯随想》（東京：雪華社，1962 年）。

吉田茂，《日本を決定した百年》（東京：日本経済新聞社，1967 年）。

吉田茂，《世界と日本》（東京：番町書房，1963 年）。

吉田茂，《回想十年（一～四巻）》（東京：新潮社，1957、1958 年）。

吉田茂著、財団法人吉田茂記念事業財団編，《吉田茂書翰》（東京：
　　中央公論社，1994 年）。

矢次一夫，《わが浪人外交を語る》（東京：東洋経済新報社，1973年）。

伊藤隆（インタヴュー・構成）、岸信介、矢次一夫，「官界政界六十年　第一回満州時代：岸信介元首相連続インタヴュー①」，《中央公論》，1979年9月号。

池田正之輔，《謎の国・中共大陸の実態＝民族性と経済基盤の解明》（東京：時事通信社，1969年）。

岸信介，《岸信介回顧録：保守合同と安保改定》（東京：広済堂，1983年）。

岸信介、矢次一夫、伊藤隆，《岸信介の回想》（東京：文芸春秋，1981年）。

岸信介、韮澤嘉雄（ききて），「空飛ぶ外相に」，《中央公論》，1957年3月号。

松永信雄，《ある外交官の回想：日本外交の五十年を語る》（東京：日本経済新聞社，2002年）。

林金莖，《梅と桜—戦後の日華関係》（東京：サンケイ出版，1984年）。

岸信介 述，原彬久 編，《岸信介証言録》（東京：毎日新聞社，2003年）。

原富士男，《回想外交五十年：在外勤務の哀歓》（青森：東奥日報社，2001年）。

宮沢喜一，《東京ワシントンの密談》（東京：実業之日本社，1956年。）

堀越禎三，「第一回日華協力委員会」，《経団連月報》第5巻第5号，1957年5月。

張群、古屋圭二訳，《日華・風雲の七十年》（東京：サンケイ出版，1980年）。

賀屋興宣，《戦前・戦後八十年》（東京：経済往来社，1976年）。

鳩山一郎，《鳩山一郎回顧録》（東京：文芸春秋新社，1957年）。

＊中文

司馬桑敦，《中日關係二十五年》（臺北：聯合報社，1978年）。

沈雲龍編，《尹仲容先生年譜初稿》（臺北：傳記文學出版社，1993年）。

沈雲龍・林泉・林忠勝訪問、林忠勝記錄，《齊世英先生訪問紀錄　中央研究院近代史研究所口述歷史叢書25》（臺北：中央研究院近代史研究所，1997年3月二版）。

沈覲鼎，「對日往事追記（41）」，《傳記文學》第33卷第2期，1978年。

張群，《我與日本七十年》（中日關係研究會，1980年）。

黃自進訪問、簡佳慧記錄，《林金莖先生訪問記錄　中央研究院近代史研究所口述歷史叢書82》（臺北：中央研究院近代史研究所，2003年）。

劉鳳翰 何智霖訪問、何智霖記錄整理，《梁肅戎先生訪談錄　國史館口述歷史叢書7》（臺北：國史館，1995年）。

【新聞報紙】

＊日文

《日本経済新聞》

《毎日新聞》

《朝日新聞》

《読売新聞》

＊中文

《國際貿易月刊》

【二次資料】

＊日文書籍

Ｄ・Ｃ・ヘルマン著、渡辺昭夫訳，《日本の政治と外交―日ソ平和交渉の分析》（東京：中央公論社，1970年）。

アメリカ国務省（朝日新聞社訳），《中国白書》（東京：朝日新聞社，1949年10月）。

マーク・カプリオ、杉田米行編著，《アメリカの対日占領政策とその影響—日本の政治・社会の転換》（東京：明石書店，2004 年）。

Michael Schaller 著，市川洋一訳，《「日米関係」とは何だったのか》（東京：草思社，2004 年）。

Michael M. Yoshitsu 著，宮里政玄・草野厚訳，《日本が独立した日》（東京：講談社，1984 年）。

大江志乃夫，《日本の歴史 第 31 巻 戦後改革》（東京：小学館，1976 年）。

大沼保昭・藤田久一等編，《国際条約集（2000 年版）》（東京：有斐閣，2000 年）。

大蔵省財政史室編，《昭和財政史—終戦から講和まで 第 3 巻》（東京：東洋経済新報社，1976 年）。

小此木政夫，《朝鮮戦争》（東京：中央公論社，1986 年）。

小此木政夫・赤木完爾共編，《冷戦期の国際政治》（東京：慶応通信，1987 年）。

小島朋之編，《アジア時代の日中関係：過去と未来》（東京：サイマル出版会，1995 年）。

山本満，《日本の経済外交：その軌跡と転回点》（東京：日本経済新聞社，1973 年）。

中村祐悦，《白団—台湾軍をつくった日本軍将校たち》（東京：芙蓉書房出版，1995 年 6 月）。

五十嵐武士，《日米関係と東アジア：歴史的文脈と未来の構想》（東京：東京大学出版会，1999 年）。

五十嵐武士，《戦後日米関係の形成》（東京：講談社，1995 年）。

五百旗頭真，《米国の日本占領政策：戦後日本の設計図》（東京：中央公論社，1985 年）。

日本貿易研究会編、通商産業省通商局監修，《戦後日本の貿易 20 年史—日本貿易の発展と変貌》（東京：財団法人通商産業調査会，1967 年）。

王偉彬，《中国と日本の外交政策：1950 年代を中心にみた国交正常化へのプロセス》（京都：ミネルヴァ書房，2004 年）。

加藤洋子，《アメリカの世界戦略とココム：1945–1992 転機にたつ日本の貿易政策》（東京：有信堂高文社，1992 年）。

古川万太郎，《日中戦後関係史（改訂増補版）》（東京：原書房，1988 年）。

古川万太郎，《日中戦後関係史》（東京：原書房，1981 年）。

外務省百年史編纂委員会編，《外務省の百年（下巻）》（東京：原書房，1969 年）。

外務省通産省管理貿易研究会編，《戦後日本の貿易・金融協定》（東京：実業之日本社，1949 年）。

外務省戦後外交史研究会，《日本外交 30 年：戦後の軌跡と展望 1952–1982》（東京：世界の動き社，1982 年）。

田中孝彦，《日ソ国交回復の史的研究》（東京：有斐閣，1993 年）。

田中明彦，《日中関係 1945–1990》（東京：東京大学出版会，1991 年）。

石川真澄，《戦後政治史》（東京：岩波書店，1995 年）。

石井修，《冷戦と日米関係：パートナーシップの形成》（東京：ジャパン・タイムズ社，1989 年）。

吉澤清次郎監修，鹿島平和研究所編，《日本外交史 28　講和後の外交 I 対列国関係（上）》（東京：鹿島研究所出版会，1973 年）。

米国関税委員会編，経団連事務局訳，《戦後における日本貿易の発展（経団連パンフレット第 44 号）》（東京：経済団体連合会，1958 年）

西村熊雄著，鹿島平和研究所編，《日本外交史 27　サンフランシスコ平和条約》（東京：鹿島研究所出版会，1971 年）。

坂本義和・R.E. ウォード編，《日本占領の研究》（東京：東京大学出版会，1987 年）

和田春樹，《朝鮮戦争》（東京：岩波書店，1995 年）。

岡倉古志郎，《バンドン会議と五〇年代のアジア》（東京：大東文化
　　大学東洋研究所，1986 年）

岡部達味，《中国の対日政策》（東京：東京大学出版会，1976 年）。

岡部達味編，《中国をめぐる国際環境》（東京：岩波書店，2001 年）。

松井清編，《日本貿易読本》（東京：東洋経済新報社，1955 年）。

松井清編，《日本貿易読本》（東京：東洋経済新報社，1961 年）。

林代昭著，渡辺英雄訳，《戦後中日関係史》（東京：柏書房，1997 年）。

林金莖，《梅と桜―戦後の日華関係》（東京：サンケイ出版，1984 年），

林金莖，《戦後の日華関係と国際法》（東京：有斐閣，1987 年）。

林茂、辻清明編者，《日本内閣史録 5 》（東京：第一法規出版株式会社，
　　1981 年）

武田知己，《重光葵と戦後政治》（東京：吉川弘文館，2002 年）。

河原弘、藤井昇三，《日中関係史の基礎知識：現代中国を知るために》
　　（東京：有斐閣，1974 年）。

研究代表者・渡辺昭夫，《サンフランシスコ講和条約をめぐる政策決
　　定》，昭和 57 年度科学研究費補助金（総合研究 A）研究成果報
　　告書，昭和 58 年 3 月。

若林正丈，《もっと知りたい台湾（第 2 版）》（東京：弘文堂，1998 年）。

若林正丈，《台湾―分裂国家と民主化（東アジアの国家と社会 2）》（東
　　京：東京大学出版会，1992 年）。

若林正丈，《台湾―変容し躊躇するアイデンティティ》（東京：筑摩
　　書房，2001 年）。

若林正丈、劉進慶、松永正義共編，《台湾百科（第二版）》（東京：
　　大修館書店，1993 年）。

若林正丈編著，《台湾―転換期の政治と経済》（東京：田畑書店，
　　1987 年）。

宮城大蔵，《バンドン会議と日本のアジア復帰》（東京：草思社，
　　2001 年）。

島田正雄、田家農，《戦後日中関係五十年―日中双方の課題は果たされたか》（東京：東方書店，1997 年）

神谷不二，《朝鮮戦争》（東京：中央公論社，1962 年）。

神谷不二編著，《北東アジアの均衡と動揺（国際コミュニケーション日米共同プロジェクト 2）》（東京：慶応通信，1984 年）。

袁克勤，《アメリカと日華講和：米・日・台関係の構図》（東京：柏書房，2001 年）。

高石末吉，《覚書終戦財政始末（第 12 巻）》（東京：大蔵財務協会，1971 年）。

高石末吉，《覚書終戦財政始末（第 8 巻）》（東京：大蔵財務協会，1970 年）。

添谷芳秀，《日本外交と中国 1945–1972》（東京：慶応通信，1995 年）。

細谷千博，《サンフランシスコ講和への道》（東京：中央公論社，1984 年）。

細谷千博、有賀貞共編，《国際環境の変容と日米関係》（東京：東京大学出版会，1987 年）。

経済企画庁戦後経済史編纂室編著，《戦後経済史 5　貿易・国際収支編》（東京：原書房，1992 年復刻版）。

荻原徹監修，鹿島平和研究所編，《日本外交史 30　講和後の外交 II 経済（上）》（東京：鹿島研究所出版会，1972 年）。

陳肇斌，《戦後日本の中国政策：一九五〇年代東アジア国際政治の文脈》（東京：東京大学出版会，2000 年）

渡辺昭夫、宮里政玄編，《サンフランシスコ講和》（東京：東京大学出版会，1986 年）。

渡辺昭夫編，《戦後日本の対外政策》（東京：有斐閣，1985 年）。

猪木正道，《評伝吉田茂（上、中）》（東京：読売新聞社，1978、1980 年）。

鈴木九万監修，鹿島平和研究所編，《日本外交史 26　終戦から講和か

で》（東京：鹿島研究所出版会，1973年）。

福井治弘，《自由民主党と政策決定》（東京：福村出版株式会社，
　　1969年）。

緒方貞子著、添谷芳秀訳，《戦後日中・米中関係》（東京：東京大学
　　出版会，1992年）。

趙全勝著、杜進・栃内精子訳，《日中関係と日本の政治》（東京：岩
　　波書店，1999年）。

衛藤瀋吉，《中華民国を繞る国際関係：1949–65（現代中国研究叢書
　　4）》（東京：アジア政経学会，1967年）。

戴天昭，《台湾戦後国際政治史》（東京：行人社，2001年）。

＊日文　學術／雜誌論文

ウォーレン I. コーエン、田中孝彦訳，「日米関係の中の中国」，《国
　　際環境の変容と日米関係》（東京：東京大学出版会，1987年）。

ロジャー・ディングマン・天川晃訳，「『吉田書簡』（1951年）の起源―
　　日本をめぐる英米の抗争」，《国際政治》第53号，1975年9月。

小此木政夫，「第五章　東アジアの冷戦」，小此木政夫・赤木完爾共編，
　　《冷戦期の国際政治》（東京：慶応通信，1987年）。

小島清，「ドル不足の問題点―国際収支の『根本的不均衡』をめぐる
　　論争」，《世界経済》1949年9月号。

小島清，「英国、ドル不足の問題」，《世界経済》1949年10月号。

川島真，「戦後台湾外交の出発点―中華民国としての対日戦後処理外
　　交」，《北大法学論集》第51巻第4号，2000年11月。

田中明彦、坂本一哉、豊下楢彦、菅英輝，「吉田外交を見直す」，《論
　　座》2002年1月号。

石井明，「中国と対日講和：中華民国政府の立場を中心に」，渡辺昭
　　夫・宮里政玄編著，《サンフランシスコ講和》（東京：東京大学
　　出版会，1986年）。

石井明，「日華平和条約の交渉過程」，《中国―社会と文化》第3号，

　　東大中国学会，1988 年 6 月。

石井明，「日華平和条約締結交渉をめぐる若干の問題」，《教養学科
　　紀要》第 21 号，東京大学教養学部教養学科，1988 年。

石井明，「台湾か北京か―選択に苦慮する日本」，渡辺昭夫編，《戦
　　後日本の対外政策》（東京：有斐閣，1985 年）。

宇佐美滋，「自民党政権の対中政策の変遷」，《国際問題》第 153 号，
　　1972 年 12 月。

安原洋子，「アメリカの対共産圏禁輸政策と中国貿易の禁止 1945–
　　50」，《国際政治》第 70 号，1982 年 5 月。

池井優，「日華協力委員会―戦後日台関係の一考察」，《法学研究》
　　第 53 巻 2 号，慶大法学，1980 年 1 月。

池井優，「戦後日中関係の一考察―石橋、岸内閣時代を中心として
　　―」，《国際法外交雑誌》第 73 巻 3 号，1974 年 11 月。

西原正，「日本外交と非正式接触者」，《国際政治》第 75 号，1983
　　年 10 月。

西原正，「国家間交渉における『非正式接触者』の機能」，《国際政治》
　　第 50 号，1973 年 2 月。

別枝行夫，「戦後日中関係と非正式接触者」，《国際政治》第 75 号，
　　1983 年 10 月。

坪田敏孝，「台湾の対日政策〜変化要因の分析」，《問題と研究》　第
　　26 巻 12 号，1997 年 9 月。

武見敬三，「台湾をめぐる危機の原型」，小此木政夫・赤木完爾共編，
　　《冷戦期の国際政治》（東京：慶応通信，1987 年）。

武見敬三，「国交断絶期における日台交渉チャンネルの再編過程」，
　　神谷不二編著，《北東アジアの均衡と動揺》（東京：慶応通信，
　　1984 年）。

浅田正彦，「日華平和条約と国際法（一）（二）（三）（四）（五）」，
　　《法学論叢》第 147 巻第 4 号、第 151 巻第 5 号、第 152 巻第 2 号、

　　　第 152 巻第 4 号、第 156 巻第 2 号，京都大学法学会。

殷燕軍，「吉田書簡と台湾」，《国際政治》第 110 号，1995 年 10 月。

殷燕軍，「戦後中日関係における日華平和条約の意味」，歴史学研究
　　　会編集，《歴史学研究》第 708 号，青木書店，1998 年 3 月。

草野厚，「第四次日中貿易協定と日華紛争」，《国際政治》第 66 号，
　　　1980 年 10 月。

袁克勤，「外圧利用外交の『吉田書簡』」，《一橋論叢》第 107 巻第
　　　1 号，1992 年 1 月。

酒田正敏，「講和と国内政治―日中貿易問題との関連を中心に」，渡
　　　辺昭夫、宮里政玄編，《サンフランシスコ講和》（東京：東京大
　　　学出版会，1986 年）。

清水麗，「戦後日中台関係とその政治力学―台湾をめぐる国際関係」，
　　　筑波大学大学院，国際政治経済学研究科，2001 年。

細谷千博，「サンフランシスコ講和条約と国際環境」，渡辺昭夫・宮
　　　里政玄編者，《サンフランシスコ講和》（東京：東京大学出版会，
　　　1986 年）。

細谷千博，「日米中三国関係の構図―吉田書簡からニクソン・ショッ
　　　クまで」，細谷千博、有賀貞編，《国際環境の変容と日米関係》（東
　　　京：東京大学出版会，1987 年）。

細谷千博，「吉田書簡と米英中の構図」，《中央公論》1982 年 11 月号。

陳肇斌，「『吉田書簡』再考―『西村調書』を中心に―」，《北大法
　　　学論集》第 54 巻第 4 号，2003 年 10 月。

渡辺昭夫，「戦後初期の日米関係と東南アジア―戦前型『三角貿易』
　　　から戦後型『半月弧』へ―」，細谷千博、有賀貞編，《国際環境
　　　の変容と日米関係》（東京：東京大学出版会，1987 年）。

福井治弘，「自民党の外交政策とその決定過程―中国問題を中心とし
　　　て」，《国際問題》第 145 号，1972 年 4 月。

劉進慶，「ニックス的発展と新たな経済階層―民主化の経済政治的底

流」，若林正丈編著，《台湾—転換期の政治と経済》（東京：田畑書店，1987 年）。

＊中文

Michael Schaller 著、郭俊鉌譯，《亞洲冷戰與日本復興》（臺北：金禾出版社，1992 年）。

何思慎，《擺盪在兩岸之間：戰後日本對華政策 1945–1997》（臺北：東大圖書股份有限公司，1999 年）。

李松林，《蔣介石的臺灣時代》（臺北：風雲時代出版股份有限公司，1993 年）。

李恩民，《中日民間經濟外交 1945–1972》（北京：人民出版社，1997 年）。

林照真，《覆面部隊—日本白團在臺秘史》（臺北：時報文化出版，1996 年）

徐思偉，《吉田茂外交思想研究》（北京：世界知識出版社，2001 年）。

袁穎生，《光復前後的臺灣經濟》（臺北：聯經出版社，1998 年）

高朗，《中華民國外交關係之演變（1950–1972）》（臺北：五南圖書出版公司，1993 年）。

國際貿易月刊資料室，「中日貿易歷年之統計及分析」，《國際貿易月刊》第四期，1956 年 4 月 20 日。

陳兆偉，《國家經營下的臺灣糖業 1945–1953》（臺北：稻鄉出版社，2003 年）。

陳思宇，《臺灣區生產事業管理委員會與經濟發展策略（1949–1953）：以公營事業為中心的探討》（臺北：國立政治大學歷史學系，2002 年）。

陳鵬仁，「張嶽軍與戰後中日關係（上）」，《日本研究雜誌》第 330 號，1992 年 6 月。

陳鵬仁，「張嶽軍與戰後中日關係（下）」，《日本研究雜誌》第 331 號，

1992 年 7 月。

黃自進，「中日和平條約的簽訂與中華民国對臺主權的確定」，《中國近代史的再思考：中央研究院近代史研究所五十周年》，新加坡國際學術會議論文，2005 年 6 月 29 日–7 月 1 日。

楊松平，《戰後日本之東北亞外交政策》（臺北：中日文教基金會，1982 年）。

楊碧川，《蔣介石的影子兵團：白團物語》（臺北：前衛出版社，2000 年）

廖鴻綺，《貿易與政治：台日間的貿易外交 1950–1961》（臺北：稻鄉出版社，2005 年）

趙全勝，《日本政治背後的政治：兼論日本對華政策制定與中日關係》（香港：商務出印書館有限公司，1996 年）。

戴天昭著、李明峻譯，《臺灣國際政治史（完整版）》（臺北：前衛出版社，2002 年）。

瞿荊洲，「台灣之對日本貿易」，臺灣銀行經濟研究室編，《臺灣之對外貿易》（臺北：臺灣銀行經濟研究室，1969 年）

藏士俊，《戰後日、中、臺三角關係》（臺北：前衛出版社，1997 年）。

＊英文

Etzold, Thomas H., and Gaddis, John Lewis, eds. *Containment: Documents on American Policy and Strategy 1945–1950*. New York：Columbia University Press, 1978.

U.S. Department of State. *Foreign Relations of the United States: Diplomatic Papers*. The Department of State Bulletin.

Okabe,Tatsumi. "The Cold War and China", in Yonosuke Nagai and Akira Iriye, eds., *The Origins of the Cold War in Asia*. New York. Colombia University Press, 1977.

Yoshihide Soeya,"Taiwan in Japan's Security Consideration," *China Quarterly 165*. March 2001, pp.130–145.

附　錄

附錄一

FINANCIAL AGREEMENT FOR TRADE BETWEEN TAIWAN AND OCCUPIED JAPAN

6 September 1950

FINANCIAL AGREEMENT FOR TRADE
BETWEEN
TAIWAN AND OCCUPIED JAPAN

The Representatives of the Government of the Republic of China (hereinafter referred to as Taiwan) and the representatives of the Supreme Commander for the Allied Powers acting in respect of Occupied Japan (hereinafter referred to as Japan) have agreed as follows:

Article 1

An account in terms of United States of America dollars designated as the Taiwan – Japan Open Account (hereinafter called the Account) shall be maintained on the books of a bank in Tokyo, Japan (hereinafter referred to as the Bank) . For the purposes expressed in this Agreement the Bank is designated as an agency acting under the authorization of the Supreme Commander for the Allied Powers. A corresponding account shall be maintained on the books of the Bank of Taiwan (through its agent the Bank of china, Tokyo, Japan) which is hereby designated as the agent of the Government of the Republic of China.

Article 2

Except as otherwise provided, all transactions in regard to trade, including services, between Taiwan and Japan, shall be entered in this Account, The value of all exports from Taiwan to Japan shall be credited to this Account, and the value of all imports to Taiwan from Japan shall be debited to this Account. Except as otherwise provided, interest shall not accrue on items entered in the Account.

Article 3

A statement of the Account as of the last day of each month shall be furnished by the Bank to the agency or agencies designated by General Headquarters, Supreme Commander for the Allied Powers, and a copy of the statement shall be submitted to the Bank of China, Tokyo, Japan for the Bank of Taiwan.

Article 4

For the purpose of effecting any payments under the Account debits and credits shall be mutually offset against each other, and payment shall be made of the net balance only under this Account. Payment shall be made either in gold, valued at the official rate established by the United States of America, or in dollars of the United States of America or in such other currency as may be mutually acceptable to the parties on the due date of each payment, in accordance with the following provisions:

a. Except as otherwise provided, any excess over and above a net balance of FOUR MILLION DOLLARS（$4,000,000）shall be immediately due and payable on demand of the creditor.

b. Final payment of the net balance of the Account shall be made on or before the last day of the fourth calendar month following the effective date on which this Agreement is cancelled or terminated. Trade transactions which cannot be or are not completed and ready for presentation of documents within ninety (90) days after cancellation or termination of this Agreement shall be renegotiated.

Article 5

Before demanding payment of the excess balance referred to in Article 4a above, the creditor shall take into account the possible utilization of the excess balance for the purpose of meeting commitments to the debtor country maturing within ninety (90) days thereafter, or for the purpose of effecting additional purchases from the debtor country.

Article 6

In order to facilitate trade between Taiwan, Japan and third countries, the parties hereto will consult, as circumstances may require, with respect to the possibility of transferring among themselves credits arising from trade of each party with third countries. Upon mutual agreement between the parties hereto, other areas which trade with Japan and Taiwan on a U.S. dollar basis may be included under this Agreement.

Article 7

This Agreement may be revised by mutual consent of the parties or may be cancelled upon request of the Government of the Republic of China or of the Supreme Commander for the Allied Powers, or his successor, upon ninety (90) days' notice in writing and shall terminate unless the parties hereto stipulate in writing to the contrary on the proclamation of a peace treaty between the Allied Powers, or any of them, and Japan. Any revision, cancellation or termination of this Agree shall be without prejudice to any right or obligation accruing or incurred hereunder prior to the effective date of such revision, cancellation or termination.

Article 8

Representatives of the Government of the Republic of China and Representatives of the Supreme Commander for the Allied Power, or his successor, are authorized to negotiate and conclude all technical details pertaining to the implementation of this Agreement.

Article 9

This Agreement shall become effective upon execution by both parties.

Done in Tokyo, Japan in duplicate the 6th day of Sept.1950.

FOR THE GOVERNMENT OF
THE REPUBLIC OF CHINA：

/s/ K.Y.Yin

FOR THE SUPREME COMMANDER
FOR THE ALLIED POWERS
ACTING IN RESPECT OF
OCCUPIED JAPAN：
/s/ A.J.Rehe

附錄二

TRADE AGREEMENT BETWEEN TAIWAN AND OCCUPIED JAPAN

6 September 1950

TRADE AGREEMENT
BETWEEN
TAIWAN AND OCCUPIED JAPAN

The Representatives of the Government of the Republic of China (hereinafter referred to as Taiwan) and the Representatives of the Supreme Commander for the Allied Powers, acting in respect of Occupied Japan (hereinafter referred to as Japan) , having discussed the measures which might usefully be adopted with the intention both of expanding trade between Taiwan and Japan and of maintaining it at the highest volume practicable, have agreed to adopt the following principles:

Article I

a. A Trade Plan will be adopted extending to all goods and services in respect of which contracts are executed during the effective period of such Trade Plan.

b. All trade except as otherwise provided shall be conducted in accordance with the terms and provisions of the"Financial Agreement for Trade between Taiwan and Occupied Japan", to be executed simultaneously herewith.

c. Trade may be carried on through both governmental and private channels.

d. Taiwan agrees to permit the importation from and exportation to Japan, and Japan agrees to permit the importation from and exportation to Taiwan of commodities at least up to the amounts set forth in the Trade Plan. Adequate foreign exchange or foreign exchange credits shall be granted freely for all approved transactions.

e. The Trade Plan, without being restrictive in any way, represents in the light of the best information available at the time to the two parties to this agreement, the volume of trade which may be expected to flow between Taiwan and Japan for the duration of such Trade Plan and the character it is most likely to assume. The Trade Plan may be enlarged or amended by mutual consent at any time.

It is emphasized that the Trade Plan is not intended to constitute a commitment binding on either party that the trade will, in fact, attain the proportion or assume the character indicated therein; rather does it represent a reasonable computation made in good faith of the volume of sales and purchases likely to result from the desire of the two parties to this Agreement to develop trade between them to the highest practicable level.

Subject to these considerations, both parties will facilitate in every way the sale and purchase of goods and services as set forth in the Trade Plan, and will do everything feasible to relax existing trade, currency and other controls which may have the effect of restricting trade between the two countries.

f. Should there be reason for either party to this Agreement to believe, at any stage, that the volume and character of sales and purchases contemplated in the Trade Plan are not likely to materialize, they will consult together for the purpose of discussing remedial measures, or of effecting any modification of the Trade Plan that may be found necessary, and to ensure that such modification of the Trade Plan protects those interests to which either party attaches special importance in relation to the supply of raw materials and/or acquisition of manufactured goods.

g. Special machinery will be established in common accord to ensure that accurate and up-to-date information will be available to both parties in respect of the operation of this Agreement and to ensure the implementation of the

Trade Plan generally.

h. Each party hereto will do everything feasible to ensure compliance with the export-import controls, exchange controls and such other controls that pertain to international trade as may be in force and effect from time to time in the areas under the controls of the other.

i. In order to facilitate trade among Taiwan, Japan and third countries, the parties to this Agreement will consult as circumstances may require with respect to the possibility of developing trade on a multilateral basis.

Article II

The trading position between Taiwan and Japan shall be generally by the parties to this Agreement from time to as requested by either party.

Article III

The trade between Taiwan and Japan shall be conducted with due observance of the principles set forth in the Geneva General Agreement on Tariffs and Trade of 30 October 1947, as amended.

Article IV

This Agreement may be revised by mutual consent of the parties or cancelled upon request of the Government of the Republic of China or of the Supreme Commander for the Allied Powers, or his Successor, upon ninety (90) day' notice in writing and shall terminate unless the parties hereto stipulate in writing to the contrary on the proclamation of a peace treaty between the Allied Powers, or any of them, and Japan. Any revision, cancellation or termination of this Agreement shall be without prejudice to any right or obligation accruing or incurred hereunder prior to the effective date of such revision, cancellation or termination.

Article V

This Agreement shall become effective upon execution by both parties.

Done in Tokyo, Japan in duplicate on the 6th day of Sept. 1950.

FOR THE GOVERNMENT OF
THE REPUBLIC OF CHINA：

/s/ K.Y.Yin

FOR THE SUPREME COMMANDER
FOR THE ALLIED POWERS
ACTING IN RESPECT OF
OCCUPIED JAPAN：
/s/ A.J.Rehe

附錄三
TAIWAN–OCCUPIED JAPAN TRADE PLAN

DRAFT

28 August 1950

TAIWAN – OCCUPIED JAPAN
TRADE PLAN
（1 July 1950 – 30 June 1951）

1. The Trade Plan (attached as Tab A) sets forth the estimates of commodities and services to be interchanged between Taiwan and Occupied Japan on the basis of contracts for the procurement of commodities and services executed during the period 1 July 1950 to and including 30 June 1951.

2. The attached Trade Plan is adopted in accordance with the terms and provisions of the Trade Agreement between the Taiwan and Occupied Japan to be executed simultaneously herewith.

Done in Tokyo, Japan in duplicate the _____ day of _____ 1950.

FOR THE GOVERNMENT OF
THE REPUBLIC OF CHINA：

FOR THE SUPREME COMMANDER FOR
THE ALLIED POWERS ACTING IN
RESPECT　OF OCCUPIED JAPAN：

DRAFT
28 August 1950

TAIWAN – OCCUPIED JAPAN
TRADE PLAN
（Estimate of Sales to Taiwan by Japan）

編号	品目別	Approximate U.S. $ Value FOB Japan
1	Flour	$ 2,000,000
2	Foodstuff & Beverages, including（Vegetables, Dairy Products, Salted Fish, Eggs, Canned Goods, Beer, etc.）	1,900,000
3	Sulphate of Ammonia	13,750,000
4	Cotton Textiles	4,200,000
5	Rayon Yarn	1,000,000
6	Gypsum	150,000
7	Sulphur	300,000
8	Chemicale & Dyestuff	500,000
9	Rubber: Crude Industrial 　　　　Products 　　　　Rubber Cloth for Raincoats	500,000 100,000 225,000
10	Railway Sleepers	500,000
11	Wooden Poles	100,000
12	Mining Props	100,000
13	Plywood, Match Box Material	50,000
14	Newsprint	200,000
15	Cigarette Paper, Aluminum Foil, etc.	300,000
16	Paper Braids	100,000
17	Live Stock & Hides	100,000
18	Medicines & Medical Equipment	500,000
19	Iron and Steel Products（Sheets, Bars, Tinplates, Wires, Silicon Sheets, etc.）	2,000,000
20	Machinery, Tools & Parts	6,000,000

（接下頁）

21	Locomotives, Coaches, Rails	1,000,000
22	Bicycles & Parts	300,000
23	Electrical Supplies, Wires, Bulbs, Electrodes, Generators, Motors, etc.	1,500,000
24	Broken Glass	100,000
25	Communication Equipment	1,000,000
26	Ships	1,000,000
27	Trucks, Busses, Jeeps, Tractors, Parts	1,700,000
28	Miscellaneous, including but not restricted to（Watches, Clock & Optical Goods, Enamel Ware, Glass Ware, Porcelain Ware including Electrodes, Aluminium ware, Cast Iron Kitchen Utensils, Stationery, Hardware Cutlery, Celluloid Goods, Umbrellas, Buttons, Musical Instruments, Sewing Machines, Electric Light Bulbs, Leather Goods）	3,000,000
29	Invisibles, including but not restricted to（Port Charges, Ship Repairs, Bunkering, Ships stores & Provisions, Technical Services, Travel Expenses, Agency Fees or Commission Charges, Yen Conversions）	4,500,000
30	Unallocated Purchasing Reserve	1,325,000
	TOTAL	$ 50,000,000

DRAFT
28 August 1950

TAIWAN – OCCUPIED JAPAN
TRADE PLAN
（Estimate of Sales by Taiwan to Japan）

編号	品目別	Approximate U.S. $ Value CIF Japan
1	Sugar	$ 29,000,000
2	Rice	4,200,000
3	Sugar, Brown	500,000
4	Banana, Pineapple, etc	3,950,000
5	Black Tea	100,000
6	Derris Root	100,000
7	Ramie	270,000
8	Fluorspar	500,000
9	Graphite	500,000
10	Salt	4,500,000
11	Asbestos	87,000
12	Carbon Black	50,000
13	Molasses	750,000
14	Alcohol	500,000
15	Taiwan Cedar	1,400,000
16	Bagasse Pulp	1,500,000
17	Miscellaneous, including but not restricted to （Turmeric Roots, Dried Bamboo Shoots, Jute Seeds, Rattan, Citronella oil, Patchouli Oil, Gambier, Tetrapane Papynifera, Medical Raw Materials, etc.）	1,593,000

附錄四

GENERAL FEADQUAPTERS SUPREME COMMANDER FOR THE ALLIED POWERS

GENERAL FEADQUAPTERS
SUPREME COMMANDER FOR THE ALLIED POWERS
Economic and Scientific Section
APO500
091.31（6 Sept 50）ESS/FTC   6 September 1950

MEMORANDUM FOR：Dr.K.Y.Yin, Advisor to the Ministry of Economic
　　　　　　　　　Affairs, Taiwan
SUBJECT：Consolidation and Liquidation of Open Accounts and Escrow
　　　　　Credits
　　1. Reference is Financial Agreement for Trade between Taiwan and
Occupied Japan, dated 6 September 1950

　　2. During the course of the discussions which led to the negotiation and
execution of the Financial Agreement for Trade between Taiwan and Japan,
reference 1 above, it was agreed that China's Open Account "A" should be
settled, subject, of course, to any necessary adjustment upon final reconciliation
of the balance. It is the purpose of this memorandum to outline the manner in
which this is to be accomplished.

　　3. In connection with the establishment of the Taiwan-Japan Open Account,
in accordance with the terms and provisions of the Financial Agreement,
reference 1 above, it is understood that China's Open Account "A" will be
liquidated in the following manner and under the following conditions:

a. China's Open Account "A", "B" and "R" shall be consolidated into a single liquidation account designated as the "Liquidation Account".

b. Any outstanding uncommitted Taiwan escrow credits shall be credited to the Taiwan – Japan Open Account.

c. An immediate transfer of a credit of $1,000,000 from the Taiwan – Japan Open Account to the "Liquidation Account" shall be made.

d. The debit balance in the "Liquidation Account" shall be reduced by an amount of at least $200,000 monthly by means of the transfer of credits from the Taiwan – Japan Open Account, if available, or by cash payments, until the "Liquidation Account", has been liquidation. The first such transfer of credits or cash payment shall be made on or before 1 October 1950.

e. Final liquidation of the "Liquidation Account" shall be made on or before 1 January 1953.

f. Notwithstanding the provisions of Article 4a of the Financial Agreement, reference 1 above, no payment by Japan shall be required or made as long as the "Liquidation Account" shows a receivable balance in favor of Japan.

g. Notwithstanding the provisions of Article 4a of the Financial Agreement, reference 1 above, the "swing" ceiling for Taiwan shall not exceed 50% of the payments made to the "Liquidation Account" in accordance with paragraphs 3c and 3d above.

4. The concurrence of the Government of the Republic of China in the terms of this memorandum is requested.

FOR THE CHIEF, ECONONIC AND SCIENTIFIC SECTION:

Concur for：   /s/ R.W.Hale

                                            R.W.HALE

THE GOVERNMENT O   Chief,

THE REPUBLIC OF CHINA：   Foreign Trade and

                                            Commerce Division

/s/ K.Y.Yin

Signed in Tokyo, Japan in duplicate original.

資料來源：整理自 1950 年 8 月 28 日付の「TAIWAN-OCCUPIED JAPAN TRADE PLAN」，《日華貿
易及び支払取極関係一件》（日本外務省保存記録，B'.5.2.0.J/C（N）1，リール番号：B'-
0023）。

附録五
日華平和条約

日本国と中華民国との間の平和条約　一九五二年四月二十八日台北で署名
　　　　　　　　　　　　　　　一九五二年八月五日　　効力発生

　　日本国及び中華民国は、その歴史的及び文化的のきずなと地理的の近さとにかんがみ、善隣関係を相互に希望することを考慮し、その共通の福祉の増進並びに国際の平和及び安全の維持のための緊密な協力が重要であることを思い、両者の間の戦争状態の存在の結果として生じた諸問題の解決の必要を認め、平和条約を締結することに決定し、よって、その全権委員として次のとおり任命した。

　　　　　　　　　　　　日本国政府　　　　　　河田　烈

　　　　　　　　　　　　中華民国大統領　　　　葉　公超

　　これらの全権委員は、互いにその全権委任状を示し、それが良好妥当であると認められた後、次の諸条を協定した。

第一条

　　日本国と中華民国との間の戦争状態は、この条約が効力を生ずる日に終了する。

第二条

　　日本国は、一九五一年九月八日にアメリカ合衆国のサン・フランシスコ市で署名された日本国との平和条約（以下「サン・フランシス

コ条約」という。）第二条に基づき、台湾及び澎湖諸島並びに新南群島及び西沙群島に対するすべての権利、権原及び請求権を放棄したことが承認された。

第三条

　　日本国及びその国民の財産で台湾及び澎湖諸島にあるもの並びに日本国及びその国民の請求権（債権を含む。）で台湾及び澎湖諸島における中華民国の当局及びそこの住民に対するものの処理、並びに日本国におけるこれらの当局及び住民の財産並びに日本国及びその国民に対するこれらの当局及び住民の請求権（債権を含む。）の処理は、日本国政府と中華民国政府との間の特別取極の主題とする。国民及び住民という語は、この条約で用いるときはいつでも、法人を含む。

第四条

　　一九四一年十二月九日前に日本国と中国との間で締結されたすべての条約、協約及び協定は、戦争の結果として無効となったことが承認される。

第五条

　　日本国は、サン・フランシスコ条約第十条の規定に基づき、一九〇一年九月七日に北京で署名された最終議定書並びにこれを補足するすべての附属書、書簡及び文書の規定から生ずるすべての利得及び特権を含む中国におけるすべての特殊の権利及び利益を放棄し、且つ、前記の議定書、附属書、書簡及び文書を日本国に関して廃棄することに同意したことが承認される。

第六条

(a)　日本国及び中華民国は、相互の関係において、国際連合憲章第二

条の原則を指針とするものとする。

(b)　日本国及び中華民国は、国際連合憲章の原則に従って協力するものとし、特に、経済の分野における友好的協力によりその共通の福祉を増進するものとする。

第七条

　　日本国及び中華民国は、貿易、海運その他の通商の関係を、安定した且つ友好的基礎の上におくために、条約又は協定をできる限りすみやかに締結することに努めるものとする。

第八条

　　日本国及び中華民国は、民間航空運送に関する協定をできる限りすみやかに締結することに努めるものとする。

第九条

　　日本国及び中華民国は、公海における漁撈の規制又は制限並びに漁業の保存及び発展を規定する協定をできる限りすみやかに締結することに努めるものとする。

第十条

　　この条約の適用上、中華民国の国民には、台湾及び澎湖諸島のすべての住民及び以前にそこの住民であった者、並びにそれらの子孫で、台湾及び澎湖諸島において中華民国が現に施行し、又は今後施行する法令によって中国の国籍を有するものを含むものとみなす。また、中華民国の法人には、台湾及び澎湖諸島において中華民国が現に施行し、又は今後施行する法令に基づいて登録されるすべての法人を含むものとみなす。

第十一条

　この条約及びこれを補足する文書に別段の定めがある場合を除く他、日本国と中華民国との間に戦争状態の存在の結果として生じた問題は、サン・フランシスコ条約の相当規定に従って解決するものとする。

第十二条

　この条約の解釈又は適用から紛争は、交渉又は他の平和的手段によって解決するものとする。

第十三条

　この条約は、批准されなければならない。批准書は、できる限りすみやくに台北で交換されなければならない。この条約は批准書の交換の日に効力を生ずる。

第十四条

　この条約は、日本語、中国語及び英語によるものとする。解釈の相違がある場合には、英語の本文による。

　以上の証拠として、それぞれの全権委員は、この条約に署名調印した。

　昭和二十七年四月二十八日（中華民国の四十一年四月二十八日及び一九五二年四月二十八日に相当する。）　に台北で、本書二通を作成した。

　　　　　　　　　日本国のために　　　　河田　烈

　　　　　　　　　中華民国のために　　　葉　公超

議定書

　　本日日本国と中華民国との間の平和条約（以下「この条約」とい
う。）　に署名するに当たり、下名の全権委員は、この条約の不可分
の一部をなす次の条項を協定した。

1　この条約の第十一条の適用は、次の了解に従うものとする。

　(a)　サン・フランシスコ条約において、期間を定めて、日本国が義
　　　　務を負い、又は約束をしているときは、いつでも、この期間は、
　　　　中華民国の領域のいずれの部分に関しても、この条約がこれら
　　　　の領域の部分に対して適用可能となった時から直ちに開始す
　　　　る。

　(b)　中華民国は、日本国民に対する寛厚と善意の表徴として、サン
　　　　・フランシスコ条約第十四条 (a)1 に基づき日本国が提供すべき
　　　　役務の利益を自発的に放棄する。

　(c)　サン・フランシスコ条約第十一条及び第十八条は、この条約の
　　　　第十一条の実施から除外する。

2　日本国と中華民国との間の通商及び航海は、次の取極によって規
　　律する。

　(a)　各当事国は、相互に他の当事国の国民・産品・船舶にたいして、
　　　　つぎの待遇をあたえる。

　　　（Ⅰ）　貨物の輸出及び輸入に対する、又はこれに関連する関税
　　　　　　・課金・制限・その他の規制に関する最恵国待遇。

　　　（Ⅱ）　海運・航海及び輸入貨物に関する最恵国待遇並びに自然
　　　　　　人及びに法人、並びにその利益に関する最恵国待遇。こ

の待遇には、税金の賦課及び徴収・裁判を受けること、契約の締結及び履行・財産権（無体財産に関するものを含み、鉱業権に関するものを除く。）、法人への参加並びに一般にあらゆる種類の事業活動及び職業活動（保険をふくむ金融活動及び一方の当事国がその国民に留保する活動を除く）の遂行に関するすべての事項を含むものとする。

(b)　前項の (a)(Ⅱ) に明記する財産権・法人への参加並びに事業活動及び職業活動の遂行に関して、一方の当事国が他方の当事国に対し最恵国待遇を与えることが、実質的に内国民待遇を与えることとなるときは、いつでも、この当事国は他の当事国が最恵国待遇に基づき与える待遇よりも有利な待遇を与える義務を負わない。

(c)　政府の商企業の国外における売買は、商業的考慮にのみ基づくものとする。

(d)　この取極の適用上、次のとおり了解する。

（Ⅰ）　中華民国の船舶には、台湾及び澎湖諸島において中華民国が現に施行し、又は今後施行する法令に基づき登録されるすべての船舶を含むものとみなす。また、中華民国の産品には、台湾及び澎湖諸島を原産地とするすべての産地を含むものとみなす。

（Ⅱ）　差別的な措置であって、それを適用する当事国の通商条約に通常規定されている例外に基づくもの、その当事国の対外的財政状態、もしくは国際収支を保護する必要に基づくもの（海運及び航海に関するものを除く。）又は

　　　　重大な安全上の利益を維持する必要に基づくものは、事
　　　態に相応しており、且つ、ほしいままな又は不合理な方
　　　法で適用されないかぎり、前記の待遇の許与を害するも
　　　のと認めてはならない。

　　本項で定める取極は、この条約が効力を生ずる日から一年間効力
を有する。

　　昭和二十七年四月二十八日（中華民国の四十一年四月二十八日及
び一九五二年四月二十八日に相当する。）に台北で、本書二通を作成
した。

交換公文

第一号

　　書簡をもって啓上いたします。本日署名された日本国と中華民国
との間の平和条約に関して、本全権委員は、本国政府に代って、この
条約の条項が、中華民国に関しては、中華民国政府の支配下に現にあ
り、又は今後入るすべての領域に適用がある旨のわれわれの間で達し
た了解に言及する光栄を有します。

　　本全権委員は、貴全権委員が前記の了解を確認されれば幸であり
ます。

　　以上を申し進めるのに際しまして、本全権委員は、貴全権委員に
向って敬意を表します。

　　一九五二年四月二十八日台北において

　　　　　　　　　　　　　　　　　　　　　河田　烈

中華民国全権委員　葉　公超　殿

第一号

　　書簡をもって啓上いたします。本日署名された中華民国と日本国との間の平和条約に関して、本全権委員は、本日付の貴全権委員の次の書簡を受領したことを確認する光栄を有します。

　　本日署名された日本国と中華民国との間の平和条約に関して、本全権委員は、本国政府に代って、この条約の条項が、中華民国に関しては、中華民国政府の支配下に現にあり、又は今後入るすべての領域に適用がある旨のわれわれの間で達した了解に言及する光栄を有します。

　　本全権委員は、貴全権委員が前記の了解を確認されれば幸であります。

　　本全権委員は、本国政府に代って、ここに回答される貴全権委員の書簡に掲げられた了解を確認する光栄を有します。

　　以上を申し進めるのに際しまして、本全権委員は、貴全権委員に向って敬意を表します。

　　一九五二年四月二十八日台北において

　　　　　　　　　　　　　　　　　　　　　　　　葉　公超

　　日本国全権委員　河田　烈　殿

第二号

　　書簡をもって啓上いたします。本全権委員は、中華民国と日本国との間の平和条約第八条において予見される協定が締結されるまでの間、サン・フランシスコ条約の関係規定が適用されるという本国政府の了解を申し述べる光栄を有します。

　　本全権委員は、貴全権委員が、前記のことが日本国政府の了解でもあることを確認されることを要請する光栄を有します。

　　以上を申し進めるのに際しまして、本全権委員は、貴全権委員に向って重ねて敬意を表します。

　　一九五二年四月二十八日台北において

　　　　　　　　　　　　　　　　　　　葉　公超

日本国全権委員　河田　烈　殿

第二号

　　書簡をもって啓上いたします。本日署名された日本国と中華民国との間の平和条約に関して、本全権委員は、本日付の貴全権委員の次の書簡を受領したことを確認する光栄を有します。

　　本全権委員は、中華民国と日本国との間の平和条約第八条において予見される協定が締結されるまでの間、サン・フランシスコ条約の関係規定が適用されるという本国政府の了解を申し述べる光栄を有します。

　　本全権委員は、貴全権委員が、前記のことが日本国政府の了解でもあることを確認されることを要請する光栄を有します。

　　本全権委員は、右のことが日本国政府の了解でもあることを確認されることを要請する光栄を有します。

　　以上を申し進めるのに際しまして、本全権委員は、貴全権委員に向って重ねて敬意を表します。

　　一九五二年四月二十八日台北において

河田　烈

中華民国全権委員　葉　公超　殿

　　書簡をもって啓上いたします。本日署名された日本国と中華民国との間の平和条約に関して、本全権委員は、本国政府に代って、一九四五年九月二日以後に中華民国の当局がだ捕し、又は抑留した日本国の漁船に関する日本国の請求権に言及する光栄を有します。これらの請求権は、サン・フランシスコ条約が締結される前に、連合国最高司令官及び日本国政府を一方とし中華民国政府を他方とする交渉の主題となっていました。よって、この交渉を継続し、且つ、これらの請求権を本日署名された日本国と中華民国との間の平和条約の相当規定に関係なく解決することを提議いたします。

　　本全権委員は、貴全権委員が、中華民国政府に代って、前記の提案を受諾することを表示されれば幸であります。

　　以上を申し進めるのに際しまして、本全権委員は、貴全権委員に向って敬意を表します。

　　一九五二年四月二十八日台北において

河田　烈

中華民国全権委員　葉　公超　殿

　　書簡をもって啓上いたします。本日署名された日本国と中華民国との間の平和条約に関して、本全権委員は、本日付の貴全権委員の次の書簡を受領したことを確認する光栄を有します。

　　本日署名された日本国と中華民国との間の平和条約に関して、本

全権委員は、本国政府に代って、一九四五年九月二日以後に中華民国の当局がだ捕し、又は抑留した日本国の漁船に関する日本国の請求権に言及する光栄を有します。これらの請求権は、サン・フランシスコ条約が締結される前に、連合国最高司令官及び日本国政府を一方とし中華民国政府を他方とする交渉の主題となっていました。よって、この交渉を継続し、且つ、これらの請求権を本日署名された日本国と中華民国との間の平和条約の相当規定に関係なく解決することを提議いたします。

　　本全権委員は、貴全権委員が、中華民国政府に代って、前記の提案を受諾することを表示されれば幸であります。

　　本全権委員は、本国政府に代って、前記の提案を受諾することを表示する光栄を有します。

　　以上を申し進めるのに際しまして、本全権委員は、貴全権委員に向って重ねて敬意を表します。

　　一九五二年四月二十八日台北において

　　　　　　　　　　　　　　　　　　　　　　　　　　　葉　公超

　　日本国全権委員　河田　烈　殿

同意された議事録

一、

中華民国代表

　　私は、本日交換された書簡の「又は今後入る」という表現は「及び今後入る」という意味にとることができると了解する。

日本国代表

　　然り、その通りである。私は、この条約が中華民国政府の支配下にあるすべての領域に適用があることを確言する。

二、

中華民国代表

　　私は、一九三一年九月十八日のいわゆる「奉天事件」の結果として中国に設立された「満州国」及び「汪精衛政権」のような協力政権の日本国における財産、権利又は利益は、両当事国間の同意によりこの条約及びサン・フランシスコ条約の関係規定に従い、中華民国に移管されうるものであると了解する。その通りであるか。

日本国代表

　　その通りである。

三、

中華民国代表

　　私は、サン・フランシスコ条約第十四条 (a)2（Ⅱ）（Ⅱ）の規定は一九三一年九月十八日以降中華民国の同意なしに設置され、且つ、かつて中国における日本国政府の外交上又は領事上の機関であると称せられたものが使用した不動産、家具及び備品並びにこの機関の職員が使用した個人の家具、備品及び他の私有財産について除外例を及ぼすものと解釈してはならないと了解する。

　　その通りであるか。

日本国代表

　その通りである。

四、

日本国代表

　私は、中華民国は本条約の議定書第一項 (b) において述べられているように、役務賠償を自発的に放棄したので、サン・フランシスコ条約第十四条 (a) に基き同国に及ぼされるべき唯一の残りの利益は、同条約第十四条 (a)2 に規定された日本国の在外資産であると了解する。その通りであるか。

中華民国代表

　然り、その通りである。

河田　烈

葉　公超

附錄六
吉田書簡

　　過般の国会衆、参両院における対日平和条約及び日米安全条約の審議に際し、日本の将来の対「中」国政策に関して多くの質問がなされ、言明が行われました。その言明のあるものが前後の関係や背景から切り離されて引用され誤解を生じましたので、これを解きたいと思います。

　　日本政府は、究極において、日本の隣邦である中国との間に全面的な政治的平和及び通商関係を樹立することを希望するものであります。国際連合において中国の議席、発言権及び投票権をもち、若干の領域に対して現実に施政の権能を行使し、及び国際連合加盟国の大部分と外交関係を維持している中華民国国府とこの種の関係を発展させて行くことが現在可能であると考えます。この目的のため、わが政府は、一九五一年十一月十七日、中国国府の同意をえて日本政府在外事務所を台湾に設置しました。これは、かの多数国間平和条約が効力を生ずるまでの間、現在日本に許されている外国との関係の最高の形体であります。在台湾日本政府在外事務所に重要な人員を置いているのも、わが政府が中華民国国府との関係を重視していることを示すものであります。わが政府は、法律的に可能となり次第、中国国府が希望するならば、これとの間に、かの多数国間平和条約に示された諸原則に従って両政府の間に正常な関係を再建する条約を締結する用意があります。この条約の条項は、中華民国に関しては、中華民国国府の現実の支配下に現にあり又は今後入るべき領域について適用あるものであります。われわれは、中国国府とこの問題をすみやかに探究する所

存であります。

　中国の共産政権に関しては、この政権は、国際連合により侵略者なりとして現に非難されており、その結果、国際連合は、この政権に対してある種の措置を勧告しました。日本は、現在これに同調しつつあり、また、多数国間平和条約の効力発生後も、その第五条 (a)（ⅲ）の規定に従ってこれを継続するつまりであります。この規定により、日本は、「国際連合が憲章に従ってとるいかなる行動についても国際連合にあらゆる援助を与え、且つ、国際連合が防止行動又は強制行動をとるいかなる国に対しても援助の供与を慎むこと」を約している次第であります。一九五〇年モスコーにおいて締結された中ソ友好同盟及び相互援助条約は、実際上日本に対する軍事同盟であります。事実、中国の共産政権は、日本の憲法制度及び現在の政府を、強力をもって顛覆せんとの日本共産党の企図を支援しつつあると信ずべき理由が多分にあります。これらの考慮から、私は、日本政府が中国の共産政権と二国間条約を締結する意図を有しないことを確言することができます。

附錄七
日華協力委員会第一回会議
共同声明書

　　日華協力委員会（中日合作策進委員会）は四日間に亘る会議の結果、両国の親善、友好、協力（合作）につき、文化、政治、経済の各般の問題に亘って完全なる意見の一致に到達した。このことは本委員会の設立を発足に当ってまずの成功を証明するものとしてわれ等委員は益々今後の活動と発展に対して絶大な熱意を感ぜずには居られない。この第一回委員会において本委員会が到達した各般の問題に対する結論は左の三つに要約することが出来る。

一、両国の文化交流を一段と高めるためには学者、留学生の交換、学術研究並びに芸術の交流、図書、新聞、雑誌を始めラジオ、テレビジョン等の近代的マス・コミュニケーションの交換とその相互援助が必要である。しかしこの必要性に直面する両国の間には、これらの問題について幾多の隘路（欠点）が横たわっているのを遺憾とするが、この隘路（欠点）を打開することこそ両国の文化の交流を盛んにする道だと信ずるのである。このために本委員会に委員外の専門家の参加も得て文化小委員会を設置し、活発な具体的な成果を目指して直ちに活動を開始することに意見が一致した。

二、世界侵略と人間奴隷化を目指す共産主義と政治上の共産体制を排して人権尊重と各国家の独立と平等を擁護する民主自由主義を基調とする政治上の民主体制をとることは両国共通の政治理念とい

わなくてはならぬ。この意味において両国は世界の民主主義陣営特にアジアにおける同陣営に基石となってアジア及び世界の自由国家群が直面する共産勢力の攻勢に備え、肩を並べて互に民衆の力を結集し各自の政府を鞭撻し、この共同の理解と目標達成に対して真剣なる努力を沸いた永久密接なる合作を行うと共にこの点に関する国際的協力を強化推進することに意見が一致した。

三、日華両国の経済提携と両国貿易関係の改善と振興とは両国合作の基礎を形造るものであるとの見地から、両国の貿易については互恵平等の原則の具体化を推進すると共に、両国の経済合作は長期的計画の下に整備再編成されることが必要であり、更に国際情勢の現実に鑑みて、両国の経済提携には日華米（中日米）三国の経済協力の必要性を特に痛感した。この一致した認識の上に立ち本委員会に経済小委員会を設置して右諸問題に関する具体的な成果を目指して直ちに活発な活動を開始することに意見が一致した。

本委員会は本日成功裡にその第一回会議を終了するに当って、会議の内容と成果につき右の如く声明する次第である。

昭和三十二年四月五日

日華協力委員会

（中日合作策進委員会）

附録八
台北到着に際しての岸総理大臣の声明
（昭和三十二年六月二日午後十一時十分）

　　中華民国の皆様が、英邁な蒋総統閣下御領導の下に、自由の保衛、経済、文化の建設のため、たゆまざる努力に挺身されていることに対し、私はかねて絶大な敬意を抱いていましたが、本日御当地に参り親しくその実情を見聞する機会を得ましたことは、私の衷心より欣懐とするところであります。国家及び国民の自由の確保と経済、文化の建設とは、今日アジアの諸国に共通する当面の目標であり、又使命であります。この使命を達成するためには、友邦間の固い精神的なつながりと、有無相通ずる物質的な協力とが何よりも大切であると思います。殊に同文同種、数百年の伝統的友誼と文化交流によって結ばれている日中両国がさらに提携を密にすることは、アジアの安定と向上に寄与するところが極めて大であると信ずるものであります。私はこの信念をもって二日間の貴国滞在中に朝野の諸賢と腹蔵なく懇談したいと念願しております。

附錄九
日本国総理大臣及び中華民国行政院長
共同コンミュニケ
一九五七年六月四日台北において

　岸日本国総理大臣は六月二日から六月四日まで中華民国を訪問した。台北滞在中に岸総理大臣は蔣介石総統、兪行政院長その他中国政府の指導者と会談し、両国がともに関心を有する事項について率直な意見の交換を行った。

　これ等の会談はきわめて打とけた雰囲気の中に行われ、両国の指導者たちはこれによって両国政府の立場について一段と見解を深めることが出来た。両国首相は国際問題の処理に当っては国際連合憲章の原則に従うことに意見の一致を見、両国政府はこれ等の原則を支持しつつ国連において緊密な連携のもとに行動することを決意した。

　不安定な国際情勢に当面して、アジアにおいて自由を確保するためには自由世界の団結を高揚させなければならぬとするのが、両国の指導者の共通の見解であった。

　両国政府は、両国間におけると動揺、自由アジア及び太平洋諸国との関係においても、経済的ならびに文化的分野において協力を強化することに意見の一致をみた。

　両国首相は、岸総理大臣の当地滞在中に行われた会談によって、両国間に伝統的に存在している友好関係に一層の緊密を加えることとなったことを確信するものである。

附錄十
三団体に対する政府回答
（三三、四、九）

　　政府は、日中貿易拡大の必要性にかんがみ、第四次の民間「日中貿易協定」の精神を尊重し、わが国国内諸法令の範囲内で、且つ政府を承認していないことにもとづき現存の国際関係を考慮し、貿易拡大の目的が達せられるよう、支持と協力を与える。

附錄十一
内閣官房長官談話
（三三、四、九）

　　政府としては、わが方民間貿易三団体の代表者と中共側の民間貿易団体の代表者との間に三月五日作成された第四次の民間貿易取極は日中双方がそれぞれ相手側の内政に干渉せず、それぞれの国内諸法令を遵守することを旨として、日中双方の経済的要請にもとづき、もっぱらその貿易を拡大せんとの趣旨に出でたものと了解する。

　　この取極は、双方の民間団体間のものであり、政府間のものではないが、政府としては彼我の貿易拡大を期する精神は尊重したい。

　　政府としては、現在中共を承認する意向なきこと言を俟たぬところであり、この民間取極により設置される民間通商代表部に対し特権的な公的地位を認める所存はないが、この取極に民間団体にとる取扱いに関しては、わが国と中華民国との関係その他国際関係を尊重し、通商代表部の設置が事実上の承認ではないかとの誤解を起さしめないよう配慮するとともに、国内諸法令の定める範囲内において、支持と協力を与える所存である。

　　なお、日本政府としては中共を承認していないから、中共のいわゆる国旗を民間通商代表部に掲げることを権利として認めることができないことは当然である。

國家圖書館出版品預行編目(CIP)資料

一九五○年代日本對中國外交政策／徐浤馨著.--
一版.-- 新北市 ： 淡大出版中心, 2019.01
面 ； 公分.-- (專業叢書；PS024)
ISBN 978-986-96071-6-2（平裝）

1.外交政策 2.中日關係 3.臺日關係

578.312   108000734

叢書編號 PS024   ISBN 978-986-96071-6-2

一九五○年代日本對中國外交政策

作　者	徐浤馨
主　任	歐陽崇榮
總 編 輯	吳秋霞
行政編輯	張瑜倫
行銷企畫	陳卉綺
內文排版	張明蕙
封面設計	斐類設計工作室
印 刷 廠	中茂分色製版印刷事業(股)公司

發 行 人　葛煥昭
出 版 者　淡江大學出版中心
　　　　　地址：25137 新北市淡水區英專路151號
　　　　　電話：02-86318661/傳真：02-86318660
出版日期　2019年1月 一版一刷
定　　價　480元

總 經 銷　紅螞蟻圖書有限公司
展 售 處　淡江大學出版中心
　　　　　地址：新北市25137 淡水區英專路151號海博館1樓
　　　　　電話：02-86318661　　傳真：02-86318660

本書撰寫期間曾接受教育部人文及社會科學博士論文改寫專書暨編纂主題
論文集計畫補助並出版